Die Zulässigkeit von Hinauskündigungsklauseln
nach freiem Ermessen im Gesellschaftsvertrag

# Europäische Hochschulschriften
Publications Universitaires Européennes
European University Studies

**Reihe II**
**Rechtswissenschaft**

Série II Series II
Droit
Law

**Bd./Vol. 4959**

PETER LANG
Frankfurt am Main · Berlin · Bern · Bruxelles · New York · Oxford · Wien

Benjamin Becker

# Die Zulässigkeit von Hinauskündigungsklauseln nach freiem Ermessen im Gesellschaftsvertrag

## Zugleich eine Besprechung von *Russian Roulette*-, *Texan Shoot Out*- und *Drag-along*-Klauseln

PETER LANG
Internationaler Verlag der Wissenschaften

**Bibliografische Information der Deutschen Nationalbibliothek**
Die Deutsche Nationalbibliothek verzeichnet diese Publikation in der Deutschen Nationalbibliografie; detaillierte bibliografische Daten sind im Internet über http://dnb.d-nb.de abrufbar.

Zugl.: Düsseldorf, Univ., Diss., 2009

D 61
ISSN 0531-7312
ISBN 978-3-631-59816-0



www.peterlang.de

# Inhalt

# Vorwort

Die vorliegende Arbeit wurde von der Juristischen Fakultät der Heinrich-Heine-Universität Düsseldorf im Jahr 2009 als Dissertation angenommen.

Rechtsprechung und Literatur wurden bis September 2009 berücksichtigt.

Bedanken möchte ich mich bei meinem Doktorvater, Herrn Professor Dr. Ulrich Noack, und dem Zweitgutachter, Herrn Professor Dr. Jan Busche, für die zügige Erstellung der Gutachten.

Düsseldorf, im September 2009 Benjamin Becker

# Einleitung

In der Gesellschaft an sich und im Verhältnis zwischen den Gesellschaftern können sich Veränderungen ergeben, die keine tragfähige gemeinsame Arbeit mehr gewährleisten. Daher muss sowohl die Möglichkeit zur Auflösung der Gesellschaft, zum Austritt, als auch zum Ausschluss eines Gesellschafters aus der Gesellschaft bestehen. Der Ausschluss eines Gesellschafters aus der Gesellschaft ist die einschneidendeste Maßnahme,[1] die einem Gesellschafter widerfahren kann. Er führt zur Beendigung der Mitgliedschaft. Besonders hart wird den Gesellschafter der Ausschluss treffen, wenn er seinen Beruf und damit seinen Lebensunterhalt auf der Grundlage der Mitgliedschaft bestreitet. Meistens kommt hinzu, dass der Ausschluss des Gesellschafters von weitreichenden finanziellen Einbußen begleitet wird, denn zum einen erhält der ausgeschlossene Gesellschafter nicht den wirklichen Wert der Beteiligung als Abfindung, was auch häufig nicht realisierbar sein wird, weil die verbleibenden Gesellschafter schließlich ein Fortführen der Gesellschaft anstreben und ein Abfindungsanspruch in Höhe des realen Wertes der Beteiligung die Geschäfte der Gesellschaft stark behindern würde. Zum anderen verliert der Ausgeschlossene die Möglichkeit, weiterhin an den Gewinnen der Gesellschaft zu partizipieren. Aus diesem Grund ist es von besonderer Bedeutung und unerlässlich, dass die Rechtsprechung in diesem Bereich Rechtssicherheit durch Berechenbarkeit schafft und dass der Gesetzgeber geeignete gesetzliche Regelungen parat hält. Seit jeher umstritten ist die Frage, ob Hinauskündigungsklauseln im Gesellschaftsvertrag wirksam vereinbart werden können und wo die Grenze der Vertragsgestaltungsfreiheit verläuft. Besonders umstritten sind Vertragsklauseln, die den Ausschluss eines Gesellschafters an keine sachlichen Gründe knüpfen, sondern diesen in das freie Ermessen einzelner oder aller übrigen Gesellschafter stellen.

Untersucht werden soll, ob es zulässig ist, im Gesellschaftsvertrag zu vereinbaren, dass ein oder mehrere Gesellschafter durch einen einzelnen Gesellschafter, durch eine Gruppe oder durch die Gesellschaftermehrheit nach freiem Ermessen, also ohne dass zwingend wichtige oder sachliche Gründe vorliegen, aus der Gesellschaft ausgeschlossen werden können. Dabei beschränkt sich die Darstellung

1 So auch *Wiedemann*, GesR II, § 5 S. 399.

auf die Gesellschaft bürgerlichen Rechts, die offene Handelsgesellschaft, die Kommanditgesellschaft sowie die Gesellschaft mit beschränkter Haftung. Im Gang der Untersuchung werden zunächst die Austritts- und Ausschlussmöglichkeiten bei den untersuchten Gesellschaften dargestellt (unter A.). Im Anschluss daran wird die Rechtsprechungsentwicklung zum Hinauskündigungsrecht nach freiem Ermessen aufgezeigt werden (unter B. II.). Daran schließt sich die Untersuchung zur Wirksamkeit von Hinauskündigungsklauseln nach freiem Ermessen an (unter B. V.), wobei eine Differenzierung zwischen einem gleichen und einem ungleichen Hinauskündigungsrecht erfolgen wird. Anschließend wird darauf eingegangen, ob sich die Abfindung auf die Zulässigkeit von Hinauskündigungsklauseln auswirkt (unter C.). Bevor die Arbeit mit Formulierungsvorschlägen für Ausschlussklauseln endet (unter E.), wird die Wirksamkeit von vergleichbaren Gestaltungen im Venture-Kapitalbereich besprochen (unter D.).

Ziel dieser Dissertation soll es sein, wie *Altmeppen* treffend an anderer Stelle formulierte, „schlüssige und praktisch handhabbare Vorschläge zu unterbreiten.“[2]

2 *Altmeppen*, NJW 2004, 97, 99.

# A. Austritts- und Ausschlussmöglichkeiten im Gesellschaftsrecht

## I. Allgemeine Grundsätze bei Personengesellschaften

Bei einer Gesellschaft handelt es sich nicht um einen zweiseitigen Austauschvertrag,[3] sondern um ein auf Mehrseitigkeit angelegtes Dauerschuldverhältnis,[4] welches zur Erreichung eines gemeinsamen Zwecks eingegangen und durch die vereinbarten Beiträge gefördert wird.[5] Das Ausscheiden eines Gesellschafters führt dazu, dass die anteilsmäßige Beteiligung des ausscheidenden Gesellschafters am Gesellschaftsvermögen den verbleibenden Gesellschaftern zuwächst (§ 738 Abs. 1 S. 1 BGB). Sollte allerdings nach dem Ausscheiden nur eine Person übrig bleiben, führt dies zur Beendigung der Gesellschaft.[6] Im Gegenzug muss die Gesellschaft dem ausscheidenden Gesellschafter eine Abfindung zahlen (§ 738 Abs. 1 S. 2 BGB), denn jeder Gesellschafter ist grundsätzlich gesamthänderisch am Gesellschaftsvermögen beteiligt.[7] Um den Abfindungsanspruch beziffern zu können, muss eine Abfindungsbilanz erstellt werden, in der die stillen Reserven aufzulösen sind und in der, falls vorhanden, ein „good will" des Unternehmens Berücksichtigung finden muss. Der Abfindungsanspruch umfasst den wirklichen Wert des Unternehmens.[8] Die Gesellschafter haften persönlich für die Erfüllung des Abfindungsanspruchs.[9] Häufig finden sich in Gesellschaftsverträgen Bestimmungen, nach denen die Abfindung von ausgeschlossenen oder ausgetretenen Gesellschaftern beschränkt wird. Grund dafür ist, die Berechnung des Anspruches zu vereinfachen und die Gesellschaft durch den Abfluss von Kapital nicht übermäßig zu belasten.[10] Zumeist wird bestimmt, dass vom Buchwert ausgegangen wird,[11] dies bedeutet, dass sich der Anspruch nach der Bilanz bemisst und ein „good will" sowie stille Reserven unberücksichtigt bleiben.[12]

Das Ausscheiden eines Gesellschafters führt nicht dazu, dass eine begründete Haftung des Gesellschafters für Schulden der Gesellschaft erlöschen. Es greift in diesem Fall aber die Regelung des § 160 HGB ein, die über § 736 Abs. 2 BGB auch auf die Gesellschaft bürgerlichen Rechts anzuwenden ist. Bei der offenen

---

3 Palandt-*Sprau*, § 705 Rdnr. 1; *K. Schmidt*, GesR, § 45 S. 1316.
4 Palandt-*Sprau*, § 705 Rdnr. 13; MüKo-BGB-*Ulmer*, Vor § 705 Rdnr. 5, 14.
5 Palandt-*Sprau*, § 705 Rdnr. 1; MüKo-BGB-*Ulmer*, Vor § 705 Rdnr. 104.
6 Palandt-*Sprau*, § 705 Rdnr. 1; *K. Schmidt*, GesR, § 50 S. 1447.
7 Palandt-*Sprau*, § 718 Rdnr. 1; MüKo-BGB-*Ulmer/Schäfer*, § 718 Rdnr. 7.
8 *Grunewald*, GesR, S. 72 Rdnr. 139.
9 BGHZ 148, 201, 207; MüKo-BGB-*Ulmer/Schäfer*, § 738 Rdnr. 17; *Grunewald*, GesR, S. 72 Rdnr. 139; **a.A.** *Ulmer*, ZIP 2003, 1113, 1120 f.
10 MüKo-BGB-*Ulmer/Schäfer*, § 738 Rdnr. 39; *Grunewald*, GesR, S. 72 Rdnr. 141.
11 *Grunewald*, GesR, S. 73 Rdnr. 141.
12 BGH, WM 1978, 1044, 1045; *Grunewald*, GesR, S. 73 Fn. 22.

Handelsgesellschaft und Kommanditgesellschaft muss der Ausschluss eines Gesellschafters nach § 143 Abs. 2 HGB ins Handelsregister eingetragen werden. Zwar hat diese Eintragung nur deklaratorische Wirkung, doch kann eine unterbliebene Eintragung eine Rechtsscheinhaftung nach § 15 HGB auslösen.

## II. Gesellschaft bürgerlichen Rechts

### *1. Kraft gesetzlicher Regelung*

Eine Gesellschaft bürgerlichen Rechts, die auf unbestimmte Zeit geschlossen wurde, kann jederzeit ohne Angabe von Gründen von jedem Gesellschafter gekündigt werden (§ 723 Abs. 1 S. 1 BGB). Der Gesellschaftsvertrag kann bestimmte Kündigungsfristen vorsehen, die Kündigungsmöglichkeit kann aber nicht vollständig ausschlossen werden (§ 723 Abs. 3 BGB).

Wurde die Gesellschaft hingegen für eine bestimmte Zeit gegründet, muss ein wichtiger Grund vorliegen, damit die Gesellschaft vor Ende dieser Zeit gekündigt werden kann (§ 723 Abs. 1 S. 2). Sollte allerdings bei einer Gesellschaft, die auf unbestimmte Zeit geschlossen wurde, das Recht zur Kündigung für einen gewissen Zeitraum ausgeschlossen sein, was rechtlich durchaus möglich ist, haben die Gesellschafter das Recht zur Kündigung aus wichtigem Grund, wie es bei einer zeitlich befristeten Gesellschaft der Fall ist.[13]

Beinhaltet der Gesellschaftsvertrag eine Fortsetzungsklausel im Sinne des § 736 Abs. 1 BGB, so führt die Kündigung des Gesellschafters zu dessen Ausscheiden. Wurde keine Fortsetzungsklausel vereinbart, wird die gesamte Gesellschaft aufgelöst. Nach der gesetzlichen Regelung des § 723 Abs. 1 BGB handelt es sich um eine Auflösungskündigung. Sollte der Gesellschaftsvertrag keine Fortsetzungsklausel beinhalten, möchten die verbleibenden Gesellschafter die Gesellschaft aber dennoch fortführen, können sie einen diesbezüglichen Beschluss fassen.[14]

Nach § 724 S. 1 BGB kann eine Gesellschaft, die für die Lebenszeit eines Gesellschafters eingegangen worden ist, in gleicher Weise gekündigt werden wie eine auf unbestimmte Zeit eingegangene Gesellschaft. Die Kündigungserklärung bedarf keiner Form. Sie wird wirksam mit der Gestaltungserklärung des Gesellschafters. Es ist kein gerichtliches Verfahren erforderlich.

---

13 BGH, ZIP 1996, 1434 f.; Palandt-*Sprau*, § 723 Rdnr. 2; Gunewald, GesR, S. 85 f. Rdnr. 173.

14 *Wiedemann*, GesR II, § 3 S. 268, 269.

Umgekehrt ist der Ausschluss eines Gesellschafters unter Fortführung der Gesellschaft auch nur dann möglich, wenn eine Fortsetzungsklausel vereinbart worden ist (§ 736 Abs. 1 BGB)[15] und zudem ein wichtiger Grund in der Person des Gesellschafters vorliegt (§§ 737 S. 1, 723 Abs. 1 S. 2 BGB).[16] Ein wichtiger Grund liegt nach § 723 Abs. 1 S. 3 Nr. 1 BGB insbesondere dann vor, wenn ein anderer Gesellschafter eine ihm nach dem Gesellschaftsvertrag obliegende, wesentliche Verpflichtung vorsätzlich oder aus grober Fahrlässigkeit verletzt hat, oder wenn die Erfüllung einer solchen Verpflichtung unmöglich wird. Außerdem sieht § 723 Abs. 1 S. 3 Nr. 2 BGB einen wichtigen Grund in der Vollendung des 18. Lebensjahres eines Gesellschafters. Die Umschreibung in § 723 Abs. 1 BGB, wann ein wichtiger Grund vorliegt, ist noch relativ unbestimmt. Ein wichtiger Grund liegt vor, wenn dem Kündigenden nach Lage des Falles eine Fortsetzung der Gesellschaft bis zum Vertragsende oder bis zum nächsten ordentlichen Kündigungstermin nicht zugemutet werden kann, weil das Vertrauensverhältnis grundlegend gestört oder ein gedeihliches Zusammenwirken aus sonstigen, namentlich auch wirtschaftlichen Gründen nicht mehr möglich ist.[17] Der Ausschluss wird wirksam durch Erklärung gegenüber dem auszuschließenden Gesellschafter (§ 737 S. 3 BGB)[18] und bedarf keiner Gestaltungsklage.[19] Der Ausschluss basiert auf einem gemeinsamen Beschluss der übrigen Gesellschafter, wobei der Auszuschließende kein eigenes Stimmrecht besitzt.[20]

§ 725 Abs. 1 BGB ermöglicht es dem Gläubiger eines Gesellschafters, die Gesellschaft ohne Einhaltung einer Kündigungsfrist zu kündigen, wenn er die Pfändung des Anteils des Gesellschafters an dem Gesamthandsvermögen erwirkt hat.

Nach § 728 Abs. 2 S. 1 BGB wird die Gesellschaft durch die Eröffnung des Insolvenzverfahrens über das Vermögen eines Gesellschafters ebenfalls aufgelöst. Sollte der Gesellschaftsvertrag eine Fortsetzungsklausel beinhalten, scheidet in beiden Fällen nur der betreffende Gesellschafter aus der Gesellschaft aus.

Sofern der Gesellschaftsvertrag nicht etwas anderes bestimmt, wird durch den Tod eines Gesellschafters die Gesellschaft aufgelöst (§ 727 Abs. 1 BGB).

---

15 MüKo-BGB-*Ulmer/Schäfer*, § 737 Rdnr. 2, 4, 7; MünchHdb. GesR I-*Piehler/ Schulte*, § 10 Rdnr. 57; *Grunewald*, GesR, S. 70 Rdnr. 137; *Hueck/Windbichler*, GesR, § 10 Rdnr. 7.

16 MüKo-BGB-*Ulmer/Schäfer*, § 737 Rdnr. 1; MünchHdb. GesR I-*Piehler/Schulte*, § 10 Rdnr. 58; *Grunewald*, GesR, S. 70 Rdnr. 137; *Hueck/Windbichler*, GesR, § 10 Rdnr. 7.

17 BGHZ 4, 108, 113; 31, 295, 304; MüKo-BGB-*Ulmer/Schäfer*, § 723 Rdnr. 28.

18 MüKo-BGB-*Ulmer/Schäfer*, § 737 Rdnr. 1, 14.

19 MüKo-BGB-*Ulmer/Schäfer*, § 737 Rdnr. 1.

20 BGHZ 97, 28, 34 = NJW 1986, 2694; MüKo-BGB-*Ulmer/Schäfer*, § 737 Rdnr. 1, 13; MünchHdb. GesR I-*Piehler/Schulte*, § 10 Rdnr. 65; *Wiedemann*, GesR II, § 5 S. 409.

*2. Kraft vertraglicher Einigung*

Durch entsprechende vertragliche Vereinbarung kann ein Gesellschafter zu jeder Zeit wieder aus der Gesellschaft ausscheiden.[21] Dabei handelt es sich um eine Änderung des ursprünglichen Gesellschaftsvertrags. Aus diesem Grund müssen alle Gesellschafter, sofern der Gesellschaftsvertrag keine anderweitige Regelung enthält, an dem Ausschlussvertrag mitwirken.[22]

Der Gesellschaftsvertrag kann weitere Ausschlussmöglichkeiten vorsehen. Dass dies möglich sein muss, ergibt sich zum einen schon aus der Vertragsgestaltungsfreiheit, zum anderen daraus, dass es sich bei § 737 BGB um eine dispositive Norm handelt.[23] Außerdem zeigt sich dies anhand des § 131 Abs. 3 S. 1 Nr. 5 HGB, der zwar nur für die offene Handelsgesellschaft und die Kommanditgesellschaft gilt, dort allerdings nur die Rechtsfolgen, nicht aber die Voraussetzungen regelt. Diese sind vielmehr im Gesellschaftsvertrag festzulegen. Wie weit die Vertragsfreiheit allerdings reicht, ist nicht abschließend geklärt.[24] Auf die Beschaffenheit einer vertraglich vereinbarten Ausschlussmöglichkeit wird im Laufe der weiteren Untersuchung eingegangen werden.

Hinzu kommt, dass eine Übertragung der Mitgliedschaft möglich ist, falls der Gesellschaftsvertrag dies vorsieht, oder falls die Gesellschafter der Übertragung zustimmen.[25] Bei der Übertragung der Mitgliedschaft handelt es sich um einen Vertrag, der ausschließlich zwischen dem ausscheidenden und dem erwerbenden Gesellschafter zustande kommt.[26] Wird die Mitgliedschaft übertragen, scheidet der übertragende Gesellschafter aus der Gesellschaft aus, ihm steht jedoch kein Abfindungsanspruch gegen die Gesellschaft zu, denn er erhält schließlich den Kaufpreis von dem neu eintretenden Gesellschafter.

---

21 MünchHdb. GesR I-*Piehler/Schulte*, § 10 Rdnr. 35, 36; *Grunewald*, GesR, S. 70 Rdnr. 135; *Hueck/Windbichler*, GesR, § 10 Rdnr. 5.

22 MünchHdb. GesR I-*Piehler/Schulte*, § 10 Rdnr. 36.

23 Palandt-*Sprau*, § 737 Rdnr. 5; MüKo-BGB-*Ulmer/Schäfer*, § 737 Rdnr. 16; Soergel-*Hadding/Kießling*, BGB, § 737 Rdnr. 22.

24 *Grunewald*, GesR, S. 71 Rdnr. 138.

25 MünchHdb. GesR I-*Piehler/Schulte*, § 10 Rdnr. 37; MüKo-BGB-*Ulmer/Schäfer*, § 719 Rdnr. 27; *Grunewald*, GesR, S. 76 Rdnr. 147; *K. Schmidt*, GesR, § 45 S. 1323.

26 MünchHdb. GesR I-*Piehler/Schulte*, § 10 Rdnr. 37.

## III. Offene Handelgesellschaft und Kommanditgesellschaft

### *1. Kraft gesetzlicher Regelung*

Die in § 131 Abs. 3 HGB gesetzlich geregelten Fälle führen, falls im Gesellschaftsvertrag nichts Gegenteiliges bestimmt ist, zum Ausscheiden des Gesellschafters und nicht etwa zur Auflösung der Gesellschaft. Mit Eintritt des Ereignisses scheidet der Gesellschafter aus der Gesellschaft aus. § 131 Abs. 3 HGB gilt aufgrund seiner systematischen Stellung für die offene Handelsgesellschaft und aufgrund der Verweisungsnorm des § 161 Abs. 2 HGB für die Kommanditgesellschaft.

Nach § 131 Abs. 3 S. 1 Nr. 1 HGB führt der Tod eines Gesellschafters zu dessen Ausscheiden aus der Gesellschaft. Zweck dieser Regelung ist die Unternehmenserhaltung.[27] Sollte jedoch der einzige Komplementär sterben, führt dessen Tod zur Auflösung der Gesellschaft.[28] Handelt es sich bei dem Gesellschafter um keine natürliche Person, sondern um eine juristische Person oder eine Gesellschaft ohne eigene Rechtspersönlichkeit, so ist § 131 Abs. 3 S. 1 Nr. 1 HGB auch auf diese Gesellschafter-Gesellschaft anzuwenden, nur ist es in diesen Fällen umstritten, ob bereits die Auflösung[29] oder erst die Vollbeendigung[30] der Gesellschaft zum Ausscheiden führt.

Neben dem natürlichen Tod ordnet § 131 Abs. 3 S. 1 Nr. 2 HGB an, dass der „bürgerlich rechtliche Tod“ – die Eröffnung des Insolvenzverfahrens über das Vermögen des Gesellschafters – zum Ausscheiden des Selbigen führt. Dies hat zur Konsequenz, dass der Abfindungsanspruch des Gesellschafters in die Insolvenzmasse fällt und nicht etwa der Gesellschaftsanteil.[31]

Die Kündigung eines Gesellschafters nach § 131 Abs. 3 S. 1 Nr. 3 BGB führt dazu, dass er aus der Gesellschaft ausscheidet. Diese Norm regelt nicht die Zulässigkeit einer Kündigung, sondern ausschließlich die Rechtsfolge einer wirksamen Kündigung.[32] Sollte der Gesellschaftsvertrag keine Kündigungsfristen enthalten, ergeben sich diese aus den §§ 132, 134 HGB. Zugleich zeigt § 132 HGB, dass die

---

27 MüKo-HGB-*K. Schmidt*, § 131 Rdnr. 63; MünchHdb. GesR I-*Piehler/ Schulte*, § 74 Rdnr. 8.

28 MüKo-HGB-*K. Schmidt*, § 131 Rdnr. 63.

29 *K. Schmidt*, GesR, § 50 S. 1451 f.; MüKo-HGB-*K. Schmidt*, § 131 Rdnr. 68.

30 Zum alten Recht: BGHZ 75, 178, 181 f.; OLG Frankfurt, BB 1982, 1689; OLG Hamburg, BB 1987, 1061; zum neuen Recht: MünchHdb. GesR I-*Piehler/Schulte*, § 74 Rdnr. 8; *Baumbach/Hopt*, HGB, § 131 Rdnr. 20; *Lorz* in: Ebenroth/Boujong/Joost/ Strohn, § 131 Rdnr. 45; *Koller* in: Koller/Roth/ Morck, § 131 Rdnr. 22; *Schlitt*, NZG 1998, 580, 584.

31 *K. Schmidt*, GesR, § 50 S. 1452; *Hueck/Windbichler*, GesR, § 16 Rdnr. 12.

32 MüKo-HGB-*K. Schmidt*, § 131 Rdnr. 78; *K. Schmidt*, GesR, § 50 S. 1454; *Wiedemann*, GesR II, § 5 S. 274.

ordentliche Austrittskündigung des Gesellschafters an keine Gründe, sondern nur an eine Frist und einen Termin gebunden ist.

§ 135 HGB ermöglicht dem Privatgläubiger eines Gesellschafters, auf dessen Abfindungsanspruch an der Gesellschaft zuzugreifen. Nach § 131 Abs. 3 S. 1 Nr. 4 HGB führt die Kündigung des Privatgläubigers nicht zur Auflösung der Gesellschaft, sondern zum Ausscheiden des Gesellschafters. Die Voraussetzungen dieser Kündigung regelt der § 135 HGB, wohingegen § 131 Abs. 3 S. 1 Nr. 4 HGB nur die Rechtsfolge der Kündigung festlegt.[33]

### *2. Kraft vertraglicher Einigung*

Auch in der offenen Handelsgesellschaft und der Kommanditgesellschaft kann ein Gesellschafter durch vertragliche Vereinbarung aus der Gesellschaft ausscheiden.[34]

Auch ist es, wie § 131 Abs. 3 S. 1 Nr. 5 HGB belegt, möglich, dass ein Gesellschafter bei dem Eintritt von weiteren im Gesellschaftsvertrag vorgesehenen Fällen aus der Gesellschaft ausscheidet. Der Ausschließungsgrund nach § 131 Abs. 3 S. 1 Nr. 5 HGB ist kein gesetzlicher, sondern beruht auf vertraglicher Gestaltungsfreiheit.[35] Wie bei der Gesellschaft bürgerlichen Rechts, erlaubt die vertragliche Gestaltungsfreiheit es den Gesellschaftern grundsätzlich, frei zu bestimmen, welche Gründe zum Ausscheiden aus der Gesellschaft führen sollen.[36] Auf die Beschaffenheit der Gründe wird erst später eingegangen werden können.

Nach § 131 Abs. 3 S. 1 Nr. 6 HGB soll dem Wortlaut nach der Beschluss der Gesellschafter zum Ausscheiden eines Gesellschafters führen können. Diese Bestimmung führt in die Irre. Unbefangen könnte man der Ansicht sein, dass von Gesetzes wegen ein Gesellschafterbeschluss dazu führt, dass ein Gesellschafter aus der Gesellschaft ausscheidet. Diese Auslegung ist jedoch verfehlt. § 131 Abs. 3 S. 1 Nr. 6 HGB räumt die Möglichkeit ein, einen Gesellschafter durch Beschluss aus der Gesellschaft auszuschließen, obwohl das Gesetz in § 140 HGB eigentlich die Erhebung einer Gestaltungsklage vorsieht.[37] Die Vorschrift des § 131 Abs. 3 S. 1 Nr. 6 HGB dient somit dazu, den umständlichen Weg einer Gestaltungsklage zu vermeiden.

---

33 MüKo-HGB-*K. Schmidt*, § 131 Rdnr. 83.

34 Vgl. BGH, NJW-RR 2003, 533; MünchHdb. GesR I-*Piehler/Schulte*, § 74 Rdnr. 1, 33; MüKo-HGB-*K. Schmidt*, § 131 Rdnr. 93; *Grunewald*, GesR, S. 118 Rdnr. 59.

35 MüKo-HGB-*K. Schmidt*, § 131 Rdnr. 85; *Lorz* in: Ebenroth/Boujong/Joost/Strohn, § 131 Rdnr. 53.

36 MüKo-HGB-*K. Schmidt*, § 131 Rdnr. 86.

37 MüKo-HGB-*K. Schmidt*, § 131 Rdnr. 88; *K. Schmidt*, GesR, § 50 S. 1459.

Ebenso wie bei der Gesellschaft bürgerlichen Rechts ist eine Übertragung der Mitgliedschaft zulässig, wenn der Gesellschaftsvertrag dies zulässt oder die Gesellschafter dem zustimmen.[38]

### *3. Wichtiger Grund*

Im Recht der offenen Handelsgesellschaft ist eine außerordentliche Austrittskündigung für den Gesellschafter nicht zu finden. Doch wird, neben der Möglichkeit, die Gesellschaft nach § 133 Abs. 1 HGB aufzulösen, erwogen, beim Vorliegen von wichtigen Gründen aus der Gesellschaft auszuscheiden (außerordentliche Kündigung).[39]

Umgekehrt spricht § 140 Abs. 1 S. 1 HGB der Gesellschaft das Recht zu, einen Gesellschafter auszuschließen, sofern, wie der Verweis auf § 133 HGB verdeutlicht, ein wichtiger Grund in der Person des auszuschließenden Gesellschafters vorliegt. Anders als bei der Gesellschaft bürgerlichen Rechts erfolgt der Ausschluss nach § 140 Abs. 1 S. 2 HGB durch eine Gestaltungsklage, falls nicht der Gesellschaftsvertrag einen Beschluss der Gesellschafter ausreichen lässt, wie dies nach § 131 Abs. 3 S. 1 Nr. 6 HGB durchaus vereinbart werden kann. Ziel dieser Regelung ist die Unternehmenserhaltung. Es soll nur derjenige ausgeschlossen werden, in dessen Person ein wichtiger Grund vorliegt.[40]

## IV. GmbH

Die Mitgliedschaft wird im Recht der GmbH durch den Geschäftsanteil vermittelt,[41] anstatt, wie bei den Personengesellschaften, allein durch den gemeinsamen Vertragsschluss. Dieser Unterschied basiert darauf, dass es sich bei der GmbH nach § 13 Abs. 1 GmbHG um eine juristische Person des Privatrechts handelt, welche von den Gesellschaftern verselbständigt ist. Zwar wird die GmbH, wie auch Personengesellschaften, von mehreren Personen – wobei im GmbH-Recht nach § 1 GmbHG auch eine einzige genügt – gegründet, doch mit Entstehung der GmbH nach § 11 Abs. 1 GmbHG ist die juristische Person von den Gründungsgesellschaftern zu unterscheiden (§ 13 Abs. 1, 2 GmbHG).

---

38 MünchHdb. GesR I-*Piehler/Schulte*, § 73 Rdnr. 1; *Grunewald*, GesR, S. 121 Rdnr. 65.

39 BGHZ 63, 338, 345 f.; MünchHdb. GesR I-*Piehler/Schulte*, § 74 Rdnr. 25; *K. Schmidt*, GesR, § 50 S. 1457; *Wiedemann*, GesR II, § 5 S. 274.

40 *K. Schmidt*, GesR, § 50 S. 1461.

41 *K. Schmidt*, GesR, § 35 S. 1034.

### *1. Veräußerung des Geschäftsanteils nach § 15 GmbHG*

Der von den Mitgliedern gehaltene Geschäftsanteil ist veräußerlich (§ 15 Abs. 1 GmbHG). Durch Veräußerung des Geschäftsanteils kann ein Gesellschafter aus der GmbH ausscheiden, wenn nicht die Abtretung des Geschäftsanteils durch den Gesellschaftsvertrag an weitere Voraussetzungen gebunden ist, wie es der § 15 Abs. 5 GmbHG zulässt. Obwohl das Gesetz dies nicht explizit erwähnt, kann die Veräußerlichkeit des Anteils ausgeschlossen werden.[42]

### *2. Amortisation des Geschäftsanteils nach § 34 GmbHG*

§ 34 Abs. 1 GmbHG gestattet die Einziehung (Amortisation) von Geschäftsanteilen, sofern diese Möglichkeit im Gesellschaftsvertrag vorgesehen ist. Bei der Einziehung von Geschäftsanteilen muss zwischen der Zwangseinziehung und der freiwilligen Einziehung unterschieden werden.[43]

Eine freiwillige Einziehung liegt vor, wenn der betroffene Gesellschafter der Einziehung zustimmt. Auch in diesen Fällen muss die generelle Möglichkeit zur Einziehung im Gesellschaftsvertrag geregelt sein.[44] Sollte die Möglichkeit zur Einziehung nicht vorgesehen sein, kann diese durch nachträgliche Satzungsänderung eingeführt werden. Welche Mehrheitsverhältnisse dazu erforderlich sind, ist umstritten. Zuweilen wird vertreten, dass eine Dreiviertel-Mehrheit nach § 53 Abs. 2 GmbHG genügen soll,[45] andere verlangen die Zustimmung aller Gesellschafter nach § 53 Abs. 3 GmbHG.[46]

---

42 RGZ 80, 175, 179; *Bayer* in: Lutter/Hommelhoff, GmbHG, § 15 Rdnr. 1, 57; Michalski-*Ebbing*, GmbHG, § 15 Rdnr. 2, 128; *Rowedder/Bergmann* in: Rowedder/Schmidt-Leithoff, GmbHG, § 15 Rdnr. 161; Roth/Altmeppen-*Altmeppen*, GmbHG, § 15 Rdnr. 107; *Hueck/Fastrich* in: Baumbach/Hueck, GmbHG, § 15 Rdnr. 38; Scholz-*H. Winter/Seibt*, GmbHG, § 15 Rdnr. 135; Ulmer-*Winter/Löbbe*, GmbHG, § 15 Rdnr. 210.

43 *Hueck/Fastrich* in: Baumbach/Hueck, GmbHG, § 34 Rdnr. 1, 3 ff.; Hachenburg-*Ulmer*, GmbHG, § 34 Rdnr. 1.

44 Michalski-*Sosnitza*, GmbHG, § 34 Rdnr. 8; *Lutter* in: Lutter/Hommelhoff, GmbHG, § 34 Rdnr. 13; *Rowedder/Bergmann* in: Rowedder/Schmidt-Leithoff, GmbHG, § 34 Rdnr. 8; Scholz-*Westermann*, GmbHG, § 34 Rdnr. 7; *Hueck/Fastrich* in: Baumbach/Hueck, GmbHG, § 34 Rdnr. 3; Hachenburg-*Ulmer*, GmbHG, § 34 Rdnr. 1.

45 *Hueck/Fastrich* in: Baumbach/Hueck, GmbHG, § 34 Rdnr. 5; Roth/Altmeppen-*Altmeppen*, GmbHG, § 34 Rdnr. 8; Scholz-*Westermann*, GmbHG, § 34 Rdnr. 10; Hachenburg-*Ulmer*, GmbHG, § 34 Rdnr. 17.

46 BGHZ 9, 157, 160; BayObLG, DB 1978, 2164 f.; Michalski-*Sosnitza*, GmbHG, § 34 Rdnr. 11; *Rowedder/Bergmann* in: Rowedder/Schmidt-Leithoff, GmbHG, § 34 Rdnr. 10; *Lutter* in: Lutter/Hommelhoff, GmbHG, § 34 Rdnr. 13.

Eine Amortisation ohne Zustimmung des Anteilseigners ist zulässig, wenn das Recht zur Einziehung bereits vor dem Zeitpunkt des Erwerbs des Geschäftsanteils im Gesellschaftsvertrag vorgesehen war (§ 34 Abs. 2 GmbHG). Die Möglichkeit zur Amortisation ohne Zustimmung des Anteilseigners kann durch Satzungsänderung eingeführt werden.[47] Welche Mehrheitsverhältnisse dazu erforderlich sind, wird unterschiedlich beurteilt. Zum Teil wird vertreten, dass es der Zustimmung aller Gesellschafter bedürfe (§ 53 Abs. 3 GmbHG).[48] Andere wollen eine Dreiviertel-Mehrheit nach § 53 Abs. 2 GmbHG genügen lassen.[49] Werden die entsprechenden Mehrheiten nicht erreicht, ist die Satzungsänderung insgesamt gescheitert; somit findet sie keine Anwendung auf die Befürworter oder späteren Anteilserwerber.[50]

Die Voraussetzungen für die Einziehung müssen sich aus dem Gesellschaftsvertrag ergeben. Wie die Voraussetzungen beschaffen sein müssen, damit die Einziehung wirksam ist, wird sich im Laufe dieser Arbeit zeigen. Jedenfalls werden sachliche und wichtige Gründe die Grundlage für den Einziehungsbeschluss bilden können.

Nach § 46 Nr. 4 GmbHG ist ein Gesellschafterbeschluss über die Einziehung erforderlich, wobei nach § 47 Abs. 1 GmbHG grundsätzlich die einfache Mehrheit ausreichend ist.[51] Der betroffene Gesellschafter darf mit abstimmen, wenn es sich nicht um eine Einziehung aus wichtigem Grund handelt.[52] Mit dem Vorliegen des Gesellschafterbeschlusses ist der inneren Willensbildung genüge getan. Um den Geschäftsanteil nun tatsächlich einzuziehen, muss noch eine Einziehungserklärung gegenüber dem betroffenen Gesellschafter erfolgen.[53] Im Zuge der Einziehung

47 *Rowedder/Bergmann* in: Rowedder/Schmidt-Leithoff, GmbHG, § 34 Rdnr. 10; *Lutter* in: Lutter/Hommelhoff, GmbHG, § 34 Rdnr. 23; Scholz-*Westermann*, GmbHG, § 34 Rdnr. 9; *Hueck/Fastrich* in: Baumbach/Hueck, GmbHG, § 34 Rdnr. 8.

48 *Lutter* in: Lutter/Hommelhoff, GmbHG, § 34 Rdnr. 23; *Rowedder/ Bergmann* in: Rowedder/Schmidt-Leithoff, GmbHG, § 34 Rdnr. 10; Michalski-*Sosnitza*, GmbHG, § 34 Rdnr. 31; Roth/Altmeppen-*Altmeppen*, GmbHG, § 34 Rdnr. 9.

49 Scholz-*Westermann*, GmbHG, § 34 Rdnr. 10; Hachenburg-*Ulmer*, GmbHG, § 34 Rdnr. 34.

50 *Lutter* in: Lutter/Hommelhoff, GmbHG, § 34 Rdnr. 23; Michalski-*Sosnitza*, GmbHG, § 34 Rdnr. 32; Roth/Altmeppen-*Altmeppen*, GmbHG, § 34 Rdnr. 9.

51 *Rowedder/Bergmann* in: Rowedder/Schmidt-Leithoff, GmbHG, § 34 Rdnr. 14; Scholz-*Westermann*, GmbHG, § 34 Rdnr. 42; *Hueck/Fastrich* in: Baumbach/Hueck, GmbHG, § 34 Rdnr. 14; Hachenburg-*Ulmer*, GmbHG, § 34 Rdnr. 49.

52 Michalski-*Sosnitza*, GmbHG, § 34 Rdnr. 100; *Lutter* in: Lutter/Hommelhoff, GmbHG, § 34 Rdnr. 37; *K. Schmidt*, GesR, § 35 S. 1057; *Rowedder/Bergmann* in: Rowedder/Schmidt-Leithoff, GmbHG, § 34 Rdnr. 14; Roth/Altmeppen-*Altmeppen*, GmbHG, § 34 Rdnr. 59; Scholz-*Westermann*, GmbHG, § 34 Rdnr. 43; *Hueck/Fastrich* in: Baumbach/Hueck, GmbHG, § 34 Rdnr. 14; Hachenburg-*Ulmer*, GmbHG, § 34 Rdnr. 52.

53 Michalski-*Sosnitza*, GmbHG, § 34 Rdnr. 107; *K. Schmidt*, GesR, § 35 S. 1057; Roth/Altmeppen-*Altmeppen*, GmbHG, § 34 Rdnr. 65; *Rowedder/Bergmann* in: Rowedder/Schmidt-Leithoff, GmbHG, § 34 Rdnr. 17; Hachenburg-*Ulmer*, GmbHG, § 34 Rdnr. 54.

fällt der Geschäftsanteil weg,[54] die Mitgliedschaftsrechte enden und dem Betroffenen steht ein Ausgleichsanspruch für den entzogenen Geschäftsanteil zu.[55]

Die Amortisation führt zu einer Divergenz zwischen Stammkapital und Geschäftsanteilen. Es werden verschiedene Lösungsmodelle vertreten, wie sich diese Divergenz beheben lässt. Zum einen wird vertreten, dass dies durch automatische Aufstockung der übrigen Geschäftsanteile erfolge.[56] Zum anderen wird dafür plädiert, dass eine automatische Anpassung nicht nötig sei und es daher bei den ursprünglichen Nominalbeträgen der verbleibenden Geschäftsanteile verbliebe.[57] Dadurch wird die Divergenz zwischen dem Betrag der verbleibenden Geschäftsanteile und dem Stammkapital nicht behoben. Dies wird als systemimmanent hingenommen.[58] Die verbleibenden Gesellschafter haben die Möglichkeit, die entstandene Diskrepanz auf zwei Arten zu beseitigen. Sie können einen Aufstockungsbeschluss fassen oder aber einen neuen Gesellschaftsanteil bilden.[59]

### *3. Die Ausschließung*

Im GmbH-Recht sind keine Regelungen hinsichtlich der Ausschließung von Gesellschaftern enthalten. Auch die gesetzlich vorgesehene Möglichkeit der Einziehung von Geschäftsanteilen in § 34 Abs. 1 GmbHG hilft nur dann weiter, wenn die Einziehung vertraglich zulässig sein sollte. Sieht der Gesellschaftsvertrag eine

54 Michalski-*Sosnitza*, GmbHG, § 34 Rdnr. 112; *Lutter* in: Lutter/Hommelhoff, GmbHG, § 34 Rdnr. 2; *Rowedder/Bergmann* in: Rowedder/Schmidt-Leithoff, GmbHG, § 34 Rdnr. 47; Roth/Altmeppen-*Altmeppen*, GmbHG, § 34 Rdnr. 69; Scholz-*Westermann*, GmbHG, § 34 Rdnr. 62; Hachenburg-*Ulmer*, GmbHG, § 34 Rdnr. 57; *Hueck/Fastrich* in: Baumbach/Hueck, GmbHG, § 34 Rdnr. 19.

55 *K. Schmidt*, GesR, § 35 S. 1057; *Grunewald*, GesR, S. 410 Rdnr. 172; Michalski-*Sosnitza*, GmbHG, § 34 Rdnr. 112 f.

56 *Lutter* in: Lutter/Hommelhoff, GmbHG, § 34 Rdnr. 3; Roth/Altmeppen-*Altmeppen*, GmbHG, § 34 Rdnr. 69.

57 Michalski-*Sosnitza*, GmbHG, § 34 Rdnr. 115; *Hueck/Fastrich* in: Baumbach/Hueck, GmbHG, § 34 Rdnr. 20; Hachenburg-*Ulmer*, GmbHG, § 34 Rdnr. 62; *Rowedder/Bergmann* in: Rowedder/Schmidt-Leithoff, GmbHG, § 34 Rdnr. 50; *Wolff*, GmbHR 1999, 958, 960 f.

58 Michalski-*Sosnitza*, GmbHG, § 34 Rdnr. 115; Scholz-*Westermann*, GmbHG, § 34 Rdnr. 62; *Hueck/Fastrich* in: Baumbach/Hueck, GmbHG, § 34 Rdnr. 20; Hachenburg-*Ulmer*, GmbHG § 34 Rdnr. 62; *Rowedder/Bergmann* in: Rowedder/Schmidt-Leithoff, GmbHG, § 34 Rdnr. 50 f.

59 Michalski-*Sosnitza*, GmbHG, § 34 Rdnr. 116 f.; *Rowedder/Bergmann* in: Rowedder/Schmidt-Leithoff, GmbHG, § 34 Rdnr. 52; *Hueck/Fastrich* in: Baumbach/Hueck, GmbHG, § 34 Rdnr. 20; Hachenburg-*Ulmer*, GmbHG, § 34 Rdnr. 64.

Amortisation nicht vor, bliebe der Gesellschaft also nur die Auflösung nach § 61 GmbHG. Damit eine Gesellschaft nicht wegen einer Person aufgelöst werden muss, ist die Einräumung eines Ausschließungsrechts notwendig.[60]

Daher besteht in Rechtsprechung und Literatur darüber Einigkeit, dass auch ohne vertragliche Vereinbarung ein Gesellschafter, falls ein wichtiger Grund in seiner Person vorliegt, aus der Gesellschaft ausgeschlossen werden kann.[61] Dies folgt aus der Natur des Gesellschaftsverhältnisses als Dauerschuldverhältnis.[62] Das Ausschlussverfahren vollzieht sich dabei in zwei Schritten. Zunächst bedarf es eines Gesellschafterbeschlusses, wobei umstritten ist, ob es einer satzungsändernden Dreiviertel-Mehrheit bedarf[63] oder ob eine einfache Mehrheit genügt.[64] Eine weitere Meinung verlangt sogar über das Erfordernis einer qualifizierten Mehrheit hinaus eine Mindestkapitalbeteiligung der Zustimmenden von 25 %.[65] Der betroffene Gesellschafter hat bei der Beschlussfassung kein Stimmrecht, ihm ist aber die Gelegenheit einzuräumen, zu den Vorwürfen Stellung zu beziehen.[66] Sollte ihm dieses Recht verwährt werden, ist der Gesellschafterbeschluss nach § 243 Abs. 1 AktG analog anfechtbar.[67] Zudem muss in Rechtsanalogie zu den §§ 61 GmbHG, 117, 127, 133, 140 HGB eine Gestaltungsklage erhoben werden, sofern sich nicht

---

60 *K. Schmidt*, GesR, § 35 S. 1059.

61 RGZ 169, 330, 333 f.; BGHZ 9, 157, 159 ff.; 80, 346, 349 f.; BGH, GmbHR 1987, 302, 303; ZIP 1995, 567, 569; *Michalski-Sosnitza*, GmbHG, Anh. § 34 Rdnr. 6; *Lutter* in: Lutter/Hommelhoff, GmbHG, § 34 Rdnr. 52; Roth/Altmeppen-*Altmeppen*, GmbHG, § 60 Rdnr. 60; *K. Schmidt*, GesR, § 35 S. 1061; Scholz-*H. Winter/Seibt*, GmbHG, Anh. § 34 Rdnr. 21; *Hueck/Fastrich* in: Baumbach/Hueck, GmbHG, Anh. § 34 Rdnr. 2; Hachenburg-*Ulmer*, GmbHG, Anh. § 34 Rdnr. 8.

62 *K. Schmidt*, GesR, § 35 S. 1061; *Rowedder/Bergmann* in: Rowedder/Schmidt-Leithoff, GmbHG, § 34 Rdnr. 64; Roth/Altmeppen-*Altmeppen*, GmbHG, § 60 Rdnr. 60.

63 BGHZ 9, 157, 177; 153, 285, 288 f.; BGH, ZIP 2003, 395, 396; ZIP 2003, 435; OLG Frankfurt, DB 1979, 2127; *Lutter* in: Lutter/Hommelhoff, GmbHG, § 34 Rdnr. 59; *Rowedder/Bergmann* in: Rowedder/Schmidt-Leithoff, GmbHG, § 34 Rdnr. 82; *Michalski-Sosnitza*, GmbHG, Anh. § 34 Rdnr. 25; Roth/Altmeppen-*Altmeppen*, GmbHG, § 60 Rdnr. 86; *Hueck/Fastrich* in: Baumbach/Hueck, GmbHG, Anh. § 34 Rdnr. 9; Hachenburg-*Ulmer*, GmbHG, Anh. § 34 Rdnr. 24; *Grunewald*, GesR, S. 412 Rdnr. 174.

64 Scholz-*H. Winter/Seibt*, GmbHG, Anh. § 34 Rdnr. 35; *K. Schmidt*, GesR, § 35 S. 1062; OLG Köln, GmbHR 2001, 110, 111; Schick, DB 2000, 2105 f.

65 v. Stetten, GmbHR 1982, 105, 106 f.

66 *Michalski-Sosnitza*, GmbHG, Anh. § 34 Rdnr. 24; *Lutter* in: Lutter/Hommelhoff, GmbHG, § 34 Rdnr. 61; *Rowedder/Bergmann* in: Rowedder/Schmidt-Leithoff, GmbHG, § 34 Rdnr. 82; Scholz-*H. Winter/Seibt*, GmbHG, Anh. § 34 Rdnr. 36; *Hueck/Fastrich* in: Baumbach/Hueck, GmbHG, Anh. § 34 Rdnr. 9.

67 *Michalski-Sosnitza*, GmbHG, Anh. § 34 Rdnr. 24; Scholz-*H. Winter/Seibt*, GmbHG, Anh. § 34 Rdnr. 36.

aus dem Gesellschaftsvertrag ergibt, dass ein Beschluss ausreichend ist.[68] Während der Dauer der Ausschlussklage stehen dem betroffenen Gesellschafter seine vollen Mitgliedschaftsrechte zu.[69]

Problematisch sind die Folgen des Ausschlusses aus der GmbH. Anders als bei Personengesellschaften gibt es im Recht der GmbH keine An- und Abwachsung. Dies liegt daran, dass es sich bei der GmbH um eine juristische Person mit eigener Rechtspersönlichkeit handelt, die strikt von den Gesellschaftern zu trennen ist. Die Zugehörigkeit zur Gesellschaft wird dabei durch einen Geschäftsanteil ausgedrückt. Zudem haften nicht die Gesellschafter für die Abfindungsforderung, sondern einzig die Gesellschaft.

Die wohl h. M. in Rechtsprechung[70] und Literatur[71] nimmt an, dass das Ausschließungsurteil zugleich die dem Gesellschafter zustehende Abfindung festzusetzen und eine Frist zur Zahlung der Abfindung zu bestimmen habe. Die Wirkung des Ausschlusses steht demnach unter der aufschiebenden Bedingung der fristgerechten Zahlung der im Urteil festgelegten Abfindung.[72]

An dieser Kopplung zwischen Ausschließung und Zahlung der Abfindung und der damit einhergehenden Verzögerung wird in der Literatur zuweilen Kritik geäußert.

Eine Auffassung vertritt die Ansicht, dass die Ausschlusswirkung mit Rechtskraft des Urteils wirksam würde, jedoch die Wirkung des Urteils entfiele, falls die Abfindung bis zur im Urteil gesetzten Frist nicht gezahlt würde.[73] Nach dieser Ansicht ist das Urteil also auflösend bedingt.

Eine andere Meinung möchte den Ausschluss des Gesellschafters durch die Rechtskraft des Urteils wirksam werden lassen und dem Gesellschafter einen Abfindungsanspruch gegen die übrigen Gesellschafter pro rata ihrer Beteiligung

---

68 BGHZ 9, 157, 166; 16, 317, 322; *Michalski-Sosnitza*, GmbHG, Anh. § 34 Rdnr. 21, 27; *K. Schmidt*, GesR, § 35 S. 1062; *Lutter* in: Lutter/Hommelhoff, GmbHG, § 34 Rdnr. 62; *Rowedder/Bergmann* in: Rowedder/Schmidt-Leithoff, GmbHG, § 34 Rdnr. 83 f.; Roth/Altmeppen-*Altmeppen*, GmbHG, § 60 Rdnr. 82; Scholz-*H. Winter/Seibt*, GmbHG, Anh. § 34 Rdnr. 33; *Hueck/Fastrich* in: Baumbach/Hueck, GmbHG, Anh. § 34 Rdnr. 8.

69 *Rowedder/Bergmann* in: Rowedder/Schmidt-Leithoff, GmbHG, § 34 Rdnr. 97.

70 BGHZ 9, 157, 170 ff.; OLG Düsseldorf, GmbHR 1999, 543, 547; OLG Hamm, GmbHR 1992, 757, 758;

71 Michalski-*Sosnitza*, GmbHG, Anh. § 34 Rdnr. 30 ff.; Scholz-*H. Winter/Seibt*, GmbHG, Anh. § 34 Rdnr. 39; *Lutter* in: Lutter/Hommelhoff, GmbHG, § 34 Rdnr. 63; ähnlich Roth/Altmeppen-*Altmeppen*, GmbHG, § 60 Rdnr. 96 ff.

72 Michalski-*Sosnitza*, GmbHG, Anh. § 34 Rdnr. 30; BGHZ 9, 157, 170 ff.; OLG Düsseldorf, GmbHR 1999, 543, 547; OLG Hamm, GmbHR 1992, 757, 758;

73 Hachenburg-*Ulmer*, GmbHG, Anh. § 34 Rdnr. 35.

zusprechen.[74] Gegen diese Meinung ist anzubringen, dass sie mit der Haftungsverfassung der GmbH nicht vereinbar ist.[75]

Den Gesellschaftern steht es frei, Regelungen bezüglich des Ausschlusses im Gesellschaftsvertrag festzulegen. Sie können dabei die Gründe, die zum Ausschluss führen sollen, präzisieren, nicht aber den Ausschluss aus wichtigem Grund ausschließen.[76] Zudem können sie bestimmen, dass für den Ausschluss der Beschluss der Gesellschafterversammlung ausreichen soll.

### *4. Der Austritt*

Ein ordentliches Kündigungsrecht, wie dies § 132 HGB für die Personenhandelsgesellschaften beinhaltet, kennt das GmbH-Recht nicht.[77] Dies hängt damit zusammen, dass der Geschäftsanteil nach § 15 Abs. 1 GmbHG veräußerlich ist und damit theoretisch kein Bedürfnis dafür besteht.

Ein Ausscheiden eines Gesellschafters aus der GmbH kann durch vertragliche Vereinbarung erfolgen, sofern dadurch keine Gläubigerbelange betroffen werden.[78]

Daneben ist ein Austrittsrecht bei Vorliegen eines wichtigen Grundes allgemein anerkannt.[79] Wie der Ausschluss ist auch der Austritt nur als äußerstes Mittel zulässig, so dass aufgrund der Möglichkeit der Veräußerung des Geschäftsanteils dies vorrangig zu versuchen ist.[80] Der Gesellschafter hat dabei auch erhebliche finanzielle Einbußen hinzunehmen.[81] Dies hängt damit zusammen, dass jeder Gesellschafter das Risiko der Veräußerbarkeit des Geschäftsanteils trägt.[82] Ein

---

74 *Kesselmeier*, Diss., Ausschließungs- und Nachfolgeregelung, S. 197 ff., 213 f.

75 Michalski-*Sosnitza*, GmbHG, Anh. § 34 Rdnr. 30.

76 Michalski-*Sosnitza*, GmbHG, Anh. § 34 Rdnr. 41.

77 *K. Schmidt*, GesR, § 35 S. 1064;*Grunewald*, GesR, S. 412 Rdnr. 176; Michalski-*Sosnitza*, GmbHG, Anh. § 34 Rdnr. 43.

78 *K. Schmidt*, GesR, § 35 S. 1064.

79 BGHZ 9, 157, 162 f.; BGHZ 116, 359, 369; *K. Schmidt*, GesR, § 35 S. 1064; *Grunewald*, GesR, S. 412 Rdnr. 176; *Michalski-Sosnitza*, GmbHG, Anh. § 34 Rdnr. 44; *Lutter* in: Lutter/Hommelhoff, GmbHG, § 34 Rdnr. 70; Roth/Altmeppen-*Altmeppen*, GmbHG, § 60 Rdnr. 60, 100; *Rowedder/Bergmann* in: Rowedder/Schmidt-Leithoff, GmbHG, § 34 Rdnr. 75; Scholz-*H. Winter/Seibt*, GmbHG, Anh. § 34 Rdnr. 3; Hachenburg-*Ulmer*, GmbHG, Anh. § 34 Rdnr. 44.

80 *Michalski-Sosnitza*, GmbHG, Anh. § 34 Rdnr. 53.

81 *Michalski-Sosnitza*, GmbHG, Anh. § 34 Rdnr. 53; *Rowedder/Bergmann* in: Rowedder/Schmidt-Leithoff, GmbHG, § 34 Rdnr. 75; *Hueck/Fastrich* in: Baumbach/Hueck, GmbHG, Anh. § 34 Rdnr. 22.

82 Roth/Altmeppen-*Altmeppen*, GmbHG, § 60 Rdnr. 103; Scholz-*H. Winter/ Seibt*, GmbHG, Anh. § 34 Rdnr. 4.

Austritt kann daher nur erfolgen, wenn die Veräußerung des Geschäftsanteils beschränkt ist oder die erforderliche Genehmigung nicht erteilt wird.[83]

Der Austritt erfolgt durch Erklärung gegenüber der Gesellschaft.[84] Wie auch beim Ausschluss ist die Rechtsfolge des Austritts aus der GmbH mit Problemen behaftet. Herrschend scheint ein Stufenmodell zu sein,[85] welches sich in zwei Phasen vollzieht. Der Gesellschafter hat gegenüber der GmbH seinen Austritt zu erklären. Dies führt zur Entstehung eines Abfindungsanspruchs gegen die Gesellschaft. Wird die Abfindung ausgezahlt, steht der GmbH das Recht zu, den Geschäftsanteil einzuziehen, oder die Abtretung an eine von ihr benannte Person zu fordern. Die Austrittserklärung führt nicht zum Ruhen der Mitgliedschaftsrechte, sondern diese bestehen fort bis zum endgültigen Verlust des Geschäftsanteils.[86]

### *5. Kaduzierungsverfahren nach § 21 GmbHG*

Das Kaduzierungsverfahren dient dazu, einen Gesellschafter auszuschließen, der die eingeforderte Einzahlung auf die Stammeinlage nicht rechtzeitig erbracht hat. Die Kaduzierung ist keine Pflicht, sie steht im Ermessen des Geschäftsführers.[87] Um den Ausschluss nach § 21 Abs. 1, 2 GmbHG herbeizuführen, muss dem säumigen Gesellschafter eine erneute Frist zur Leistung, unter Androhung des Ausschlusses aus der Gesellschaft, gesetzt werden. Nach fruchtlosem Ablauf der Frist, welche nach § 21 Abs. 1 GmbHG mindestens einen Monat betragen muss, kann der Geschäftsanteil durch Erklärung mittels eingeschriebenen Briefes für verlustig erklärt werden (§ 21 Abs. 2 GmbHG). Die Wirkung des Ausschlusses ist die,

---

83 *Michalski-Sosnitza*, GmbHG, Anh. § 34 Rdnr. 53; *Rowedder/Bergmann* in: Rowedder/Schmidt-Leithoff, GmbHG, § 34 Rdnr. 75; Scholz-*H. Winter/Seibt*, GmbHG, Anh. § 34 Rdnr. 4; *Hueck/Fastrich* in: Baumbach/Hueck, GmbHG, Anh. § 34 Rdnr. 22.

84 Michalski-*Sosnitza*, GmbHG, Anh. § 34 Rdnr. 57; *Rowedder/Bergmann* in: Rowedder/Schmidt-Leithoff, GmbHG, § 34 Rdnr. 91; Roth/Altmeppen-*Altmeppen*, GmbHG, § 60 Rdnr. 107 f.; Scholz-*H. Winter/Seibt*, GmbHG, Anh. § 34 Rdnr. 13; *Hueck/Fastrich* in: Baumbach/Hueck, GmbHG, Anh. § 34 Rdnr. 24.

85 *Lutter* in: Lutter/Hommelhoff, GmbHG, § 34 Rdnr. 75; *Rowedder/Bergmann* in: Rowedder/Schmidt-Leithoff, GmbHG, § 34 Rdnr. 92 f.; Roth/Altmeppen-*Altmeppen*, GmbHG, § 60 Rdnr. 108; Scholz-*H. Winter/Seibt*, GmbHG, Anh. § 34 Rdnr. 14; *Michalski-Sosnitza*, GmbHG, Anh. § 34 Rdnr. 57 f.; *Hueck/Fastrich* in: Baumbach/Hueck, GmbHG, Anh. § 34 Rdnr. 24; Hachenburg-*Ulmer*, GmbHG, Anh. § 34 Rdnr. 55.

86 **A.A.** Hachenburg-*Ulmer*, GmbHG, Anh. § 34 Rdnr. 58, der sich für Ruhen des Stimmrechts ausspricht, was nicht gilt, wenn Abfindungsanspruch gefährdet werden könnte.

87 *Bayer* in: Lutter/Hommelhoff, GmbHG, § 21 Rdnr. 6; Michalski-*Ebbing*, GmbHG, § 21 Rdnr. 90.

dass der betreffende Gesellschafter seine Mitgliedschaft ohne irgendwelche Ausgleichsansprüche verliert.[88] Damit erlöschen die aus der Mitgliedschaft entstandenen Pflichten. Nur seine Ausfallhaftung aus § 21 Abs. 3 GmbHG bleibt bestehen. Der ausgeschlossene Gesellschafter haftet weiter für den Ausfall der Gesellschaft an rückständigen sowie an später auf Geschäftsanteile eingeforderten Beträge auf Stammeinlagen.[89]

Was mit dem Geschäftsanteil geschieht, wird auch hier unterschiedlich betrachtet. Überwiegend wird angenommen, dass den kaduzierten Geschäftsanteil die GmbH erwirbt, sie über ihn aber nur nach den Vorschriften der §§ 22, 23 GmbHG verfügen könne.[90] Eine abweichende Meinung vertritt die Auffassung, dass die Gesellschaft den Geschäftsanteil treuhänderisch erwirbt, bis er nach den §§ 22, 23 GmbHG auf einen neuen Erwerber übertragen wird.[91]

### *6. Abandonrecht nach § 27 GmbHG*

Ist im Gesellschaftsvertrag eine unbestimmte Nachschusspflicht vereinbart, können die Gesellschafter sich nach § 27 Abs. 1 Satz 1 GmbHG von der Nachschusspflicht durch Zurverfügungstellung des Geschäftsanteils befreien, sofern sie die Stammeinlage vollständig eingezahlt haben. Zuvor muss die Gesellschafterversammlung allerdings beschlossen haben, den Nachschuss einzufordern, sowie den Gesellschafter zur Zahlung aufgefordert haben.[92] Sein Preisgaberecht muss der Gesellschafter innerhalb eines Monats ausüben. Macht er nicht von seinem Abandonrecht Gebrauch und zahlt er auch nicht innerhalb der angegebenen Frist den Nachschuss ein, so kann die Gesellschaft nach § 27 Abs. 1 Satz 2 GmbHG in die Offensive gehen und den Geschäftsanteil als zu ihrer Verfügung gestellt ansehen.

Trotz Erklärung des Preisgaberechts bleibt der Gesellschafter Inhaber des Geschäftsanteils; er kann jedoch nicht mehr über ihn verfügen und er haftet weiterhin für den Nachschuss, doch erstreckt sich die Haftung nur auf den anbandonnierten

---

88 *Bayer* in: Lutter/Hommelhoff, GmbHG, § 21 Rdnr. 14; Michalski-*Ebbing*, GmbHG, § 21 Rdnr. 104; Roth/Altmeppen-*Altmeppen*, GmbHG, § 21 Rdnr. 16 f.; *Hueck/Fastrich* in: Baumbach/Hueck, GmbHG, § 21 Rdnr. 11; Scholz-*Emmerich*, GmbHG, § 21 Rdnr. 25, 26a.

89 *Hueck/Fastrich* in: Baumbach/Hueck, GmbHG, § 21 Rdnr. 14; Michalski-*Ebbing*, GmbHG, § 21 Rdnr. 141.

90 *Bayer* in: Lutter/Hommelhoff, GmbHG, § 21 Rdnr. 15; Michalski-*Ebbing*, GmbHG, § 21 Rdnr. 116; *Pentz* in: Rowedder/Schmidt-Leithoff, GmbHG, § 21 Rdnr. 44; Roth/Altmeppen-*Altmeppen*, GmbHG, § 21 Rdnr. 19; Ulmer-*Müller*, GmbHG, § 21 Rdnr. 61.

91 *Hueck/Fastrich* in: Baumbach/Hueck, GmbHG, § 21 Rdnr. 12.

92 *Pentz* in: Rowedder/Schmidt-Leithoff, GmbHG, § 27 Rdnr. 11 f.; Ulmer-*Müller*, GmbHG, § 27 Rdnr. 9, 12; Roth/Altmeppen-*Altmeppen*, GmbHG, § 27 Rdnr. 6.

Geschäftsanteil.[93] Bis zu seinem Ausscheiden stehen dem abandonnierenden Gesellschafter sämtliche Gesellschafterrechte und Pflichten zu.[94] Erst mit Verwertung des Geschäftsanteils oder mit Anteilsübergang auf die GmbH verliert der Gesellschafter seine Gesellschafterstellung.[95]

93 *Pentz* in: Rowedder/Schmidt-Leithoff, GmbHG, § 27 Rdnr. 24; Ulmer-*Müller*, GmbHG, § 27 Rdnr. 45 f.; Roth/Altmeppen-*Altmeppen*, GmbHG, § 27 Rdnr. 12 f.; Scholz-*Emmerich*, GmbHG, § 27 Rdnr. 20.

94 *Pentz* in: Rowedder/Schmidt-Leithoff, GmbHG, § 27 Rdnr. 47; Roth/Altmeppen-*Altmeppen*, GmbHG, § 27 Rdnr. 12; *Hueck/Fastrich* in: Baumbach/Hueck, GmbHG, § 27 Rdnr. 8; Ulmer-*Müller*; GmbHG, § 27 Rdnr. 45.

95 *Ulmer-Müller*, GmbHG, § 27 Rdnr. 56.

## B. Hinauskündigungsklauseln nach freiem Ermessen

Wie oben dargestellt, ist der Ausschluss eines Gesellschafters jedenfalls dann möglich, wenn ein wichtiger Grund in der Person des Auszuschließenden vorliegt. Fraglich ist jedoch, ob im Gesellschaftsvertrag Hinauskündigungsklauseln zulässig vereinbart werden können, die das Ausschließungsrecht in das freie Belieben der übrigen Gesellschafter oder gar eines einzelnen Gesellschafters stellen. Problematisch an einer solchen Klausel ist, dass der Fortbestand der weiteren Mitgliedschaft des betroffenen Gesellschafters letztendlich vom Willen der Ausschlussberechtigten abhängig ist. Dies geschieht für einen für ihn nicht zu überblickenden Zeitraum. Der Gesellschafter kann sich nie sicher sein, wie lange er noch Mitglied der Gesellschaft bleibt.

Andererseits muss natürlich auch berücksichtigt werden, dass sich der betroffene Gesellschafter durch den Vertragsschluss auf die Klausel eingelassen hat. Zudem führt die Vertragskonstruktion zu einer wesentlichen Vereinfachung. Es muss nicht darum gestritten werden, ob die Voraussetzungen für das Ausschlussrecht tatsächlich vorgelegen haben.

### I. Begriffliche Klärung

Um sich nun näher mit dem Rechtsproblem der Hinauskündigung nach freiem Ermessen beschäftigen zu können, muss zunächst geklärt werden, was man unter dem Begriff zu verstehen hat. Begrifflich prägen sich bereits zwei Elemente aus, die Bestandteil einer Definition sein müssen. Zunächst einmal, und dies ist der wichtigste Bestandteil, muss ein Ausschluss bzw. eine Hinauskündigung eines Gesellschafters aus einer Gesellschaft erfolgt sein. Als zweites Merkmal muss dieser Ausschluss auf freiem Ermessen des oder der Berechtigten basieren. Dies bedeutet, dass er an keine Gründe – weder wichtige noch sachliche – oder Ereignisse gebunden ist, denn ansonsten steht der Ausschluss nicht im freien Belieben der Berechtigten, sondern hat stets eine Voraussetzung, die zuvor erfüllt sein muss. Weiterhin geschieht der Ausschluss grundsätzlich unter Beibehaltung des übrigen Gesellschaftsverhältnisses. Die Gesellschaft wird also nicht insgesamt aufgelöst.

Führt dies nun dazu, dass, falls nur ein Gesellschafter in einer Personengesellschaft übrig bleibt – wie dies in der zweigliedrigen Personengesellschaft nach Ausschluss eines Gesellschafters der Fall wäre, oder wenn allen übrigen Gesellschaftern einer Personengesellschaft gekündigt wird – keine Hinauskündigung nach freiem Ermessen vorliegt, weil durch das Ausscheiden der oder des Gesellschafters die Gesellschaft insgesamt beendet wird, da es zumindest grundsätzlich keine Einpersonen-Personengesellschaft gibt?[96] In derartigen Konstellationen liegt nur dann eine Hinauskündigung vor, wenn der Berechtigte den Geschäftsbetrieb weiterführt. Das Fortbestehen der Gesellschaft, bzw. das Weiterführen des Geschäftsbetriebs, ist notwendige Voraussetzung für das Vorliegen einer Hinauskündigung eines Gesellschafters. Denn wenn die Existenz der Gesellschaft geschützt ist, dann ist auch die der Mitgliedschaft geschützt. Umgekehrt gilt das Gleiche. Ist die Existenz der Gesellschaft nicht geschützt, dann auch nicht die der Mitgliedschaft. Bei der Auflösung einer Gesellschaft bzw. der Einstellung des Geschäftsbetriebs bleibt kein „gesellschaftlicher Rest" übrig. Dies soll bedeuten, dass, falls die Gesellschaft aufgelöst wird, niemand mehr wirtschaftliche Vorteile aus der Existenz der Gesellschaft ziehen kann, eine reelle Auseinandersetzung des Gesellschaftsvermögens erfolgt und daher kein Gesellschafter benachteiligt wird, da kein Gesellschafter eine abweichende Rechtsposition von einem anderen Gesellschafter erhält.

Verdeutlicht werden soll dies anhand der Gesellschaft bürgerlichen Rechts. Von Gesetzes wegen kann diese, sofern sie auf unbestimmte Zeit eingegangen worden ist, nach § 723 Abs. 1 Satz 1 BGB von jedem Gesellschafter zu jeder Zeit gekündigt werden. Ein einzelner Gesellschafter hat somit die Möglichkeit, über die weitere Existenz der Gesellschaft entscheiden zu können. Die Existenz der Gesellschaft wird damit zwischen den Gesellschaftern nicht geschützt und dadurch auch nicht die Existenz der Mitgliedschaft, denn die Gesellschaft kann schließlich jederzeit gekündigt werden.

Anders verhält es sich, wenn nach § 736 Abs. 1 BGB eine Fortsetzungsklausel im Gesellschaftsvertrag vereinbart worden ist. In diesem Fall scheidet der kündigende Gesellschafter aus der Gesellschaft aus. Die gesellschaftliche Existenz wird geschützt; zugleich auch die mitgliedschaftliche. Dies spiegelt sich wieder in der Regelung des § 737 Satz 1 BGB, denn wenn der Gesellschaftsvertrag eine Fortsetzungsklausel beinhaltet, kann ein Gesellschafter nur bei Vorliegen eines wichtigen Grundes in seiner Person nach § 723 Abs. 1 Satz 2 BGB aus der Gesellschaft ausgeschlossen werden.

96 Palandt-*Sprau*, § 705 Rdnr. 1; *K. Schmidt*, GesR, § 8 S. 209; MüKo-HGB-*K. Schmidt*, § 105 Rdnr. 24; **a.A.** *Baumann*, BB 1998, 225, 226.

Probleme entstehen also dort, wo die Existenz der Gesellschaft an sich und damit auch der Mitgliedschaft geschützt wird und wo sich dennoch ein Ausschluss eines Gesellschafters ereignet. Demnach bietet sich folgende Definition an:

Ein Hinauskündigungsrecht nach freiem Ermessen liegt dann vor, wenn der Ausschluss keine weiteren Gründe oder Ereignisse voraussetzt, als dass die Berechtigten das im Gesellschaftsvertrag eingeräumte Recht ausüben müssen und die Gesellschaft durch den Ausschluss nicht aufgelöst bzw. der Geschäftsbetrieb nicht beendet wird, sondern mit den übrig gebliebenen Gesellschaftern weiter fortgesetzt wird.

## II. Rechtsprechungsentwicklung

Die Rechtsprechung hinsichtlich des Ausschlusses eines Gesellschafters nach freiem Ermessen reicht weit zurück und wird bisweilen als wechselhaft bezeichnet.[97] Im Urteil vom 15. Januar 1897[98] musste sich das Reichsgericht mit einem einstimmigen Beschluss der übrigen Gesellschafter auseinandersetzen, durch den ein weiterer Gesellschafter ausgeschlossen wurde. Das Reichsgericht hat die Möglichkeit einer Ausschließung eines Gesellschafters im Recht der offenen Handelsgesellschaft durch Gesellschafterbeschluss für rechtsunwirksam befunden, da aus den Rechtsgrundsätzen des Handelsgesetzbuches in der damaligen Fassung die Ausschließung eines Gesellschafters nur durch gerichtliche Entscheidung zulässig sein sollte und es deswegen einer Gestaltungsklage bedurfte, um den Ausschluss zu vollziehen.[99] Dazu führte das Reichsgereicht aus, dass „das Gesetz selbst die Ausschließung eines Gesellschafters auf anderem Wege als durch gerichtliche Entscheidung als rechtlich unmöglich angenommen hat.“[100]

Das Urteil des Reichsgerichts beanstandete die Vertragsklausel nur im Bezug auf die Ausschlussmöglichkeit durch Gesellschafterbeschluss, nicht aber, dass diese ohne sachliche oder wichtige Gründe möglich sein sollte.[101] Die Vertragsvereinbarung sah vor, dass ein Gesellschafter durch einstimmigen Beschluss der übrigen Gesellschafter ausgeschlossen werden konnte. Es lag damit ein Ausschlussrecht nach freiem Ermessen vor. Daran hat das Reichsgericht keinen Anstoß genom-

---

97 *K. Schmidt*, GesR, § 50 S. 1470; *Knöchlein*, Der Ausschluss des unverträglichen Mitgesellschafters, S. 30 f.

98 RGZ 38, 119 ff.

99 RGZ 38, 119, 121 ff.; wie bereits zuvor im Urteil des Reichsoberhandelsgerichtes vom 3. Oktober 1876, Bd. 21, S. 84, 87 f.

100 RGZ 38, 119, 123.

101 RGZ 38, 119, 121.

men. Seine Ausführungen dazu, dass Art. 123 Ziff. 6 AHGB a. F.[102] eine freie Kündigung unter den Gesellschaftern eben nicht gestattet, beziehen sich auf die vorherigen Ausführungen, dass es nicht zulässig ist, zu vereinbaren, dass es für den Ausschluss keiner Klage, sondern nur eines Beschlusses seitens der Gesellschafter bedarf, sowie der Argumentation der Revision, dass diese Norm belege, dass der Ausschluss durch Beschluss der Gesellschafter herbeigeführt werden kann.[103] Weiterhin kann dies auch dadurch gestützt werden, dass das Oberlandesgericht, wie das Reichsgericht in seiner Entscheidung rekapituliert, es für zulässig gehalten hat, dass die Gesellschafter weitere Ausschließungsgründe zu denen des Art. 125 HGB a. F. im Gesellschaftsvertrag vereinbaren können.[104] Hätte das Reichsgericht dies anders beurteilt, so wäre hier die Möglichkeit gewesen, zumal keine weiteren Voraussetzungen als ein einstimmiger Beschluss notwendig waren, der Rechtsansicht des Oberlandesgerichts entgegenzutreten.

Festzustellen bleibt, dass in diesem Urteil des Reichsgerichts ein Gesellschafterausschluss durch einstimmigen Beschluss der übrigen Gesellschafter nur deswegen unwirksam war, weil sie den Ausschluss durch Beschluss, nicht aber durch Gestaltungsklage vollziehen wollten.

### *1. Zulässigkeit von Hinauskündigungsklauseln*

#### *a) RG Urteil vom 23. März 1938 – II 149/37*

In dem Urteil wurde festgestellt, dass § 140 HGB kein positives Recht ist, vielmehr der Gesellschaftsvertrag regeln kann, dass ein Gesellschafter nach freiem Ermessen ausgeschlossen werden kann und des weiteren der Ausschluss, nicht wie in § 140 HGB vorgesehen, im Wege einer Gestaltungsklage durchgesetzt werden muss, sondern einzig ein Beschluss der Gesellschafter ausreichend ist.[105] Nach Auffassung des Reichsgerichts *„steht nichts entgegen, seine Entfernung* [des Gesellschafters] *aus der Gesellschaft in das Belieben eines oder mehrerer Mitgesellschafter zu stellen oder von einem Beschluß aller verbleibenden Gesellschafter*

102 Vgl. BGBl. 1869, 427. Das Gesetz, betreffend die Einführung der Allgemeinen Deutschen Wechsel-Ordnung, der Nürnberger Wechsel-Novellen und des Allgemeinen Deutschen Handelsgesetzbuchs als Bundesgesetz vom 5. Juni 1869 (BGBl. 1869, 379), erklärte in § 1 des vorgenannten Gesetzes das Allgemeine Deutsche Handelsgesetzbuch zum Gesetz des Norddeutschen Bundes. Durch Gesetz, betreffend die Verfassung des Deutschen Reichs vom 16. April 1871 (RGBl. 1871, 63) wurde angeordnet, dass die Gesetze des Norddeutschen Bundes zu Reichsgesetzen werden.

103 RGZ 38, 119, 123.

104 RGZ 38, 119, 120; vgl. auch RGZ 24, 136, 140.

105 RG, ZAkDR 1938, 818.

*abhängig zu machen, eine Ausschließung jederzeit und ohne einen weiteren rechtfertigenden Grund stattfinden zu lassen oder für sie von vornherein oder nach bestimmter Dauer der Mitgliedschaft des Auszuschließenden das Vorliegen besonderer, in seiner Person gegebener Voraussetzungen zu erfordern.*"[106]

Die vorgenannten Vereinbarungen werden von der Vertragsfreiheit gedeckt, wenn sie nicht gegen unverzichtbare Erfordernisse der Rechtsordnung verstoßen.[107] Unwirksam ist eine gesellschaftsvertragliche Vereinbarung, die einen Ausschluss nach freiem Ermessen der Gesellschaftermehrheit vorsieht und zugleich die gerichtliche Überprüfung des Beschlusses ausschließt.[108]

Damit zeigt das Reichsgericht, dass es, auch wenn sie im Urteil nicht genannt werden, Überprüfungsmaßstäbe, seien es auch nur formelle, angedacht hat.

Dieses Urteil führte nicht zu einer Rechtsprechungsänderung bezüglich des Ausschlusses nach freiem Ermessen, sondern es führte erstmals explizit aus, dass eine solche Vereinbarung getroffen werden kann. Eine Rechtsprechungsänderung trat jedoch dahingehend ein, dass nunmehr ein Ausschluss durch Beschluss für wirksam erachtet wird und nicht, wie noch in den Entscheidungen RGZ 38, 119 ff.; 109, 80 ff., eine richterliche Entscheidung für zwingend notwendig befunden wurde.

*b) BGH Urteil vom 16. Dezember 1960 – II ZR 162/59*

Dem Urteil des BGH vom 16. Dezember 1960 – II ZR 162/59[109] lag folgender, hier zusammengefasster Sachverhalt zugrunde:

Der Kläger betrieb ein Handelsgeschäft und nahm seine Ehefrau als Kommanditistin auf. Die Kommanditisteneinlage wurde der Beklagten durch entsprechende Umbuchung vom Kapitalkonto des Klägers unentgeltlich gewährt. Im Gesellschaftsvertrag wurde vereinbart, dass die Kommanditisten verpflichtet sind, dem Komplementär die Kommanditeinlage auf Verlangen käuflich zu überlassen. Der Wert des Kaufpreises sollte sich aus der Steuerbilanz errechnen. Der Kläger verlangte von der Beklagten die Überlassung des Geschäftsanteils. Diese weigerte sich, dem nachzukommen und berief sich dazu auf Treu und Glauben sowie die guten Sitten, denn der Kläger unterhielt ein ehebrecherisches Verhältnis zu einer Angestellten. Der Kläger wollte durch den Ausschluss nicht nur im privaten, sondern auch im geschäftlichen Bereich freie Bahn haben.

Die Vorinstanzen wiesen die Klage des Klägers auf Übertragung des Geschäftsanteils und zur Anmeldung ihres Ausscheidens aus der Gesellschaft ab.[110]

106 RG, ZAkDR 1938, 818.
107 RG, ZAkDR 1938, 818.
108 RG, ZAkDR 1938, 818.
109 BGHZ 34, 80 ff.
110 BGHZ 34, 80, 82.

Das Berufungsgericht hielt das Klagebegehren, allerdings nur aus der in diesem Fall besonderen, ehelichen Situation, für rechtsmissbräuchlich, denn die Beklagte arbeitete seit ihrem 14. Lebensjahr, zum Verfahrenzeitpunkt also annähernd 40 Jahre, in diesem Handelsgeschäft.[111] Die Arbeit wurde zu einem bedeutsamen Teil ihres Lebens, zumal sie die materielle Grundlage ihrer Ehe darstellte und somit Teil des äußeren gegenständlichen Bereichs der Ehe wurde.[112]

Das Berufungsgericht ging davon aus, dass der Kläger, nur um seine Geliebte ungestört beschäftigen zu können, von der Vertragsklausel Gebrauch gemacht hat.[113] Aus dieser Begründung ist zu schließen, dass das Berufungsgericht nur aus der besonderen Situation der Ehe und der langjährigen Mitarbeit der Beklagten im Geschäft einen Rechtsmissbrauch erblickt, ansonsten aber grundsätzlich einen Ausschluss nach freiem Ermessen durch den Entschluss auch nur eines Gesellschafters für zulässig erachtet.

Der BGH hielt die Klage für begründet.[114] Schon im ersten Satz seiner Urteilsbegründung stellte er fest, dass das Klagebegehren nicht etwa aus allgemeinen rechtlichen Gesichtspunkten, unabhängig von der Ehe, unzulässig sei.[115] Er verneinte – dies bestätigen die weiteren Ausführungen des BGH – dass eine unzulässige Rechtsausübung auch nicht aus der von der Rechtsprechung entwickelten gesellschaftlichen Treuepflicht hergeleitet werden könnte.[116] Der BGH leitet aus der gesellschaftlichen Treuepflicht nur ausnahmsweise die Pflicht ab, die persönlichen Interessen von Mitgesellschaftern zu wahren und zu berücksichtigen, wenn dies unter Beachtung der gemeinsamen Arbeit angezeigt ist.[117] Nach Ansicht des erkennenden Senats braucht der Gesellschafter keine Rücksichtnahme üben, wenn die Vertragsgestaltung es zulässt, dass ein Gesellschafter eigene persönliche Interessen verfolgen darf.[118] Insbesondere liegt keine Verletzung der Treuepflicht vor, wenn er den zuvor unentgeltlich überlassenen Geschäftsanteil abkauft, da die diesem Fall zugrunde liegende Vertragsklausel gerade darauf gerichtet ist, dieses Recht ohne Rücksichtnahme auszuüben.[119]

Des weiteren befand der BGH auch nicht, dass die Vertragsgestaltung gegen andere, außerhalb des Gesellschaftsrecht befindliche Rechtsgrundsätze, etwa § 138 BGB, verstieß.[120] Nimmt der Inhaber eines Einzelhandelsgeschäfts Familienan-

---

111 BGHZ 34, 80, 82.
112 BGHZ 34, 80, 82.
113 BGHZ 34, 80, 82.
114 BGHZ 34, 80, 82.
115 BGHZ 34, 80, 82.
116 BGHZ 34, 80, 82 f.
117 BGHZ 34, 80, 83.
118 BGHZ 34, 80, 83.
119 BGHZ 34, 80, 83.
120 BGHZ 34, 80, 83.

gehörige unentgeltlich als Teilhaber auf, so stellt es keine unbillige oder gar sittenwidrige Belastung dar, wenn er sich das Recht vorbehält, das Ausscheiden einzelner oder auch aller Mitgesellschafter gegen Zahlung eines vorgesehenen Entgelts zu verlangen. Die Familienangehörigen erlangen in jedem Fall einen materiellen Vorteil aus der Aufnahme.[121]

Im Folgenden setzte sich der BGH mit der Argumentation des Berufungsgerichts auseinander, welches die Ausübung der Vertragsklausel aufgrund der §§ 1353, 242 BGB für rechtsmissbräuchlich hielt.[122] Ob diese Normen der Rechtsausübung eine Grenze setzen, ist hier nicht von Interesse, im Ergebnis lehnte der BGH dies auch ab.[123]

Nach der Rechtsauffassung sowohl des Berufungsgerichts als auch des BGH waren Vertragsgestaltungen, die einem Gesellschafter die Option einräumten, einen Mitgesellschafter nach freiem Ermessen aus der Gesellschaft ausschließen, grundsätzlich zulässig. Der Kläger muss den Ausschluss auf gesellschaftsinterne Konflikte stützen und darf nicht die durch die Ehe rechtlich geschützte Persönlichkeitssphäre der Beklagten verletzen.[124] Das Urteil des BGH zeigt, dass er zu diesem Zeitpunkt Hinauskündigungsklauseln nach freiem Ermessen grundsätzlich für wirksam hielt und eine Rechtskontrolle nur hinsichtlich der Ausübung des Rechts vornahm,[125] da er die Möglichkeit der Sittenwidrigkeit nur aufgrund der besonderen Situation des Einzelfalls erwogen hat.[126]

*c) BGH Urteil vom 29. Januar 1962 – II ZR 172/60*

Das Urteil des BGH vom 29. Januar 1962 – II ZR 172/60[127] folgt dieser Linie. Dort schlossen die beiden Beklagten mit ihrem Vater einen Gesellschaftsvertrag zur Gründung einer offenen Handelsgesellschaft. Der Vater erhielt einen Anteil von 40 %, die Beklagten von je 30 %. Es wurde geregelt, dass jedem Gesellschafter das Recht zur Kündigung mit einer Frist von einem Jahr zum Schluss des Geschäftsjahres zusteht und die Gesellschaft unter den verbleibenden Gesellschaftern fortgesetzt wird, wobei der ausscheidende Gesellschafter eine Abfindung erhält. Weiterhin wurde vereinbart, dass im Falle des Todes des Vaters die offene Handelsgesellschaft in eine Kommanditgesellschaft umgewandelt wird, und zwar derart, dass sich der Anteil der Beklagten, die Komplementäre der Kommandit-

121 BGH, NJW 1961, 504, 505.
122 BGHZ 34, 80, 83 ff.
123 BGHZ 34, 80, 85.
124 BGHZ 34, 80, 88.
125 BGHZ 34, 80, 82 f.
126 BGHZ 34, 80, 83 ff.
127 BGH, WM 1962, 462 ff.

gesellschaft werden sollen, auf je 40 % erhöht und zwei weitere Brüder als Kommanditisten einen Anteil von je 10 % erhalten. Zudem sah der Vertrag vor:

*„Für die Kündigung dieser Kommanditisten soll in Abänderung der obigen Kündigungsbestimmungen Folgendes gelten: Die Wirkung jeder Kündigung soll die sein, dass die Kommanditisten aus der Firma mit Wirksamwerden der Kündigung ausscheiden. Sie erhalten dann ihr buchmäßiges Guthaben in einer Summe bar ausgezahlt. Einen Anspruch auf den Mehrwert des Unternehmens haben sie nicht."*

Nach dem Tod des Vaters und der damit einhergehenden Umwandlung in eine Kommanditgesellschaft kündigten die Beklagten zunächst einem Bruder, dieser schied aus der Gesellschaft aus. Später kündigten sie auch dem weiteren Bruder, welcher sich dagegen zur Wehr setzte, da die Klausel seiner Meinung nach sittenwidrig und zudem wucherisch sei.

Die Vorinstanzen haben dem Widerklagebegehren der Beklagten auf Feststellung des Ausscheidens des Klägers zugestimmt.[128]

Der BGH hingegen sah die Bestimmung als sittenwidrig an, aber nur, soweit es die Abfindungsbestimmung betraf.[129] Zu diesem Ergebnis kam er aber nur aufgrund der Besonderheiten des Einzelfalles. Zunächst führte der BGH aus, dass die Vertragsklausel, die den Komplementären ein Hinauskündigungsrecht ohne Vorliegen eines wichtigen oder sachlichen Grundes, also nach freiem Ermessen, gegenüber den Kommanditisten gibt, für sich allein nicht sittenwidrig sein könne.[130] Der BGH legte die Vertragsklausel so aus, dass den Komplementären ein Ausschließungsrecht gegenüber den Kommanditisten zustände.[131] Dies ist vom Wortlaut mit Sicherheit fraglich, soll hier aber einfach hingenommen werden. An der Wirksamkeit der Klausel soll grundsätzlich auch nicht die Tatsache etwas ändern, dass die Abfindung der Kommanditisten sich nach den Buchwerten errechnet.[132] Der Senat erkannte durchaus, dass die Stellung der Kommanditisten sehr schwach und ihre Entschlussfreiheit eingeengt war, er hielt eine solche Vertragsgestaltung dennoch für möglich und äußerte dies mit der bemerkenswerten Formulierung, dass *„kein durchschlagender Grund ersichtlich"* sei, solche Gesellschaftsverhältnisse nicht zu etablieren.[133]

Der BGH hielt bereits im Urteil vom 16. Dezember 1960[134] eine Bestimmung für wirksam, die dem Komplementär ein Ausschließungsrecht gegenüber den

128 BGH, WM 1962, 462.
129 BGH, WM 1962, 462, 463, 464.
130 BGH, WM 1962, 462, 463, 464.
131 BGH, WM 1962, 462, 464.
132 BGH, WM 1962, 462, 463.
133 BGH, WM 1962, 462, 463.
134 BGHZ 34, 80 ff.

Kommanditisten gewährte, die ihren Anteil unentgeltlich erworben haben und als Ausgleich nur eine Abfindung nach Buchwerten erlangten. Aus diesem Grunde ist die hier vergleichbare Regelung ebenfalls nicht sittenwidrig, denn der Vater hätte durchaus im Gesellschaftsvertrag vereinbaren können, dass die Erben, die nicht Gesellschafter sind, den auf sie entfallenden Anteil nach den Buchwerten ausgezahlt bekommen.[135]

Der BGH sah die Abfindungsvereinbarung, trotz der allgemeinen Beurteilung, dennoch als nicht mit § 138 Abs. 1 BGB vereinbar an, weil der Vater seine vier Söhne hinsichtlich seines Kapitalanteils gleich behandeln wollte, die Buchwertabfindung aber aufgrund der günstigen wirtschaftlichen Entwicklung des Unternehmens erheblich hinter dem wahren Unternehmenswert zurückblieb.[136] Dies erkannte der Vater im Zuge seines hohen Alters und der veränderten wirtschaftlichen Verhältnisse nicht.[137] Den Beklagten hingegen ist dies nicht unbekannt geblieben, worin der BGH eine sittenwidrige Schädigung erblickte.[138] Diese Sachlage hatte das Berufungsgericht ebenso erkannt und versuchte das Problem so zu lösen, dass der Ausschluss wirksam blieb, die Abfindung hingegen unter Berücksichtigung der stillen Reserven berechnet werden sollte.[139]

Diesen Weg hielt der BGH aufgrund des eindeutigen Wortlauts der gesellschaftsvertraglichen Vereinbarung nicht für möglich.[140] Die Nichtigkeit einer Bestimmung im Gesellschaftsvertrag führt jedoch nicht zur Nichtigkeit des gesamten Vertrags.[141] Die Nichtigkeitsfolge des § 138 Abs. 1 BGB wirkt sich nach Ansicht des Senats nur auf die Abfindungsvereinbarung aus. Das einseitige Ausschlussrecht wird davon nicht erfasst, daher richtet sich die Abfindung nach den gesetzlichen Vorschriften, die alle stillen Reserven sowie den Goodwill der Firma mitberücksichtigen.[142]

### *d) BGH Urteil vom 10. Juli 1967 – II ZR 71/67*

Mit dem Urteil des BGH vom 10. Juli 1967 – II ZR 71/67[143] erweiterte der Senat seine Rechtsprechung auch auf die GmbH. Der Kläger gründete mit dem Be-

135 BGH, WM 1962, 462, 463.
136 BGH, WM 1962, 462, 463.
137 BGH, WM 1962, 462, 463.
138 BGH, WM 1962, 462, 463.
139 BGH, WM 1962, 462, 463.
140 BGH, WM 1962, 462, 463.
141 BGH, WM 1962, 462, 463.
142 BGH, WM 1962, 462, 464.
143 BGH, WM 1967, 950 f.

klagten, seinem Sohn, eine GmbH mit einem Stammkapital von 25.000 RM, wovon der Kläger einen Betrag von 15.000 RM und der Beklagte einen Betrag von 10.000 RM übernahm. In § 5 des Gesellschaftsvertrags wurde festgehalten, dass der Beklagte seinem Vater für die Einzahlung seiner Stammeinlage einen Betrag von 10.000 RM schuldet, der bis zum Tod des Klägers zinslos gestundet ist. Weiter regelte § 5 des Gesellschaftsvertrags:

*„Solange Herr ... (Kläger) lebt, ist er berechtigt, jederzeit zu beanspruchen, dass dieser Geschäftsanteil an der Gesellschaft in Höhe von 10.000 RM wieder auf ihn übergeht und Herr ... (Beklagter) aus der Gesellschaft mit beschränkter Haftung als Gesellschafter ausscheidet. Herr ... (Beklagter) verpflichtet sich, auf jederzeitiges Verlangen des Herrn ... (Kläger) seinen GmbH-Anteil auf ihn zu übertragen. Als Rückkaufpreis hat Herr ... (Kläger) alsdann ebenfalls 10.000 RM zu zahlen, die auf den dem Herrn ... (Beklagter) gestundeten Betrag von 10.000 RM alsdann verrechnet werden.“*

Nachdem es zu zahlreichen Streitigkeiten zwischen den Parteien kam, machte der Kläger von seinem Übernahmerecht Gebrauch. Der Beklagte hielt das Übernahmerecht wegen Verletzung des § 138 BGB für nichtig.

Ein solches Übernahmerecht legt dem betroffenen Gesellschafter in ganz besonderem Maße die Pflicht zum Wohlverhalten auf und engt dessen Entschließungsfreiheit ein. Auch „kann es grundlos, ja willkürlich, ausgeübt werden.“[144]

Trotz dieser Gefahren hatte der BGH zuvor derartige Vertragsgestaltungen bei Personen nicht beanstandet, sondern für sittengemäß befunden. „Das kann bei der GmbH nicht anders sein“,[145] so der Senat.

*e) BGH Urteil vom 18. März 1968 – II ZR 26/66*

Im Urteil des BGH vom 18.3.1968 – II ZR 26/66[146] kündigte der einzige Komplementär allen Kommanditisten das Gesellschaftsverhältnis. Er berief sich dazu auf § 13 des Gesellschaftsvertrags, der ihm die Befugnis verlieh, einen oder auch alle Kommanditisten mit einer Frist von 18 Monaten zum Schluss eines Geschäftsjahres auszuschließen. § 13 des Gesellschaftsvertrags forderte dazu weder einen wichtigen noch einen sachlichen Grund. Auch hier stellte sich die Frage, ob diese Regelung mit § 138 Abs. 1 BGB vereinbar ist. Der BGH und das Berufungsgericht befanden die Regelung für wirksam.[147] Der Senat befand eine solche Regelung für unbedenklich mit den gesellschaftsrechtlichen Prinzipien, dies begründete er

---

144 BGH, WM 1967, 950.
145 BGH, WM 1967, 950.
146 BGH, BB 1968, 480 f. = WM 1968, 532 ff.
147 BGH, BB 1968, 480 = WM 1968, 532.

damit, dass die §§ 140, 142 HGB dispositives Gesetzesrecht seien.[148] Nichts desto trotz könnte der Vertragsfreiheit die allgemeine Schranke des § 138 Abs. 1 BGB gesetzt sein. Auch dies verneinte der BGH, denn auch im übrigen war die Stellung der Kommanditisten enorm eingeschränkt,[149] dies kam jedoch daher, dass die hier beklagte Kommanditistin ihre Beteiligung zum einen aus einer geschenkten stillen Teilhaberschaft und zum anderen Teil überwiegenden aus der Erbschaft ihres Onkels herleitete.[150] Der Onkel und sein Bruder, die eine offene Handelsgesellschaft betrieben hatten, vereinbarten für den Fall des Todes des Onkels, dass sein Kapitalanteil an der Gesellschaft seinen Kindern als verzinsliches Darlehen, welches in der Firma verbleiben soll, zufällt, und von den Kindern nicht gekündigt werden kann. Die Komplementäre sollten berechtigt sein, ohne Zustimmung der Geschwister das Darlehen zurückzuzahlen. Zwar wich die nach dem Tod des Onkels verwirklichte Vertragsgestaltung von der vorgestellten ab, doch nur unwesentlich, denn sie tauschten das regelmäßig verzinste Darlehen gegen eine Kommanditistenbeteiligung ein. Der Onkel wollte wohl zwar sein Kapital seinen Kinder zukommen lassen, aber andererseits auch die Gesellschaft am Leben halten. Die Kinder sollten nur finanziell am ehemaligen Kapital des Onkels teilhaben, aber keinerlei Einfluss auf die Gesellschaft ausüben dürfen. Wer sein Vermögen verschenkt oder vererbt, darf dies unter Auflagen und Einschränkungen vollziehen. Falls die Begünstigten damit nicht einverstanden sind, können sie die Schenkung ablehnen oder die Erbschaft ausschlagen.[151] Mit dieser Begründung hielt der BGH die gesellschaftsvertragliche Klausel für zulässig.

*f) BGH Urteil vom 23. Oktober 1972 – II ZR 31/70*

In diesem Urteil,[152] das die Herabstufung eines Komplementärs zu einem Kommanditisten sowie die Entlassung aus der Tätigkeit für die Gesellschaft durch Beschluss der übrigen Gesellschafter, also nach freiem Ermessen, betraf, führte der Senat aus, dass es nach seiner Auffassung in der offenen Handelsgesellschaft möglich sei, bestimmte Gesellschafterrechte durch Mehrheitsbeschluss und nach freiem Ermessen zu entziehen.[153] Die dazu vom Senat zitierten Nachweise beinhalten auch solche, die auf die Rechtsprechung zum Hinauskündigungsrecht nach freiem Ermessen verweisen.[154] Daraus wird man wohl schließen können, dass zu

148 BGH, BB 1968, 480 = WM 1968, 532 f.
149 BGH, BB 1968, 480, 481.
150 BGH, BB 1968, 480, 481.
151 BGH, BB 1968, 480, 481.
152 BGH, WM 1973, 326 ff. = BGH, NJW 1973, 651 f.
153 BGH, WM 1973, 326 f. = BGH, NJW 1973, 651.
154 BGH, WM 1973, 326, 327.

dieser Zeit auch ein persönlich haftender Gesellschafter nach freiem Ermessen aus der Gesellschaft ausgeschlossen werden konnte, zumindest, wenn die Gesellschaftermehrheit dafür votierte.

*g) BGH Urteil vom 7. Mai 1973 – II ZR 140/71*

Ebenso entschied der BGH in seinem Urteil vom 7.5.1973 – II ZR 140/71.[155] Dort betrachtete der Senat eine Hinauskündigungsklausel, die nur für die Kommanditisten der Gesellschaft galt und mit einer Dreiviertel-Mehrheit der Gesellschafterversammlung beschlossen werden musste, sowie eines einstimmigen Beschlusses des Verwaltungsrats bedurfte, weder als gesetz- noch sittenwidrig.[156]

Zuvor betrafen die Urteile des BGH zum Gesellschafterausschluss nach freiem Ermessen immer Sachverhalte, in denen die ausgeschlossenen Gesellschafter ihre Position unentgeltlich oder von Todes wegen erlangt hatten,[157] dies war die erste Entscheidung des BGH, in der über eine Vertragsklausel zu entscheiden war, die Gesellschafter betraf, die ihre Gesellschaftsposition nicht auf diese Weise erhalten haben, sondern durch finanzielle Mittel selbst ihren Gesellschaftsanteil aufbringen mussten. Doch der BGH stellte fest, dass eine Hinauskündigungsklausel auch bei grundsätzlich gleichberechtigten Gesellschaftern möglich sei.[158] Bei nur kapitalmäßig beteiligten Kommanditisten ist das Verhältnis nicht so eng wie bei persönlich haftenden Gesellschaftern, die in der Gesellschaft mitarbeiten.[159] Daher ist der Ausschluss eines Kommanditisten von nicht so großer Bedeutung für das friedliche Miteinander in der Gesellschaft.[160] Dennoch entsteht durch den Gesellschaftsvertrag eine vertragliche Bindung, an deren Aufhebung die Mitgesellschafter auch ein Interesse haben können, zumal der Ausschluss eines nur kapitalistisch beteiligten Gesellschafters diesen weniger hart trifft.[161]

155 BGH, BB 1973, 957 f. = NJW 1973, 1606 f.
156 BGH, BB 1973, 957 = NJW 1973, 1606.
157 BGHZ 34, 80 ff.; BGH, WM 1962, 462 ff.; BGH, BB 1968, 480 f.
158 BGH, BB 1973, 957, 958 = NJW 1973, 1606.
159 BGH, BB 1973, 957 f. = NJW 1973, 1606.
160 BGH, BB 1973, 957 f. = NJW 1973, 1606.
161 BGH, BB 1973, 957, 958 = NJW 1973, 1606.

### 2. *Unzulässigkeit von Hinauskündigungsklauseln*

#### *a) BGH Urteil vom 20. Januar 1977 – II ZR 217/75*

Das Urteil des BGH vom 20. Januar 1977 – II ZR 217/75[162] führte zur Aufgabe der bisherigen Rechtsprechung.

Die Parteien stritten über die Wirksamkeit eines mit Dreiviertel-Mehrheit zustande gekommenen Beschlusses der Gesellschafterversammlung, welcher dazu führte, dass der Kläger ohne wichtigen Grund aus der Kommanditgesellschaft ausgeschlossen wurde. Die Gesellschafter beriefen sich dazu auf § 8 des Gesellschaftsvertrags, der da lautete:

„ ... *Nur die Gesellschafterversammlung ist zur Entscheidung über folgende Gegenstände befugt, wobei zur Annahme von Anträgen solcher Art eine Mehrheit von ¾ des Gesamtkapitals erforderlich ist.*

...

*f) Ausschließung von Gesellschaftern und Auflösung der Gesellschaft.*

...

*Beschlüsse der Gesellschafterversammlung können nur innerhalb einer Frist von einem Monat seit der Beschlussfassung angefochten werden. Zur Wahrung der Anfechtungsfrist ist die Klage erforderlich.*“

Das Landgericht stellte fest, dass der Kläger nicht aus der Gesellschaft ausgeschieden war.[163] Das Oberlandesgericht hingegen wies auf Berufung der Beklagten die Klage ab.[164] Das Oberlandesgericht ließ offen, ob § 8 des Gesellschaftsvertrags der Gesellschafterversammlung das Recht einräumte, einzelne Gesellschafter mit der entsprechenden Mehrheit ohne Vorliegen eines wichtigen Grundes auszuschließen, jedenfalls aber wurde nicht innerhalb eines Monat gegen den Beschluss vorgegangen, was nach § 8 des Gesellschaftsvertrags in zulässiger Weise vereinbart wurde.[165]

Der BGH stimmte mit dem Berufungsgericht dahingehend überein, dass § 8 des Gesellschaftsvertrags unter Abänderung des § 140 HGB es zulässt, einen Gesellschafter durch Beschluss, anstatt durch Gestaltungsklage, auszuschließen.[166] Doch legte der BGH-Senat § 8 Abs. 1 f) des Gesellschaftsvertrags so aus, dass die Gesellschafterversammlung das Recht hat, einen Gesellschafter durch Beschluss, anstelle einer Gestaltungsklage, nach § 140 HGB auszuschließen, doch nicht ohne

---

162 BGHZ 68, 212 ff.
163 BGHZ 68, 212, 213.
164 BGHZ 68, 212, 213 f.
165 BGHZ 68, 212, 214.
166 BGHZ 68, 212, 214.

Vorliegen eines wichtigen Grundes.[167] Nach Ansicht des BGH ging aus der Regelung im Gesellschaftsvertrag nicht eindeutig hervor, dass § 140 HGB und damit das Vorliegen eines wichtigen Grundes für den Ausschluss abgeändert werden sollte.[168] Aufgrund der weitreichenden Folgen hätte eine solche Regelung aber eindeutig getroffen werden müssen.[169]

Denn für den Regelfall sieht der BGH ein Ausschlussrecht, das nicht an wichtige Gründe gebunden ist, als „rechtlich bedenklich" an.[170] Doch soll ein so gravierendes Gestaltungsrecht, welches in die wirtschaftliche und persönliche Freiheit eingreift, dann zulässig sein, „wenn wegen ganz besonderer Umstände Gründe bestünden, die für eine solch ungewöhnliche Regelung eine sachliche Rechtfertigung bilden könnten."[171] Weiterhin wendet sich der BGH gegen die Rechtsauffassung des Berufungsgerichts, das meinte, dass der BGH ein Ausschlussrecht ohne wichtigen Grund allgemein als zulässig ansieht. Der Senat führte aus, dass auch in den bisher entschiedenen Fällen sachlich gerechtfertigte Gründe vorlagen, die zur Zulässigkeit einer solchen gesellschaftsvertraglichen Regelung geführt haben.[172]

Mag dies für die Urteile BGHZ 34, 80 ff. sowie BGH, BB 1968, 480 f. = WM 1968, 532 ff. durch die Unentgeltlichkeit der Einräumung der Gesellschafterstellung noch zutreffen; in den Urteilen des BGH vom 7. Mai 1973 – II ZR 140/71[173] und vom 10. Juli 1967 – II ZR 71767[174] hingegen hatte der jeweils ausgeschlossene Gesellschafter seine Stellung durch eigenständige Kapitalaufbringung erlangt. Zudem widerspricht diese Äußerung des Senats den Ausführungen im Urteil vom 7.5.1973 – II ZR 140/71. Dort stellt der BGH fest, dass die Wirksamkeit von Ausschlussrechten nach freiem Ermessen bislang nur bei Gesellschaftern festgestellt wurde, die ihre Stellung unentgeltlich erlangt haben, dies aber gerade keine Einschränkung sei.[175] Der Gesellschafterausschluss ohne wichtigen Grund, so der BGH, sei auch bei gleichberechtigten Gesellschaftern möglich.[176] Außerdem gerät die Ausführung des Senats in Konflikt mit der Aussage aus dem Urteil vom 29. Januar 1962. Dort hieß es, dass gegen eine solche Gestaltung keine durchschlagenden Gründe ersichtlich seien.[177]

167 BGHZ 68, 212, 214 f.
168 BGHZ 68, 212, 215.
169 BGHZ 68, 212, 215.
170 BGHZ 68, 212, 215.
171 BGHZ 68, 212, 215.
172 BGHZ 68, 212, 215.
173 BGH, BB 1973, 957 f. = NJW 1973, 1606 f.
174 BGH, WM 1967, 950 f.
175 BGH, BB 1973, 957, 958 = BGH, NJW 1973, 1606.
176 BGH, BB 1973, 957, 958 = BGH, NJW 1973, 1606.
177 BGH, WM 1962, 462, 463.

Der BGH führt auch nicht aus, mit welchen Rechtssätzen eine Hinauskündigungsklausel nicht vereinbar sein soll. Da keine konkreten Normen genannt werden, gegen die eine solche Regelung verstoßen könnte, unterbleibt auch eine genaue Subsumtion.

Sei die Urteilsbegründung wie sie ist, es hätte an dieser Stelle, in dem ohnehin sehr kurzen Urteil, eine umfassende Auseinandersetzung mit der bisherigen Rechtsprechung erwartet werden können.

*b) BGH Urteil vom 13. Juli 1981 – II ZR 56/80*

Eine weitere Entwicklung vollzog der BGH zu seiner Rechtsprechung zum Gesellschafterausschluss nach freiem Ermessen mit dem Urteil vom 13. Juli 1981 – II ZR 56/80.[178] Auch in dieser Klage wandte sich der ausgeschlossene Gesellschafter gegen seine Hinauskündigung. Die Komplementäre beriefen sich auf die Vertragsklausel, die lautete:

*„Den persönlich haftenden Gesellschaftern steht das Recht der Kündigung gegenüber einem oder einigen Kommanditisten mit der Folge des Ausscheidens der gekündigten Kommanditisten zu."*

Der Kläger trat als Erbe seines Vaters 1963 in dessen Kommanditistenstellung ein. Ihm wurde am 29. Oktober 1976 gekündigt.

Das Landgericht und das Oberlandesgericht haben dem Antrag des Klägers auf Feststellung der Unwirksamkeit der Kündigung stattgegeben.[179] Der BGH hielt die Revision der beklagten Gesellschafter schon deswegen für unbegründet, weil, falls der Gesellschaftsvertrag einen Ausschluss nach freiem Ermessen vorsehen sollte, was offen bleiben kann, diese Regelung nichtig wäre.[180] Der BGH erkennt zwar an, dass der Gesellschaftsvertrag andere als nur wichtige Gründe zum Ausschluss eines Gesellschafters zulassen kann, doch müssen die der Vertragsfreiheit immanenten Grenzen beachtet werden.[181] Dazu zählen nicht nur die allgemeinen Grundsätze der Rechtsordnung (§ 138 BGB), sondern auch die Grundprinzipien des Gesellschaftsrechts.[182] Eine Gesellschaft, die zur Erreichung eines gemeinsamen Zwecks gegründet wird, beruht besonders auf dem Vertrauen der Gesellschafter untereinander und begründet Treuepflichten.[183] Aus diesem Grunde ist der BGH der Ansicht,

---

178 BGHZ 81, 263 ff.

179 BGHZ 81, 263, 264.

180 BGHZ 81, 263, 265; Der BGH stützte seine Argumentation maßgeblich auf die Dissertation von *Manke*, Diss., Das Recht zur Ausschliessung aus der Personengesellschaft kraft Vertrages, S. 86 f., 103 f., 123 ff.

181 BGHZ 81, 263, 266.

182 BGHZ 81, 263, 266.

183 BGHZ 81, 263, 266.

dass Vertragsklauseln nicht so gestaltet sein dürfen, dass sie die Zusammenarbeit der Gesellschafter im Kernbereich treffen und die obliegenden Aufgaben sowie die gesellschaftstreue Mitarbeit gefährden.[184] Dagegen wird verstoßen, wenn in einer Kommanditgesellschaft, die dem Regeltyp entspricht, Mitgesellschafter andere Gesellschafter nach freiem Ermessen ausschließen können.[185] Zudem können solche Vertragsbestimmungen dazu führen, dass Gesellschafter aus sachfremden Gründen ausgeschlossen werden. Weiterhin könnte dies zu einer Willkürherrschaft derer führen, die dieses Recht genießen, so dass die Gefahr besteht, dass diejenigen, die vom Ausschluss betroffen werden können, von ihren Rechten und Pflichten nicht mehr Gebrauch machen, sondern sich vielmehr den Meinungen und Handlungen der Kündigungsberechtigten fügen.[186] Die den Gesellschaftern durch den Gesellschaftsvertrag obliegenden Rechte sollen aber Ausfluss einer freien Willensbildung sein.[187] Unerheblich soll nach Überzeugung des BGH sein, ob die Gesellschafter von ihrem Recht nur verantwortungsbewusst Gebrauch machen, denn es besteht auch dann die Gefahr, dass die Gesellschafter, die der Ausschluss treffen kann, von ihren Rechten nur unzulänglich Gebrauch machen.[188] Aus dieser Begründung schließt der Senat, dass die Überprüfung des Ausschließungsbeschlusses oder der Kündigungserklärung nicht genügt, denn das „Damoklesschwert der Hinauskündigung"[189] schwebt auch über den Köpfen der Gesellschafter, wenn sie nicht ausgeschlossen werden und so wirkt sich diese Klausel auch bei Nichtgebrauch negativ aus.[190] An diesen Tatsachen ändert auch eine angemessene Abfindung nichts.[191] Doch erkennt der BGH auch Fallgestaltungen an, die eine derartige Vertragsbestimmung als gerechtfertigt erscheinen lassen, dies aber nur unter außergewöhnlichen Umständen.[192]

Dieses Urteil des Senats führte gegenüber dem vorherigen Urteil vom 20. Januar 1977 – II ZR 217/75[193] zu einer Verschärfung, denn dort betrachtete der BGH eine solche Klausel „für den Regelfall als rechtlich bedenklich", doch dann für zulässig, wenn sachlich rechtfertigende Gründe vorliegen.[194] Nun sieht er ein freies Ausschlussrecht als nichtig an, es sei denn, dass eine solche Regelung wegen außergewöhnlicher Umstände sachlich gerechtfertigt ist.[195] Dieses Ergebnis ist

184 BGHZ 81, 263, 266.
185 BGHZ 81, 263, 266.
186 BGHZ 81, 263, 266 f.
187 BGHZ 81, 263, 267.
188 BGHZ 81, 263, 268.
189 Diese Formulierung geht zurück auf *Schilling*, ZGR 1979, 419, 426.
190 BGHZ 81, 263, 268.
191 BGHZ 81, 263, 268.
192 BGHZ 81, 263, 269.
193 BGHZ 68, 212 ff.
194 BGHZ 68, 212, 215.
195 BGHZ 81, 263 f.

dogmatisch sehr zweifelhaft, denn Nichtigkeit ist immer absolut und nicht – und dies ist die Konsequenz der Aussage des Senats – relativ.

Bemerkenswert ist, dass in zuvor ergangenen Entscheidungen, bei denen die Gesellschafterposition durch Erbweg erlangt wurde, eine Hinauskündigung noch zulässig war,[196] wo der BGH doch den Anschein erwecken möchte, dass zum einen rechtfertigende Gründe die Nichtigkeit abwenden können[197] und zum anderen er seine Rechtsprechung nicht geändert, sondern nur ergänzt hat.[198] Nunmehr kann die Tatsache des erbrechtlichen Erwerbs keinen sachlichen Grund für das freie Ausschlussrecht bilden.[199]

Mit diesem Urteil hat der BGH die Begründung für seine mit dem Urteil vom 20. Januar 1977 – II ZR 217/75[200] eingeläutete Rechtsprechungsänderung nachgeschoben und führt erstmals Argumente an, weswegen Hinauskündigungsklauseln nach freiem Ermessen seiner Meinung nach nichtig sind. Nicht völlig klar hingegen ist, ob Hinauskündigungsklauseln nichtig sind, weil sie gegen die guten Sitten gemäß § 138 BGB verstoßen, oder ob sie nichtig sind, weil sie nicht mit den Grundprinzipien des Gesellschaftsrechts vereinbar sein sollen. Seine Formulierung, dass Hinauskündigungsklauseln nichtig sind,[201] deutet eher auf einen Verstoß gegen § 138 BGB hin, denn diese Wortwahl ist nur rechtshindernden Einwendungen vorbehalten. Doch legt die Aussage in den Entscheidsgründen, dass „nicht nur die allgemeinen Grundsätze der Rechtsordnung (§ 138 BGB), sondern auch die Grundprinzipien des Gesellschaftsrechts beachtet werden“ müssen,[202] den Schluss nahe, dass aus diesem Grunde eine Nichtigkeit angenommen wird. Was der BGH unter den Grundprinzipien des Gesellschaftsrechts genau versteht und ob er sie dogmatisch bei den guten Sitten verortet oder als eigenständiges Prüfungskriterium, bleibt allerdings offen.

### *c) BGH Urteil vom 3. Mai 1982 – II ZR 78/81*

In dem Urteil des BGH vom 3. Mai 1982 – II ZR 78/81[203] stritten die Parteien um die Wirksamkeit der im Gesellschaftsvertrag geregelten Optionsklausel, die folgenden Inhalt hatte:

*„(1) Die Kommanditisten gewähren der K. Grundstücksverwaltungs-Gesellschaft mit beschränkter Haftung (persönlich haftende Gesellschafterin)*

---

196 BGH, WM 1962, 462 ff.; BGH, BB 1968, 480 f.
197 BGHZ 68, 212, 215; 81, 263, 264 f., 269.
198 BGHZ 68, 212.
199 BGHZ 81, 263, 270.
200 BGHZ 68, 212 ff.
201 BGHZ 81, 263, 264 f.
202 BGHZ 81, 263, 266.
203 BGHZ 84, 11 ff.

*eine Option auf ihre Kapitalanteile (Kommanditbeteiligungen) dahingehend, dass nach dem 31. Dezember 1979 von der GmbH benannte Dritte die Kommanditbeteiligung einzeln erwerben können.*

*(2) In diesem Falle ist den betreffenden Kommanditisten als Entgelt für ihre Kapitalanteile das sich gemäß § 22 dieses Vertrags für sie ergebende Auseinandersetzungsguthaben zu zahlen, jedoch mit der Maßgabe, dass der Grund und Boden mit den Anschaffungskosten des Grund und Bodens (einschließlich Erwerbsnebenkosten) und die Baulichkeit mit den tatsächlichen Herstellungskosten (eingeschlossen die Kosten des Gebäudealtbestandes) verringert um die normale in Anspruch genommene Absetzung für Abnutzung (AfA) für jedes vollendete Jahr der Benutzung, bewertet werden. Dieses Entgelt ist Zug um Zug gegen die Vollziehung der entsprechenden Handelsregisteranmeldung durch die betreffenden Kommanditisten zu zahlen.“*

Die Beklagte übte am 1. Januar 1980 ihr Optionsrecht aus und bezifferte das Abfindungsguthaben mit 120 % des Nominalwerts der Kommanditeinlage. Die Kläger hielten das Optionsrecht nach §§ 242, 138 BGB für nichtig, zumindest aber für eine unzulässige Rechtsausübung, mit der Begründung, dass die Abfindung in einem Missverhältnis zum wirklichen Wert der Beteiligung stünde.

Das Landgericht legte die Optionsklausel so aus, dass dessen Ausübung nicht zum sofortigen Ausscheiden der Kommanditisten führte, sondern diese nur verpflichtet waren, ihre Anteile zu übertragen.[204] Das Berufungsgericht hingegen urteilte, dass die Beklagten nicht die Übertragung der Anteile gegen die Abfindung verlangen könnten, weil die Optionsklausel unwirksam sei.[205]

Der BGH stimmte mit dem Berufungsgericht überein, dass der Gesellschaftsvertrag der Inhaltskontrolle nach § 242 BGB unterlag. Dies begründet er damit, dass es sich hierbei um eine Publikums-Kommanditgesellschaft handelte, bei der die Kapitalanleger den formulierten Gesellschaftsvertrag so anzunehmen hatten, wie er war und keinerlei Mitgestaltungsmöglichkeiten hatten.[206]

Die Komplementär-GmbH verfolgte ohne sachlichen Grund einseitige Belange und beeinträchtigte die Interessen der Anlagegesellschafter, denn nach allgemeiner Lebenserfahrung wird der Optionsberechtigte das ihm zustehende Recht dann ausüben, wenn sich das Unternehmen rentiert.[207] Die Kommanditstellung bietet einerseits das Risiko, die Einlage zu verlieren, andererseits aber die Chance, Gewinne zu erzielen.[208] Daher sind Vertragsbestimmungen unzulässig, die diese Verbindung lösen und Dritten die sich aus der Kommanditistenstellung ergeben-

204 BGHZ 84, 11, 12 f.
205 BGHZ 84, 11, 13.
206 BGHZ 84, 11, 13 f.
207 BGHZ 84, 11, 14.
208 BGHZ 84, 11, 14 f.

den Chancen gewähren, das Risiko jedoch bei den Mitgesellschaftern belassen.[209] Das Optionsrecht war auch nicht sachlich gerechtfertigt: es wäre selbst dann unzulässig, wenn die Abfindung angemessen wäre, denn dadurch würde die einseitige Benachteiligung nicht beseitigt.[210] Da nach Auffassung des Senats die Unzulässigkeit der Optionsklausel schon aus der Benachteiligung der Kommanditisten folgte, bedurfte es nicht der Berufung auf die Rechtsauffassungen, die im Urteil vom 13. Juli 1981 (= BGHZ 81, 263 ff.) vertreten wurde.[211]

*d) BGH Urteil vom 25. März 1985 – II ZR 240/84*

In dem Urteil des BGH vom 25. März 1985 – II ZR 240/84[212] waren die Parteien persönlich haftende Gesellschafter einer Kommanditgesellschaft, die auf unbestimmte Zeit geschlossen wurde. Sie stritten darüber, ob der Beklagte aus der Gesellschaft ausgeschieden war und sein Ausscheiden deswegen beim Handelsregister anmelden musste. § 7 des Gesellschaftsvertrags regelte die Folgen einer Kündigung:

*„a.) Im Falle der Kündigung des Vertrags durch X (Kl.) scheiden die übrigen Gesellschafter der KG aus, und X ist berechtigt, das Unternehmen der Gesellschaft allein unter Übernahme der Aktiven und Passiven unter der bisherigen Firmenbezeichnung ohne Liquidation fortzusetzen.*

*b.) X ist in diesem Fall auch berechtigt, unter Änderung der Gesellschaftsform weitere Gesellschafter in die Firma aufzunehmen. Zu diesen Gesellschaftern können auch Gesellschafter gehören, die infolge der Kündigung durch X aus der bisherigen KG ausgeschieden sind.“*

Der Kläger kündigte allen Gesellschaftern und machte von seinem Recht aus § 7 a des Gesellschaftsvertrags Gebrauch und behielt sich sein Recht aus § 7 b vor, welches er ebenso später nutzte. Er nahm bis auf den Beklagten und Y alle vorherigen Gesellschafter wieder auf.

Die Vorinstanzen gaben der Klage des Klägers, den Beklagten zu verurteilen, die Eintragung in das Handelsregister anzumelden, statt.[213] Das Berufungsgericht nahm keinen Anstoß an der Kündigungsklausel des Gesellschaftsvertrags, denn die dominierende Stellung des Klägers entspricht den üblichen Strukturen einer Familiengesellschaft, in denen das Familienoberhaupt die Entscheidungen trifft.[214] Auch war es nach Rechtsauffassung des Berufungsgerichts legitim, dass sich der

209 BGHZ 84, 11, 15.
210 BGHZ 84, 11, 15 f.
211 BGHZ 84, 11, 16.
212 BGH, NJW 1985, 2421 ff.
213 BGH, NJW 1985, 2421, 2422.
214 BGH, NJW 1985, 2421, 2422.

Unternehmensgründer das Recht vorbehielt, das Unternehmen wieder ausschließlich unter seine Führung bringen zu können.[215]

Anders der BGH: Er sah das Kündigungsrecht eines einzelnen Gesellschafters, welches zum Ausschluss aller übrigen Mitgesellschafter führt und an keine Gründe gebunden ist, als nicht mit den Grundprinzipien des Gesellschaftsrechts vereinbar und zusätzlich als Verstoß gegen § 138 Abs. 1 BGB an.[216] Der Beklagte stellte der Gesellschaft als persönlich haftender Gesellschafter seine ganze Arbeitskraft zur Verfügung. Die berufliche Tätigkeit und damit die Lebensgrundlage, sowie die Entscheidungs- und Entschließungsfreiheit stellte der Beklagte dem Kläger zur Disposition; darin, meinte der BGH, sei die Grenze des rechtlich Erlaubten (§ 138 Abs. 1 BGB) überspannt.[217] Zur weiteren Begründung der Unwirksamkeit der Vertragsklausel führte er die bereits im BGH Urteil vom 13. Juli 1981[218] getroffenen Feststellungen an.[219]

*e) BGH Urteil vom 21. März 1988 – II ZR 135/87*

Auch im Urteil des BGH vom 21. März 1988 – II ZR 135/87[220] ging es um die Wirksamkeit einer Optionsklausel, die den Komplementären die Möglichkeit einräumte, die von einem Treuhänder gehaltenen Kommanditeinlagen zu erwerben oder dieses Ankaufsrecht an Dritte abzutreten. Dabei konnte das Ankaufsrecht nur zu einem bestimmten Termin ausgeübt werden. Die Abfindung bei Ausübung dieses Optionsrechts sollte nicht weniger als 60 % und nicht mehr als 80 % der Kommanditeinlage betragen.

Nach ständiger Rechtsprechung des BGH unterliegen Gesellschaftsverträge von körperschaftlich organisierten Publikumsgesellschaften der Inhaltskontrolle nach § 242 BGB,[221] denn bei einer Publikumsgesellschaft, in der die noch zu werbenden Gesellschafter nur kapitalistisch beteiligt werden, haben sie den formulierten Gesellschaftsvertrag so hinzunehmen, wie er ist und keine Änderungsmöglichkeiten.[222] Auch wenn sich die Anleger rechtlich beraten lassen und als Konsequenz den Vertragsschluss unterlassen hätten, könnten sie bei einem vorformulierten Vertrag erwarten, dass die Gründer des Projekts nicht einseitig

215 BGH, NJW 1985, 2421, 2422.
216 BGH, NJW 1985, 2421, 2422.
217 BGH, NJW 1985, 2421, 2422.
218 BGHZ 81, 263 ff.
219 BGH, NJW 1985, 2421, 2422.
220 BGHZ 104, 50 ff.
221 BGHZ 104, 50, 53.
222 BGHZ 104, 50, 53.

ihre Zwecke verfolgen.[223] Das Treuhandverhältnis nimmt der Gesellschaft nicht den Charakter einer Publikumsgesellschaft, so dass hier eine Inhaltskontrolle durchzuführen ist.[224] Nach Ansicht des BGH spricht viel dafür, dass die Abfindungsregelung, die zumindest 20 % der Einlage nicht zurückgewährt, wofür keine sachlichen Gründe vorhanden sind, nach § 138 Abs. 1 BGB nichtig ist.[225]

Die Optionsklausel ist nach Überzeugung des Senats nach § 242 BGB unwirksam, weil, wie bereits in BGHZ 84, 11 ff. entschieden, die Verbindung zwischen Chancen und Risiken einer Kommanditbeteiligung einseitig zugunsten der Komplementäre gelöst wird.[226] Daran würde auch eine angemessene Abfindung nichts ändern können.[227] Deswegen muss der Senat auch nicht über die von ihm in BGHZ 81, 263 ff. aufgestellten Rechtsgrundsätze befinden.[228]

Die sich aus der Kommanditbeteiligung ergebenden Chancen und Risiken bestehen nach der hier vorliegenden Vertragsgestaltung mindestens für den Zeitraum von 10 Jahren. Ob der Treugeber darüber hinaus die Kommanditeinlagen für seine Treunehmer halten darf, dann ohne zeitliche Begrenzung, ist ungewiss. Auch in diesem Zeitraum können sich die Chancen, die sich aus der Beteiligung ergeben, auswirken. Den Treunehmern war durchaus bewusst, dass die mittelbare Kommanditistenstellung nach 10 Jahren beendet sein kann, dennoch sind sie der Gesellschaft beigetreten. Sie haben dieses Risiko bewusst in Kauf genommen. Letztendlich handelt es sich um eine modifizierte mittelbare Kommanditistenstellung, die Bezüge zu einem Darlehen hat, bei dem nur keine feste Verzinsung vereinbart wurde, sondern die sich aus den Gewinnen der Gesellschaft errechnet.

#### *f) BGH Urteil vom 19. September 1988 – II ZR 329/87*

In einem erneuten Streit der Parteien bezüglich der Wirksamkeit eines Ausschlusses ging es im BGH-Urteil vom 19. September 1988 – II ZR 329/87[229] um eine Familien-Kommanditgesellschaft, in der der Vater der einzig persönlich haftende Gesellschafter war. Seine Frau und seine drei Kinder waren Kommanditisten. Die Kommanditisteneinlage wurde den Kindern geschenkt. Von den Kindern arbeitete nur der Sohn im Unternehmen mit. Dieser plante, ein eigenes Unternehmen auf-

---

223 BGHZ 104, 50, 54.
224 BGHZ 104, 50, 55 f.
225 BGHZ 104, 50, 57.
226 BGHZ 104, 50, 57 f.
227 BGHZ 104, 50, 59.
228 BGHZ 104, 50, 60.
229 BGHZ 105, 213 ff.

zubauen, sofern er nicht nach dem Tod des Vaters das Unternehmen ohne seine Geschwister weiterführen könnte. Daher gründete der Vater mit seinem Sohn eine GmbH, die Komplementär der KG wurde. Der GmbH-Vertrag und auch der Kommanditgesellschaftsvertrag sahen vor, dass der Sohn die Beteiligung des Vaters übertragen bekäme, was aber erst mit dem Tod des Vater wirksam werden sollte. Zudem enthielt der Kommanditvertrag in § 21 Nr. 2 b folgende Regelung:

*„Nach dem Ausscheiden des Gesellschafters Hermann W. ist der Mitgesellschafter Werner W. berechtigt, den Kommanditisten Ilka M. und Traudel Sch. unter Einhaltung einer Frist von 6 Monaten zum Ende eines Geschäftsjahres zu kündigen. Die Kündigung kann auch einzelnen Gesellschaftern gegenüber erklärt werden. Sie ist an keine Frist gebunden. Die gekündigten Gesellschafter scheiden mit dem Wirksamwerden der Kündigung aus der Gesellschaft aus."*

Nach dem Tod des Vaters kündigte er seinen beiden Geschwistern.

Das Landgericht hielt die Vertragsbestimmung wegen Sittenwidrigkeit für nichtig.[230] Das Berufungsgericht erachtete die Hinauskündigungsklausel für wirksam, dies begründet es damit, dass nach der Rechtsprechung des BGH zu den Hinauskündigungsklauseln nach freiem Ermessen diese zwar grundsätzlich sittenwidrig seien, Sittenwidrigkeit jedoch nicht gegeben sei, wenn sachlich rechtfertigende Gründe vorlägen.[231] Einen sachlich rechtfertigenden Grund erblickt das Berufungsgericht darin, dass das Hinauskündigungsrecht an den Tod des Vaters anknüpfe und deswegen legitimiert sei, weil der Sohn im Gegensatz zu den Geschwistern nicht nur kapitalistisch an der Gesellschaft beteiligt gewesen war, sondern seine ganze Arbeitskraft der Gesellschaft zur Verfügung gestellt hatte.[232] Als sittenwidrig sieht das Berufungsgericht jedoch an, dass die Hinauskündigungsklausel an keine Frist gebunden war und so die Gefahr einer Willkürherrschaft bestand.[233] Nach § 139 BGB führte dies aber nicht zur Nichtigkeit der gesamten Klausel, da der Kündigungsberechtigte unmittelbar nach dem Tod des Vaters von seinem Recht Gebrauch gemacht hat.[234]

Der BGH verdeutlicht einmal mehr, dass eine Regelung, die einer Gesellschaftermehrheit, einer bestimmten Gruppe oder einem einzelnen Gesellschafter das Recht gibt, Mitgesellschafter nach freiem Ermessen auszuschließen, sittenwidrig ist.[235] Zur Begründung führt er die im Urteil vom 13. Juli 1981 – II ZR 56/80[236]

---

230 BGHZ 105, 213, 215.
231 BGHZ 105, 213, 215.
232 BGHZ 105, 213, 215 f.
233 BGHZ 105, 213, 216.
234 BGHZ 105, 213, 216.
235 BGHZ 105, 213, 216 f.
236 BGHZ 81, 263, 266 ff.

entwickelten Argumente an.[237] Der BGH geht in diesem Fall jedoch davon aus, dass es sich nicht um ein freies Hinauskündigungsrecht handelt, sondern um ein an ein festes Tatbestandsmerkmal geknüpftes, nämlich den Tod des Vaters.[238] Ein an den Tod eines Gesellschafters anknüpfendes Hinauskündigungsrecht ist nur dann ein an ein festes Tatbestandsmerkmal gebundenes, wenn es nur kurze Zeit nach dem Tod ausgeübt werden kann. Ansonsten handelt es sich auch um eines nach freiem Ermessen, weil es dann im Belieben des berechtigten Gesellschafters steht, ob und aufgrund welcher Überlegungen es zum Ausschluss kommt.[239] Bedenken gegen ein solches Hinauskündigungsrecht bestehen nicht, weil schnell Klarheit darüber geschaffen wird, ob der Gesellschafter in der Gesellschaft verbleiben darf oder nicht.[240] Der BGH sieht das eigentlich Anstößige an einem Kündigungsrecht nach freiem Ermessen darin, dass die berechtigten Gesellschafter dies als Machtinstrument einsetzen können.[241] Nach Ansicht des BGH liegt dieses Machtinstrument nicht vor, wenn das Ausschlussrecht an den Tod eines Mitgesellschafters anknüpft, denn in dem Falle müssen die betroffenen Gesellschafter nicht damit rechnen, dass ihr Verhalten zum Ausschluss führt.[242] Hier stellt sich das Problem, dass § 21 Nr. 2 b des Gesellschaftsvertrags gerade keine Frist zur Ausübung beinhaltet und damit nach der Rechtsauffassung des BGH sittenwidrig wäre. Der Senat löst dieses Problem mit einer entsprechenden Anwendung des § 139 BGB, der die nichtige Klausel auf ein zulässiges Maß reduziert, so dass die Hinauskündigung hier im speziellen Fall wirksam war, weil sie unmittelbar dem Tod des Vaters folgte.[243]

Nunmehr stellt der BGH nur noch auf einen Verstoß gegen die guten Sitten gemäß § 138 Abs. 1 BGB ab. Von einem Verstoß gegen die Grundprinzipien des Gesellschaftsrechts ist nicht mehr die Rede.

*g) BGH Urteil vom 5. Juni 1989 – II ZR 227/88*

Im Urteil vom 5. Juni 1989 – II ZR 227/88[244] bestätigt der BGH einmal mehr seine Rechtsprechung zu Hinauskündigungsklauseln nach freiem Ermessen. Auch in diesem Fall stand nach dem Gesellschaftsvertrag dem Komplementär ein Hinaus-

237 BGHZ 105, 213, 217.
238 BGHZ 105, 213, 217.
239 BGHZ 105, 213, 218 f.
240 BGHZ 105, 213, 218.
241 BGHZ 105, 213, 219.
242 BGHZ 105, 213, 219.
243 BGHZ 105, 213, 216, 220 ff.
244 BGHZ 107, 351 ff.

kündigungsrecht zu, welches an keine Gründe geknüpft war.[245] Das Berufungsgericht hielt die Klausel für nichtig.[246] Obwohl sich die Revision der Beklagten nicht dagegen wendet, sondern den Ausschluss nur noch auf das Vorliegen eines wichtigen Grundes stützte, erwähnt der Senat, dass derartige Hinauskündigungsklauseln gegen § 138 BGB verstoßen, wenn nicht außergewöhnliche Umstände dies rechtfertigen.[247]

*h) BGH Urteil vom 9. Juli 1990 – II ZR 194/89*

Im Urteil des BGH vom 9. Juli 1990 – II ZR 194/89[248] haben die Klägerin und der Beklagte am 15. November 1983 eine GmbH zur Arbeitnehmerüberlassung gegründet. Die Klägerin übernahm 35.000 DM vom Stammkapital, wofür der Beklagte der Klägerin ein Darlehen in gleicher Höhe einräumte. Der Beklagte übernahm 15.000 DM vom Stammkapital. Die Klägerin wurde zur Geschäftsführerin bestellt, da sie auf dem Gebiet der Arbeitnehmerüberlassung bereits Erfahrung gesammelt hatte. Dazu schlossen sie einen Vertrag, der von selbst enden sollte, sobald sie nicht mehr Gesellschafterin wäre. Durch notarielle Urkunde bot die Klägerin dem Beklagten ihren Geschäftsanteil unbefristet zum Kauf und zur Übertragung an. Der Kaufpreis sollte dabei unabhängig vom wirklichen Wert 35.000 DM betragen. Nachdem sich persönliche Differenzen zwischen den Beteiligten Ende 1986 bildeten und im März 1988 Liquiditätsunterdeckungen von ca. 500.000 DM festgestellt wurden, nahm der Beklagte das Angebot der Klägerin am 21. März 1988 in notarieller Form an. Am selbigen Tag hielt der Beklagte eine Gesellschafterversammlung ab, zu der die Klägerin nicht geladen war und beschloss die Abberufung der Klägerin als Geschäftsführerin. Gleichzeitig berief er sich selber zum Geschäftsführer. Zudem hatte der Beklagte noch vor Annahme des Kaufangebots den zwischen der Gesellschaft und der Klägerin geschlossenen Anstellungsvertrag fristlos gekündigt. Die Kündigung erfolgte am 29. März 1988 erneut. Die Klägerin hält den Kauf- und Abtretungsvertrag über ihren Geschäftsanteil für unwirksam und den Geschäftsführervertrag nicht für beendet sowie den Abberufungsbeschluss über ihre Geschäftsführerposition für nichtig.

Die Klägerin ist an ihr Angebot vom 15. November 1983 zum Zeitpunkt der Annahme durch den Beklagten gebunden, denn die Geschäftsgrundlage ist nach Ansicht des BGH nicht durch die enorme Wertsteigerung des Unternehmens ent-

245 BGHZ 107, 351, 352.
246 BGHZ 107, 351, 353.
247 BGHZ 107, 351, 353, 356.
248 BGHZ 112, 103 ff.

fallen, da die Klägerin bewusst das Risiko der Nichtberücksichtigung einer Wertsteigerung übernommen habe.[249]

Das bindende Angebot der Klägerin an den Beklagten hat letztendlich dieselbe Wirkung wie ein gesellschaftsvertragliches Hinauskündigungsrecht nach freiem Ermessen.[250] Aus den oben, unter B. II. 2. b) dargestellten, Gründen erachtet der BGH dies bei Personengesellschaften für sittenwidrig. Im GmbH-Recht ist die Sachlage nicht anders, auch dort soll der Gesellschafter an den Beschlüssen der Gesellschafterversammlung frei mitwirken können.[251]

Gleichwohl ist trotz grundsätzlicher Sittenwidrigkeit eine Hinauskündigungsklausel nach freiem Ermessen wirksam, wenn besondere Umstände vorliegen, die dies sachlich rechtfertigen.[252] Wann dies der Fall sein soll, kann aufgrund der vielfältigen Sachverhaltsgestaltungen nicht abschließend geklärt werden.[253] In dem vorliegenden Urteil hielt der BGH das Angebot zur Übernahme des Geschäftsanteils, was faktisch auf ein Hinauskündigungsrecht ohne sachliche Gründe hinauslief, für gerechtfertigt, weil die Klägerin aufgrund der Höhe ihres Stammkapitals (70 %) eine enorme Machtstellung in der GmbH hatte, doch das Stammkapital nicht selber aufgebracht hatte, sondern dies vom Beklagten durch ein Darlehen finanzieren ließ, welches nie getilgt wurde.[254] Letztendlich war die Vertragsklausel die einzige Möglichkeit für den Beklagten, die Kontrolle über die Gesellschaft zurückzuerlangen, denn die Position wurde der Klägerin nur wegen der persönlichen Beziehung zum Beklagten eingeräumt.[255] Zudem begründet der BGH die sachliche Rechtfertigung damit, dass der Klägerin der Gesellschaftsanteil einschließlich der Geschäftsführerposition von Vornherein nur für die Zeit eingeräumt wurde, in der das Vertrauensverhältnis zwischen den Parteien bestand.[256] Die Rechtsposition der Klägerin unterschied sich deswegen nicht wesentlich von der eines Treuhänders. Ein Treuhänder hat nach Beendigung des Treuhandverhältnisses das Treugut herauszugeben.[257]

Mit diesem Urteil erfährt die Rechtsprechung des BGH zu den Hinauskündigungsklauseln zwei Erweiterungen: zum einen wird sie auf die GmbH erweitert und zum anderen auf schuldrechtliche Vertragsabreden außerhalb des Gesellschaftsvertrags.

---

249 BGHZ 112, 103, 106 f.
250 BGHZ 112, 103, 107.
251 BGHZ 112, 103, 108.
252 BGHZ 68, 212, 215; 81, 263, 269; 105, 213, 217; 107, 351, 353, 356; 112, 103, 108.
253 BGHZ 112, 103, 108.
254 BGHZ 112, 103, 108 f., 110.
255 BGHZ 112, 103, 110.
256 BGHZ 112, 103, 111.
257 BGHZ 112, 103, 111.

*i) BGH Urteil vom 7. Februar 1994 – II ZR 191/92*

In dem Urteil des BGH vom 7. Februar 1994 – II ZR 191/92[258] ging es um eine GmbH, deren Unternehmensgegenstand die Beteiligung an der Limited Partnership of Savannah Waterfront Hotel Company war. Die GmbH hielt eine Beteiligung in Höhe von 4,1 Millionen US-Dollar, welche bis auf 50.000 DM von Anlegern aufgebracht wurde, welche sich als atypische stille Gesellschafter an dem Unternehmen der GmbH beteiligt hatten. Die stille Gesellschaft begann am 15. November 1978 und wurde auf unbestimmte Zeit geschlossen. Im Gesellschaftsvertrag wurde vereinbart, dass eine Kündigung der Gesellschaft frühestens zum 31. Dezember 1989 mit einer Frist von sechs Monaten zulässig sein sollte. Jeder stille Gesellschafter war berechtigt, seine Beteiligung auf einen Dritten zu übertragen. Weiterhin war die GmbH berechtigt, das stille Gesellschaftsverhältnis fristlos zu kündigen, wenn ein Gesellschafter trotz Aufforderung seiner Einzahlungspflicht nicht nachkam. Mit Schreiben vom 7. November 1988 erklärte die GmbH gegenüber allen stillen Gesellschaftern die Kündigung des Gesellschaftsverhältnisses zum 31. Dezember 1989. Der Geschäftsführer der GmbH begründete diesen Schritt in einer später abgehaltenen Gesellschafterversammlung damit, dass er die Querelen mit den stillen Gesellschaftern leid sei. Die stillen Gesellschafter klagten gegen die Kündigung auf Feststellung der Unwirksamkeit.

Das Landgericht und auch das Berufungsgericht wiesen die Klage ab.[259] Der BGH hielt die von der GmbH ausgesprochene Kündigung für unwirksam.[260] Der BGH ließ die Frage offen, ob der Gesellschaftsvertrag der GmbH und nicht nur den stillen Gesellschaftern ein Kündigungsrecht einräumte, denn jedenfalls ist nach seiner Auffassung ein unbeschränktes Kündigungsrecht unwirksam.[261] Zwar lässt sich auch bei einer stillen Gesellschaft das Recht zur ordentlichen Kündigung nicht dauerhaft ausschließen, doch handelt es sich hier um eine atypische stille Gesellschaft, in der die beklagte GmbH formalrechtlich Geschäftsinhaberin war, aber die stillen Gesellschafter die Beteiligung an der Limited Partnership nahezu allein erworben hatten und die GmbH weder am Gewinn noch am Verlust nennenswert beteiligt war.[262] Aufgrund der Gesellschaftsstruktur und der Art des Unternehmens handelte es sich bei der Kündigung der stillen Gesellschaften letztendlich wirtschaftlich um eine Hinauskündigung nach freiem Ermessen, denn die GmbH, die die Geschäftsanteile an der Limited Partnership hielt, wurde im Gegensatz zur stillen Gesellschaft nicht aufgelöst, was dazu führte, dass sie weiterhin die Anteile

258 BGHZ 125, 74 ff.
259 BGHZ 125, 74, 76.
260 BGHZ 125, 74, 76.
261 BGHZ 125, 74, 78.
262 BGHZ 125, 74, 78 f.

hielt.[263] Den Gesellschaftern musste nach entsprechenden gesellschaftsvertraglichen Regelungen eine Abfindung gezahlt werden.[264] Aus diesem Grunde erachtete der BGH die Kündigung der stillen Gesellschaften als unwirksam, weil er Hinauskündigungsklauseln nach freiem Ermessen ebenso beurteilt.[265]

Der BGH erkannte zu Recht, dass es sich hier an sich nicht um ein Hinauskündigungsrecht nach freiem Ermessen im eigentlichen Sinne handelte, da das stille Gesellschaftsverhältnis mit der Kündigung aufgelöst wurde. Doch sind seiner Auffassung nach die wirtschaftlichen Folgen gleich.[266]

Nach der oben aufgestellten Definition liegt keine Hinauskündigung nach freiem Ermessen vor, wenn die Gesellschaft aufgelöst bzw. der Geschäftsbetrieb eingestellt wird. Probleme ergeben sich hier daraus, dass es sich nach Ansicht des BGH um eine mehrgliedrige stille Gesellschaft handelt.[267] Allerdings bleiben die einzelnen stillen Gesellschaften, obwohl sie untereinander eine Gesellschaft bürgerlichen Rechts bilden, um gemeinsam ihre Interessen gegenüber der GmbH vertreten zu können, rechtlich selbständig.[268] Selbst wenn dem nicht so wäre und nur eine einzige stille Gesellschaft bestanden hätte, wäre diese aufgelöst worden, weil sämtlichen stillen Gesellschaftern gekündigt wurde. Folglich wurde durch die Kündigung jede dieser einzelnen stillen Gesellschaften, zumindest aber die stille Gesellschaft an sich, aufgelöst. Die GmbH hingegen blieb bestehen, da sie von der stillen Gesellschaft unabhängig war. Das führte dazu, dass die GmbH, die Rechtsträger der Beteiligung am Hotel war, weiterhin ihren Unternehmensgegenstand ausführen konnte. Dies ist aber nur eine Folge der gesetzlichen Konstruktion der stillen Gesellschaft als Innengesellschaft[269] und als Beteiligung am Handelsgewerbe eines anderen, so dass letztendlich die Beitragsleistung des stillen Gesellschafters nur der Förderung des Handelsgewerbes des Geschäftsinhabers dienen.[270] Folglich liegt nach der hier vertretenen Definition keine Hinauskündigung nach freiem Ermessen vor, sondern einzig die gleichzeitige Auflösung mehrerer stiller Gesellschaftsverhältnisse bzw. eines einzigen.

---

263 BGHZ 125, 74, 80.

264 BGHZ 125, 74, 80.

265 BGHZ 68, 212, 215; 81, 263, 265, 269;105, 213, 216 f.; 107, 351, 353; 112, 103, 107 f.; BGH, NJW 1985, 2421, 2422.

266 BGHZ 125, 74, 80.

267 BGHZ 125, 74, 76 f.

268 MünchHdb. GesR II-*Bezzenberger/Keul*, § 73 Rdnr. 41; MünchHdb. GesR II-*Polzer*, § 74 Rdnr. 6; MüKo-HBG-*K. Schmied*, § 230 Rdnr. 85; *Blaurock*, Hdb. stille Ges., 5.48.

269 *Gehrlein* in: *Ebenroth/Boujong/Joost*/Strohn, § 230 Rdnr. 4; MüKo-HGB-*K. Schmidt*, § 230 Rdnr. 6; MünchHdb. GesR II-*Bezzenberger/Keul*, § 72 Rdnr. 18.

270 MünchHdb. GesR II-*Bezzenberger/Keul*, § 72 Rdnr. 20.

*j) BGH Urteil vom 8. März 2004 – II ZR 165/02*

In diesem Urteil des BGH[271] kündigten die Beklagten, die im Jahr 1978 eine laborärztliche Gemeinschaftspraxis gegründet hatten, dem Kläger, der zum 1. Januar 1991 als Gesellschafter aufgenommen wurde und zuvor in der Gemeinschaftspraxis eine Chemielaborantenlehre abgeschlossen hatte und der schon nach Abschluss des Medizinstudiums seit 1988 als Arzt im Praktikum, anschließend als Arzt und schließlich als Facharzt in der Gemeinschaftspraxis gearbeitet hatte.

Neben der Regelung, dass die Gesellschafter der Sozietät, bis auf die Gründer, mit Erreichen des 65. Lebensjahres aus der Gesellschaft ausscheiden, sah der Gesellschaftsvertrag in § 8 noch folgende weitere Ausschließungsgründe vor:

*„1. Jeder Gesellschafter kann durch ihm gegenüber abzugebende Erklärung aus der Gesellschaft ausgeschlossen werden, wenn er*

*a) berufsunfähig ist,*

*b) aufgrund Krankheit länger als ein Jahr seine Mitarbeit in der Gesellschaft eingestellt hat,*

*c) ein sonstiger wichtiger Grund in seiner Person vorliegt.*

*2. Im Hinblick auf die erheblichen Vorleistungen der Altgesellschafter kommen die Vertragsschließenden überein, dass die Ausschließung der Vertragsschließenden Ziff. 4 (=Kläger) + 5 aus der Gesellschaft mit einer Frist von 6 Monaten zum Ende eines Kalenderjahres auch ohne Vorliegen eines wichtigen Grundes, frühestens aber zum 31.12.1993 zulässig ist.*

*3. Die Ausschließung erfolgt durch Mehrheitsbeschluss der nicht betroffenen Gesellschafter ...*

*4. Die Ausschließung der Vertragsschließenden Ziff. 1 + 2 (=Beklagte) unterliegt nicht den vorstehenden Bestimmungen, sondern kann nur durch Gerichtsbeschluss erfolgen."*

Weiterhin erhielten die Beklagten durch § 11 Nr. 7 des Gesellschaftsvertrags die Möglichkeit, die Praxis zu veräußern, wobei es dazu eines Gesellschafterbeschlusses mit einfacher Mehrheit bedurft hätte. Im Falle der Veräußerung der Praxis sollten die Vertragsschließenden Ziffer 3 – 5 mit Ablauf des dritten Monats nach der Beschlussfassung aus der Gesellschaft ausscheiden. Der Vertragsschließende Ziffer 3 sollte dann einen Vergütungsanspruch am Kaufpreis entsprechend seiner Gewinnquote erhalten. Gleiches sollte den Vertragsschließenden Ziffer 4 (=Kläger) und 5 nach einer Zugehörigkeit von 10 Jahren zustehen.

Am 20. Juni 2000 unterbreiteten die Beklagten dem Kläger ein Angebot zur Änderung des Gesellschaftsvertrags. Unter anderem sollte § 11 Nr. 7 des Gesellschaftsvertrags geändert werden, wobei die Änderung für den Kläger nachteilig

271 BGH, ZIP 2004, 903 ff.

gewesen wäre. Deswegen stimmte der Kläger der Änderung des Gesellschaftsvertrags nicht zu. Die Beklagten reagierten darauf, indem sie am 24. Juni 2000 eine Gesellschafterversammlung für den 27. Juni 2000 einberiefen. In dieser Gesellschafterversammlung beschlossen die Beklagen einstimmig, den Kläger nach § 8 Abs. 2 und 3 des Gesellschaftsvertrags zum 31. Dezember 2000 aus der Gesellschaft auszuschließen. Gegen diesen Beschluss wendete sich der Kläger mit einer negativen Feststellungsklage, wobei die Vorinstanzen dem klägerischen Begehren entsprachen.[272]

Der BGH Senat folgt erneut seiner bisherigen Rechtsprechung, indem er die Revision der Beklagten als unbegründet abweist.[273] Eine gesellschaftliche Regelung, die einem Gesellschafter das Recht einräumt, Mitgesellschafter ohne Vorliegen von sachlichen Gründen aus einer Personengesellschaft oder einer GmbH auszuschließen, kann demnach keinen Bestand haben.[274] Dadurch soll der durch die Ausschließung bedrohte Gesellschafter geschützt werden, denn das freie Kündigungsrecht kann als Disziplinierungsmittel empfunden werden, so dass er von dem ihm zustehenden Rechten keinen Gebrauch macht, sondern sich der anderen Seite beugt.[275] Dieses Urteil zeigt allerdings, dass sich der Gesellschafter, der von einem freien Ausschlussrecht bedroht war, keineswegs einschüchtern ließ. Der Kläger hat eben gerade nicht das Angebot zur Änderung des Gesellschaftsvertrags angenommen. Anscheinend hat er die Regelung des § 8 Abs. 2 des Gesellschaftsvertrags nicht als Disziplinierungsmittel empfunden. Der BGH Senat sieht dies anders. Er fühlt sich durch die Reaktion der Beklagten bestätigt.[276] Sollte sich, wie der BGH meint, die „Gefahr eindrucksvoll" bestätigt haben,[277] dann wäre es eben nicht zum Ausschluss gekommen, weil der Kläger das Angebot angenommen hätte, in der Sorge, der Willkür der Ausschließungsberechtigten ausgeliefert zu sein.

Nichts Neues führt der Senat an, indem er erklärt, dass es, insbesondere in einer freiberuflichen Sozietät, Gründe geben kann, die es als interessensgerecht erscheinen lassen, den Altgesellschaftern das Recht einzuräumen, einen Mitgesellschafter auch ohne Vorliegen eines wichtigen Grundes auszuschließen.[278] Dies deutet darauf hin, dass dann wenigstens sachliche Gründe vorliegen sollten.

Neu ist, und dabei könnte es sich um eine einschneidende Ausnahme von der bisherigen Rechtsprechung handeln, dass der Senat in dem Urteil statuiert – ohne dass es, zumindest nach der ständigen Rechtsprechung des BGH, darauf ange-

---

272 BGH, ZIP 2004, 903, 904.
273 BGH, ZIP 2004, 903, 904.
274 BGH, ZIP 2004, 903, 904.
275 BGH, ZIP 2004, 903, 904.
276 BGH, ZIP 2004, 903, 904 f.
277 BGH, ZIP 2004, 903, 904 f.
278 BGH, ZIP 2004, 903, 905.

kommen wäre – dass, in Abweichung zur grundsätzlichen Sittenwidrigkeit, die Möglichkeit besteht, dass derjenige, der in eine Sozietät von Feiberuflern, die schon lange Zeit existiert, aufgenommen wurde, innerhalb einer Erprobungsphase hinausgekündigt werden kann.[279] Eine Erprobungsphase ist deswegen wichtig, weil erst nach einer gewissen Zeit erkennbar wird, ob zwischen den neuen und den alten Gesellschaftern ein Vertrauensverhältnis aufgebaut werden konnte und ob die ethischen Anforderungen an den Beruf übereinstimmen.[280] Dabei fällt auf, dass der BGH ein Prüfungsrecht neuer Gesellschafter anscheinend nur für freie Berufe einführen möchte. Doch es ist nicht einsehbar, warum ein Prüfungsrecht nicht auch den Gesellschaftern einer OHG zustehen sollte. Auch dort besteht das Interesse daran, zu prüfen, ob der neu aufgenommene Gesellschafter sich langfristig in die Gesellschaft einfügen kann. Würde dies sich so durchsetzen, wäre ein Hinauskündigungsrecht für eine gewisse Erprobungsphase höchstrichterlich anerkannt.[281] Wie lang die Erprobungsphase ist, wird nicht gesagt, es wird einzig eine Frist nach oben gesetzt, so dass zehn Jahre bei weitem zu lang sein sollen. Sollte die Erprobungsphase nur einige Jahre dauern, was durchaus realistisch erscheint, könnte in dieser Zeit jeder neue Gesellschafter ohne Angabe von Gründe ausgeschlossen werden. Fraglich ist, was den BGH erwogen hat, uns dies in dem Urteil, obwohl es darauf nicht ankam, mitzuteilen, zumal der Kläger vor seiner Aufnahme als Gesellschafter bereits zwei Jahre in der Praxis gearbeitet hat und eine Erprobung damit eigentlich schon stattgefunden haben dürfte.

Auch in der Erprobungsphase bestehen die vom BGH gegen Hinauskündigungsklauseln nach freiem Ermessen ins Felde geführten Argumente. In dieser Zeit ist die Gefahrenlage sogar noch größer, weil sich die Gesellschafter eben noch nicht so gut kennen und kein Vertrauensverhältnis zueinander aufbauen konnten. Der durch das Ausschließungsrecht bedrohte Gesellschafter kann in dieser Phase durch ein konfliktfreies Verhalten eine ungefährdete Gesellschafterstellung erlangen. Was liegt also näher, als sich den Wünschen der Altgesellschafter in dieser Phase zu beugen?

Letztendlich entschied der BGH aber nicht, ob die Hinauskündigungsklausel nach freiem Ermessen aufgrund von Sittenwidrigkeit nichtig war oder nicht, denn die Beklagten haben von dem Ausschließungsrecht in einer gegen § 242 BGB verstoßenden Weise Gebrauch gemacht.[282] Der Ausschluss des Klägers erfolgte nicht, weil er sich nicht erprobt hatte, sondern, weil die Beklagten einer vertraglichen

---

279 BGH, ZIP 2004, 903, 905.
280 BGH, ZIP 2004, 903, 905.
281 *Grunewald*, DStR 2004, 1750, 1751 sieht die gleiche Interessenlage auch bei der Gründung einer Gesellschaft, da sich die Gesellschafter noch nicht kennen und somit nicht wissen, ob die Zusammenarbeit erfolgreich sein wird.
282 BGH, ZIP 2004, 903, 905.

Verpflichtung entgehen wollten, die sie früher getroffen hatten.[283] Die Beklagten nahmen die letzte Möglichkeit wahr, den Kläger von dem ihm ansonsten nach § 11 Nr. 7 des Gesellschaftsvertrags zustehenden Recht auszuschließen.

*k) BGH Urteil vom 14. März 2005 – II ZR 153/03*

Im wesentlichen handelt das BGH-Urteil,[284] und dies ist hier auch nur relevant, von der Kündigung eines Kooperationsvertrags und der damit einhergehenden Einziehung eines Gesellschaftsanteils. Unternehmensgegenstand der Gesellschaft ist die Errichtung, die Organisation und der Betrieb einer internationalen Kooperation nationaler Paketdienste. Die Gesellschafter sind die in den verschiedenen Ländern tätigen Partner der Gesellschaft. Zwischen den nationalen Paketdiensten und der beklagten Gesellschaft bestehen Kooperationsverträge, die die Rechte und Pflichten regeln. Diese Kooperationsverträge sind auf unbestimmte Zeit geschlossen, können aber mit einer ordentlichen Kündigungsfrist von zwölf Monaten zum Monatsende gekündigt werden. Darüber hinaus kann der Kooperationsvertrag bei Vorliegen von wichtigen Gründen jederzeit sofort gekündigt werden. Sollte der Kooperationsvertrag gekündigt werden und damit der Paketdienst nicht mehr nationaler Partner der Gesellschaft sein, sieht die Satzung vor, dass der Geschäftsanteil des ehemaligen nationalen Partners eingezogen wird. Mit Schreiben vom 21. März 2001 kündigte die beklagte Gesellschaft durch ihren Geschäftsführer den Kooperationsvertrag mit der Klägerin zum 31. März 2002. Die Klägerin hält die Kündigung des Kooperationsvertrags für unwirksam, weil sie damit zugleich die Gesellschafterstellung, ohne dass sachliche Gründe vorliegen, verliert. Die Urteile der Vorinstanzen wiesen die Klage ab.[285]

Auch der BGH hält die Klage für unbegründet.[286] Die ordentliche Kündigung des Kooperationsvertrags, die keine Gründe verlangt, ist nicht etwa deswegen eingeschränkt, weil sich danach der Verbleib in der Gesellschaft richtet.[287] Nach Ansicht des BGH ist die Fallgestaltung mit einem Hinauskündigungsrecht nach freiem Ermessen nicht unmittelbar vergleichbar, da die Entscheidung über die Kündigung des Kooperationsvertrags nicht einem einzelnen Gesellschafter überlassen ist, sondern alle Gesellschafter darüber befinden müssen. Allenfalls könnte sich eine dem Hinauskündigungsrecht vergleichbare Situation ergeben, wenn

283 BGH, ZIP 2004, 903, 905.
284 BGH, ZIP 2005, 706 ff.
285 BGH, ZIP 2005, 706, 707.
286 BGH, ZIP 2005, 706, 707.
287 BGH, ZIP 2005, 706, 707.

ein Gesellschafter durch die Übernahme anderer Gesellschafter die Mehrheit der Stimmen in der Gesellschafterversammlung erlangt hat.[288]

Sozusagen hilfsweise, um alle Zweifel auszuschließen, führte der BGH weiter an, dass, selbst wenn man die Entscheidungsmacht der Beklagten einem Hinauskündigungsrecht gleichstellen wollte, es nicht als sittenwidrig anzusehen wäre, da Durchbrechungen von diesem Grundsatz möglich sind.[289] In dem vorliegenden Fall würde eine solche Durchbrechung vorliegen, da die Gesellschafterstellung ein Annex zum Kooperationsvertrag ist und die Unternehmensgestaltung es erfordert, dass der neue nationale Partner, der an die Stelle des Gekündigten tritt, Gesellschafter wird, damit er an den notwendigen Entscheidungen mitwirken kann.[290]

Aus dieser Urteilsbegründung könnte man den Schluss ziehen, dass der BGH ein Hinauskündigungsrecht dann billigt, wenn nicht einem einzelnen Gesellschafter die Entscheidung übertragen ist, sondern der Gesellschaftermehrheit. Doch schon in den beiden nächsten Entscheidungen zu diesem Themenkreis fand der BGH zu seiner Linie zurück und erklärte dort: „Allerdings sind nach der mittlerweile ständigen Rechtsprechung des Senats in den Personengesellschaften und der GmbH gesellschaftliche Regelungen, die einem Gesellschafter, einer Gruppe von Gesellschaftern oder der Gesellschaftermehrheit das Recht einräumen, einen Mitgesellschafter ohne sachlichen Grund aus der Gesellschaft auszuschließen („Hinauskündigungsklauseln") grundsätzlich wegen Verstoßes gegen die guten Sitten nach § 138 Abs. 1 BGB nichtig."[291]

Fraglich ist jedoch schon, ob es sich hierbei überhaupt um ein Ausschlussrecht nach freiem Ermessen handelt. Nach der hier aufgestellten Definition liegt ein Hinauskündigungsrecht nach freiem Ermessen dann vor, wenn der Ausschluss keine weiteren Gründe oder Ereignisse voraussetzt, als dass die Berechtigten das im Gesellschaftsvertrag eingeräumte Recht ausüben müssen und die Gesellschaft durch den Ausschluss nicht aufgelöst wird, sondern weiter fortbesteht (siehe oben unter B. I.). Der Beklagten stand das Einziehungsrecht nur dann zu, wenn der Kooperationsvertrag, entweder von ihr oder vom nationalen Partner, durch eine ordentliche oder außerordentliche Kündigung beendet wurde. Damit ist dem Gesellschafterausschluss ein Akt vorgeschaltet, der erst das Einziehungsrecht entstehen lässt. Somit liegt kein Hinauskündigungsrecht nach freiem Ermessen vor, sondern eines, dass an ein festes Tatbestandsmerkmal geknüpft ist.

---

288 BGH, ZIP 2005, 706, 707.

289 BGH, ZIP 2005, 706, 707 f.; vgl. BGHZ 68, 212, 215; 105, 213 ff.; 112, 103 ff.; ZIP 2004, 903.

290 BGH, ZIP 2005, 706, 708.

291 BGH, Der Konzern 2006, 189, 190 = NJW 2005, 3641, 3642; BGH, Der Konzern 2006, 192, 193 = NJW 2005, 3644, 3645.

*l) BGH Urteil vom 19. September 2005 – II ZR 173/04*

In dem Urteil des BGH vom 19. September 2005 – II ZR 173/04[292] ging es um die Wirksamkeit eines im Rahmen eines sogenannten Managermodells abgegebenen Kauf- und Abtretungsangebots über die Beteiligung an einer GmbH. Unter einem Managermodell versteht man die Beteiligung eines GmbH-Geschäftsführers an der Gesellschaft für die Dauer seiner Geschäftsführerposition, um die Motivation des Geschäftsführers durch seine engere Bindung an die Gesellschaft zu steigern, weil er an den Gewinnen partizipiert und seine Gesellschafterstellung seine Tätigkeit als Geschäftsführer aufwertet.[293] In dem dem Urteil zugrunde liegenden Sachverhalt wurde der Geschäftsführer mit einem Geschäftsanteil von ca. 10 % an der GmbH beteiligt, was 19.900 DM entsprach. Der Geschäftsführer war an den Gewinnen der Gesellschaft beteiligt, nicht aber an den Verlusten. Zugleich verpflichtete sich der Geschäftsführer durch ein verbindliches und formwirksames Vertragsangebot, seinen Anteil bei Beendigung der Geschäftsführerposition an die Gesellschaft zurückzuverkaufen und zu übereignen. Der Kaufpreis für den Geschäftsanteil sollte sich aus dem Einheitswert des Betriebsvermögens und einem dreijährigen Durchschnittsertrag errechnen. Der Kaufpreis durfte aber nicht das Zehnfache des Nominalwerts überschreiten. Der Geschäftsführer wurde abberufen und sein Anstellungsvertrag gekündigt. Auch nahm die GmbH, die das restliche Stammkapital hielt, das Kauf- und Abtretungsangebot an und zahlte dem Kläger eine Abfindung in Höhe von 199.000 DM. Der Kläger wollte festgestellt wissen, dass er noch Gesellschafter der GmbH ist.

Zu welch abstrusen Ansichten die Rechtsprechung des BGH zum Hinauskündigungsrecht nach freiem Ermessen führt, zeigt sehr anschaulich das Berufungsgericht. Das Berufungsgericht hielt das Rückübertragungsangebot wegen Verstoßes gegen die guten Sitten nach § 138 Abs. 1 BGB für nichtig, weil es sich der Sache nach um eine Hinauskündigungsklausel nach freiem Ermessen handele und ein sachlicher Grund hierfür nicht vorliegen solle.[294] Das Geschäftskonzept der Beklagten mit der Managerbeteiligung sei kein sachlicher Grund, weil sich das gleiche Ziel auch durch eine Tantiemen Regelung hätte erreichen lassen könne.[295]

Dies ist wahrhaftig eine spektakuläre Aussage des Berufungsgerichts. Hier wird den Parteien vorgeschrieben, wie sie ihre Vertragsbeziehungen ausgestalten sollen. Von Privatautonomie scheint in diesem Senat wenig bekannt zu sein. Doch

---

292 BGH, Der Konzern 2006, 189 ff. = NJW 2005, 3641 ff.

293 *Schäfer/Hillesheim*, DStR 2003, 2122.

294 OLG Frankfurt, ZIP 2004, 1801, 1802; **a.A.** OLG Düsseldorf, ZIP 2004, 1804, 1805 f. erblickte in der Vertragsgestaltung in einem Parallelverfahren einen sachlich rechtfertigenden Grund.

295 OLG Frankfurt, ZIP 2004, 1801, 1803.

es kommt noch besser. Der Senat erkennt schließlich, dass der hinter der Vertragsgestaltung liegende Sinn und Zweck einsichtig ist und sieht die Feststellungsklage als unbegründet an, denn die Sittenwidrigkeit des Rückübertragungsangebots habe auch die Nichtigkeit des Anteilserwerbs zur Folge.[296] Dies folge aus § 139 BGB, da beide Geschäfte verbunden seien.[297] Der Kläger ist demnach nie Gesellschafter der GmbH geworden. Ein schönes Ergebnis für die GmbH, könnte sie doch nun Ansprüche aus ungerechtfertigter Bereicherung bezüglich der in den Jahren 1998 bis 2000 ausgeschütteten Gewinne von durchschnittlich 148.556,89 DM geltend machen. Schließlich erfolgten diese Zahlungen, wenn man die Auffassung des Berufungsgerichtes logisch weiter verfolgt, ohne rechtlichen Grund.[298]

Der BGH erblickt in der Rückkaufvereinbarung beim Managermodell ein freies Ausschließungsrecht, weil der Geschäftsführer jederzeit nach § 38 Abs. 1 GmbHG ohne Grund abberufen werden kann.[299] Dennoch sieht der BGH den Rückübertragungsvertrag als wirksam an,[300] trotz der grundsätzlichen Nichtigkeit von Hinauskündigungsklauseln nach § 138 Abs. 1 BGB, was er ebenfalls für neben dem Gesellschaftsvertrag getroffene schuldrechtliche Abreden annimmt, die zum selben Ergebnis führen.[301] Nach Auffassung des BGH liegt hier eine Ausnahme vor, denn die Gründe, weswegen er Hinauskündigungsklauseln nach freiem Ermessen als mit den guten Sitten nicht vereinbar ansieht, greifen hier nicht ein, da die Gesellschafterstellung zur Motivation des Geschäftsführers eingeräumt wurde und die Möglichkeit von zusätzlichen Gewinnen im Vordergrund steht.[302] Zudem ist die Gesellschafterstellung, die nur auf Zeit gedacht war, ein Annex zur Geschäftsführerposition.[303] Weiterhin erblickt der BGH keinen Verstoß gegen das

---

296 OLG Frankfurt, ZIP 2004, 1801, 1803.

297 OLG Frankfurt, ZIP 2004, 1801, 1803.

298 So bereits *Bütter/Tonner*, BB 2005, 283, 286; *Kowalski/Bormann*, GmbHR 2004,1438, 1442; BGH, GmbHR 1990, 164, 166, der die Lehre von der fehlerhaften Gesellschaft auf die fehlerhafte Übertragung von GmbH-Geschäftsanteilen nicht anwendet; ebenso Scholz-*Emmerich*, GmbHG, § 2 Rdnr. 70; Roth/Altmeppen-*Roth*, GmbHG, § 2 Rdnr. 42.

299 BGH, Der Konzern 2006, 189, 190 = NJW 2005, 3641, 3642.

300 BGH, Der Konzern 2006, 189, 190 = NJW 2005, 3641, 3642; so auch *Schäfer/Hillesheim*, DStR 2003, 2122, 2123; *Kowalski/Bormann*, GmbHR 2004, 1438, 1441; *Menke*, M&A Review 2005, 2; *Sosnitza*, DStR 2005, 72, 75; *Hohaus/Weber*, NZG 2005, 961, 962; *Böttcher*, NZG 2005, 992, 995; *Benecke*, ZIP 2005, 1437, 1439; *Bütter/Tonner*, BB 2005, 283 f.; *dies.*, MDR 2006, 61, 63; *Sosnitza*, DStR 2006, 99, 100; *Battke/Grünberg*, GmbHR 2006, 225, 230; *Lieder*, DZWIR 2006, 63, 65, der aufgrund der geringen Beteiligung schon keine Zwangslage erkennt; **a. A.** *Binz/Sorg*, GmbHR 2005, 893, 898, 900.

301 BGH, Der Konzern 2006, 189, 190 = NJW 2005, 3641, 3642.

302 BGH, Der Konzern 2006, 189, 190 f. = NJW 2005, 3641, 3642.

303 BGH, Der Konzern 2006, 189, 190 f. = NJW 2005, 3641, 3643.

gesellschaftliche Gleichbehandlungsgebot in dieser Vertragsgestaltung, da eben ein sachlich rechtfertigender Grund vorhanden ist.[304] Des weiteren ist die Vereinbarung auch nicht wegen der §§ 134, 622 Abs. 6 BGB nichtig, denn es liegt keine Kündigungsbeschränkung vor.[305] Zudem war die Regelung mit der AGB Inhaltskontrolle vereinbart.[306]

Aus zweierlei Aspekten ist es auch hier fraglich, ob in der Rückkaufvereinbarung ein freies Hinauskündigungsrecht erblickt werden kann.[307] Zum einen handelt es sich bei der Rückkaufvereinbarung um eine schuldrechtliche Abrede neben dem Gesellschaftsvertrag und zum anderen konnte die Rückkaufvereinbarung erst ausgeübt werden, nachdem der Gesellschafts-Geschäftsführer von seiner Geschäftsführerposition abberufen wurde.

Nach der hier vertretenen Definition liegt ein freies Hinauskündigungsrecht dann vor, wenn der Ausschluss keine weiteren Gründe oder Ereignisse voraussetzt, als dass die Berechtigten das im Gesellschaftsvertrag eingeräumte Recht ausüben müssen (siehe oben unter B. I.). Ob nun die Ausschlussmöglichkeit im Gesellschaftsvertrag oder in einer anderen, neben dem Gesellschaftsvertrag getroffenen Vereinbarung erfolgt, ist unbeachtlich, denn sie führt letztendlich zum selben Ergebnis.

Daher handelt es sich bei dem Managermodell nicht um ein Ausschlussrecht nach freiem Ermessen. Um dies besser zu verdeutlichen, nehmen wir an, dass kein Rückübertragungsanspruch bestand, sondern der Ausschluss dann möglich sein sollte, wenn der Gesellschafts-Geschäftsführer von seiner Geschäftsführerposition abberufen wurde. Um das Ausschlussrecht auszuüben, muss zuvor ein weiteres Ereignis eintreten: der Geschäftsführer muss zunächst seiner Position enthoben werden. Damit ist dem Gesellschafterausschluss ein Akt vorgeschaltet, der das Ausschlussrecht entstehen lässt. Dass das GmbHG in § 38 Abs. 1 im Grundsatz die Widerrufung der Bestellung zum Geschäftsführer zu jeder Zeit und grundlos zulässt, ist aufgrund der nach außen unbeschränkbaren Vertretungsmacht und dem damit zusammenhängenden notwendigen Vertrauensverhältnis der Gesellschafter zum Geschäftsführer sachgerecht, ändert aber nichts an der Tatsache, dass ein vorgeschalteter Akt vorhanden ist. Außerdem ermöglicht § 38 Abs. 2 Satz 1 GmbHG, den Widerruf der Bestellung von weiteren vertraglich geregelten Voraussetzungen abhängig zu machen.[308] Tatsächlich liegt auch hier kein Hinauskündigungsrecht

304 BGH, Der Konzern 2006, 189, 191 = NJW 2005, 3641, 3643.
305 BGH, Der Konzern 2006, 189, 191 = NJW 2005, 3641, 3643.
306 BGH, Der Konzern 2006, 189, 191 f. = NJW 2005, 3641, 3643.
307 So jedoch auch *Schäfer/Hillesheim*, DStR 2003, 2122; *Kowalski/Bormann*, GmbHR 2004, 1438, 1440; *Bütter/Tonner*, BB 2005, 283; *Battke/ Grünberg*, GmbHR 2006, 225, 227.
308 *Kleindiek* in: Lutter/Hommelhoff, GmbHG, § 38 Rdnr. 7.

nach freiem Ermessen vor, sondern eines, dass an ein festes Tatbestandsmerkmal gebunden ist.[309] Die Überprüfung der Wirksamkeit des Ausschlusses hat nicht auf der Ebene des Gesellschaftsrechts zu erfolgen, sondern auf der vorgeschalteten anderweitigen schuldrechtlichen Ebene.[310] Wurden auf dieser Ebene alle Erfordernisse beachtet, so besteht kein Bedürfnis, die gesellschaftsrechtliche Ebene aufzugreifen, um andere Wertungen herbeizuführen. Denn der Gesellschafter ist durch die Möglichkeit zur Überprüfung der vorgeschalteten Ebene hinreichend geschützt. Letztlich ist es das, was der BGH mit dem Begriff „Annex" bezeichnet.[311] Die Entscheidung des BGH zum Managermodell ist mithin keine Ausnahme zu der grundsätzlichen Sittenwidrigkeit von Hinauskündigungsklauseln.

Dieses Ergebnis wird von der am selben Tag ergangenen Entscheidung des BGH (Az.: II ZR 342/03) gestützt.[312] Dort musste er sich mit der Frage befassen, ob das sogenannte Mitarbeitermodell zulässig ist oder ob es der Rechtsprechung zu Hinauskündigungsklauseln unterfällt. Beim Mitarbeitermodell wird ein verdienter Mitarbeiter, oft in einer führenden Position, als Minderheitsgesellschafter aufgenommen, um ihm die Möglichkeit einzuräumen, an Gewinnen der Gesellschaft teilzuhaben und ihn auf diese Weise langfristig an das Unternehmen zu binden. Den Mehrheitsgesellschaftern ist daran gelegen, dass, falls der Arbeitsvertrag endet, die Geschäftsanteile zurückverlangt werden können und der Minderheitsgesellschafter damit wieder aus der Gesellschaft ausscheidet. Die rechtliche Vertragsgestaltung sieht meist so aus, dass, sobald der Arbeitsvertrag endet, die Verpflichtung eintritt, die Anteile zurück zu übertragen. Daher empfiehlt es sich, die Gesellschaftsanteile unter der auflösenden Bedingung gemäß § 158 Abs. 2 BGB, der Aufrechterhaltung des Arbeitsvertrags, zu übertragen. Als Gegenleistung wird der Betrag geschuldet, den der Gesellschafter selber für den Geschäftsanteil gezahlt hat. So auch in dem hier vorliegendem Urteil. Der Kläger verlangte von der Beklagten die Rückabtretung der Geschäftsanteile.

Die Klage hatte in beiden Vorinstanzen Erfolg.[313] Auch der BGH erachtete die Vertragsgestaltung für wirksam.[314] Anders als beim Managermodell betrachtet er

---

309 Ähnlich *Kästle/Heuterkes*, NZG 2005, 289, 292, die Leaver-Klauseln nicht als Hinauskündigungsklauseln ansehen, weil ein sachlicher Grund in der Verknüpfung der Rückgabeverpflichtung mit der Beendigung des Amtes oder des Anstellungsverhältnisses liegt.

310 So auch *Bütter/Tonner*, MDR 2006, 61, 63, 64, die jedoch anscheinend dennoch eine freie Hinauskündigungsklauseln annehmen.

311 BGH, ZIP 2005, 706, 707 f.; BGH, Der Konzern 2006, 189, 191 = NJW 2005, 3641, 3643.

312 BGH, Der Konzern 2006, 192 ff. = NJW 2005, 3644 ff.

313 BGH, Der Konzern 2006, 192, 193 = NJW 2005, 3644.

314 BGH, Der Konzern 2006, 192, 193 = NJW 2005, 3644; wofür bereits zuvor *Bütter/Tonner*, BB 2003, 2417, 2419, 2423 plädierten; *dies.*, MDR 2006, 61, 63; *Lieder*, DZWIR 2006, 63, 65.

das Mitarbeitermodell nicht als ein Hinauskündigungsrecht nach freiem Ermessen, denn der Verlust der Gesellschafterstellung ist an den Arbeitsplatz gekoppelt und dieser kann nur unter den einzuhaltenden Kündigungsregelungen des bürgerlichen Rechts und des Arbeitsrechts entfallen.[315]

Es liegt auch kein Verstoß gegen den Gleichbehandlungsgrundsatz durch die Vertragsgestaltung vor, denn die Ungleichbehandlung ist sachlich gerechtfertigt.[316]

Auch kann keine Nichtigkeit der gesellschaftsvertraglichen Abrede im Hinblick auf die §§ 134, 622 Abs. 6 BGB angenommen werden, denn es handelt sich nicht um eine unzulässige Kündigungsbeschränkung.[317] Die Kündigung des Arbeitnehmers führt zur Beendigung der Gesellschafterstellung und damit erschöpft sich auch die Möglichkeit, an Gewinnen zu partizipieren. Diese ungünstige Reflexwirkung der Kündigung, die gerade beabsichtigt ist, um den Mitarbeiten an das Unternehmen zu binden, kann nicht beanstandet werden.[318]

#### *m) BGH Urteil vom 19. März 2007 – II ZR 300/05*

Eine weitere Liberalisierung vollzog sich mit dem Urteil des BGH vom 19. März 2007 – II ZR 300/05.[319] In dem zugrundeliegenden Sachverhalt führte der Erblasser zunächst ein einzelkaufmännisches Unternehmen. In seinem Testament setzte er seine Frau als Vorerbin und seine beiden Kinder zu gleichen Teilen als Nacherben ein. Der weiteren testamentarischen Verfügung folgend, schlossen die Vorerbin und die Nacherben im Dezember 1964 einen Kommanditgesellschaftsvertrag, wobei die ordentliche Kündigung der Gesellschaft bis zum Eintritt der Nacherbschaft ausgeschlossen wurde. Komplementäre der Gesellschaft wurden die Vorerbin und der Sohn des Erblassers. Die Tochter wurde Kommanditistin. Am 7. Juli 1990 verstarb die Vorerbin, womit die Nacherbfolge eintrat. In Übereinstimmung mit der für den Eintritt der Nacherbfolge getroffenen testamentarischen Anordnung des Erblassers schloss § 5 des Gesellschaftsvertrags die Kündigung der Kommanditgesellschaft für die Dauer von zehn Jahren ab dem Tod der Vorerbin aus. Danach konnte die Gesellschaft mit einer Frist von einem Jahr auf den Schluss eines Kalenderjahres gekündigt werden, was die Folge haben sollte, dass der Sohn die Gesellschaft allein fortführt und die Tochter aus der Gesellschaft ausscheidet. Fristgerecht, mit Schreiben vom 14./15. Dezember 2000, kündigte

---

315 BGH, Der Konzern 2006, 192, 193 f. = NJW 2005, 3644, 3645.
316 BGH, Der Konzern 2006, 192, 194 = NJW 2005, 3644, 3645.
317 BGH, Der Konzern 2006, 192, 194 = NJW 2005, 3644, 3645.
318 BGH, Der Konzern 2006, 192, 194 = NJW 2005, 3644, 3646.
319 BGH, ZEV 2007, 340 ff. = NZG 2007, 422 f.

der Sohn, gestützt auf § 5 des Gesellschaftsvertrags, den Erben seiner im Jahr 2000 verstorbenen Schwester mit Wirkung zum 31. Dezember 2001.

Die Vorinstanzen hielten die Kündigung für unwirksam. Das Oberlandesgericht stützte dies auf das Hinauskündigungsverbot.[320]

Der BGH erkennt zwar die Wirksamkeit von freien Ausschlussrechten weiterhin nicht an, da die vom Ausschluss bedrohten Gesellschafter keine Rücksichten bei der Ausübung ihrer Rechte und Pflichten auf die berechtigten Gesellschafter nehmen sollen.[321] Doch erblickte er in der vorliegenden Vertragsgestaltung einen sachlich rechtfertigenden Grund.[322] Der Erblasser wollte das Unternehmen seinem Sohn anvertrauen und der Tochter nur eine zeitlich beschränkte kapitalmäßige Beteiligung zukommen lassen. Dies hätte er auch durch die Anordnung erreichen können, dass die Gesellschaft nach dem Versterben seiner Frau oder zu einem anderen Zeitpunkt aufgelöst wird, mit der Folge, dass sein Sohn das Unternehmen fortführt oder aber dadurch, dass er seine Tochter vollständig von der Nachfolge ins Unternehmen ausschließt.[323] Dieses freie Kündigungsrecht ist nach Ansicht des BGH von der Testierfreiheit des Erblassers gedeckt.[324] Dies ändert jedoch nichts daran, dass weiterhin der bloße Erwerb der Beteiligung durch Erbfolge nicht eine Rechtfertigung für das freie Ausschlussrecht zu bieten vermag, sondern nur dann, wenn das freie Ausschlussrecht gerade auf der testamentarischen Anordnung des Erblassers beruht. Nur dann ist die Gesellschafterstellung bereits mit einem freien Kündigungsrecht belastet.[325]

Der BGH hätte hier nicht eine weitere Ausnahmefallgruppe begründen müssen. Er hätte den Fall auch im Anschluss an das Urteil vom 19. September 1988 – II R 329/87[326] als eine Kündigung, die an ein festes Tatbestandmerkmal anknüpft, ansehen können, denn dort sah der BGH ein freies Ausschlussrecht, das nach dem Tod eines Mitgesellschafters dem Komplementär eingeräumt und wenige Monate später ausgeübt wurde, nicht als ein freies Ausschlussrecht an, sondern als ein an ein Tatbestandsmerkmal gebundenes, weil über den Ausschluss inner-

---

320 BGH, Urt. v. 19.3.2007 – II ZR 300/05, Rdnr. 6 = ZEV 2007, 340 = NZG 2007, 422.

321 BGH, Urt. v. 19.3.2007 – II ZR 300/05, Rdnr. 9 = ZEV 2007, 340, 341 = NZG 2007, 422.

322 BGH, Urt. v. 19.3.2007 – II ZR 300/05, Rdnr. 10 = ZEV 2007, 340, 341 = NZG 2007, 422 f.; zustimmend *Langenfeld*, ZEV 2007, 342, 343; *Kleinert/Schwarz*, GmbHR 2007, 646 f.

323 BGH, Urt. v. 19.3.2007 – II ZR 300/05, Rdnr. 11 f. = ZEV 2007, 340, 341 = NZG 2007, 422 f.

324 BGH, Urt. v. 19.3.2007 – II ZR 300/05, Rdnr. 12 = ZEV 2007, 340, 341 = NZG 2007, 422, 423.

325 BGH, Urt. v. 19.3.2007 – II ZR 300/05, Rdnr. 13 = ZEV 2007, 340, 341 = NZG 2007, 422, 423.

326 BGHZ 105, 213, 217 ff.

halb eines begrenzten Zeitraums Klarheit geschaffen wurde und damit das Recht nicht als Druckmittel eingesetzt werden konnte. Auch in dem hier vorliegenden Fall übte der Sohn des Erblassers sein Kündigungsrecht wenige Monate nach der Entstehung aus.

Nunmehr wird wohl ein geschenkter Gesellschaftsanteil auch jederzeit entzogen werden können.[327] Schließlich kann man auf diese Konstellation die Argumente des BGH entsprechend anwenden. In einem solchen Fall ist die geschwächte Gesellschafterstellung dem Umstand geschuldet, dass der neue Gesellschafter den Anteil unentgeltlich durch Schenkung erworben hat und die vertragliche Vereinbarung des freien Widerrufsvorbehalts des Schenkers oder der freien Kündigung zugunsten der Mitgesellschafter Ausdruck des Verfügungsrechts über das Eigentum darstellt. Auch bei der Schenkung unter Widerrufsvorbehalt ist die Gesellschafterstellung von Anfang an mit dem freien Entzugsrecht belastet. Zudem hätte der Schenker die Schenkung auch unterlassen können.

Im Anschluss an die Entscheidung des BGH vom 2. Juli 1990 – II ZR 243/89[328] entbrannte in der Literatur Streit darüber, ob die Anteilsschenkung unter Widerrufsvorbehalt zulässig sei. Dort stellte der Senat fest, dass keine gesellschaftsrechtlichen Grundsätze der Anwendung der §§ 530 ff. BGB auf die Zuwendung von Gesellschaftsanteilen entgegen stünden. Zwischen den Rechtsbeziehungen aus dem Schenkungsvertrag und dem Rechtsverhältnis der Gesellschafter untereinander sei zu unterscheiden. Diese rechtlichen Beziehungen könnten nebeneinander bestehen.

Auch die Erlangung einer Gesellschafterstellung kann als causa einen Schenkungsvertrag haben, denn Gegenstand einer Schenkung kann jeder Vermögenswert sein.[329] Zur Durchführung der Schenkung bieten sich verschiedene Möglichkeiten an. Sind die Gesellschaftsanteile übertragbar, so kann ihr Transfer auf der Grundlage eines Schenkungsvertrags erfolgen. Außerdem ist es möglich, den Gesellschaftsanteil neu zu schaffen, indem der Schenker eine Umbuchung des Kapitalkontos zugunsten des Beschenkten vornimmt. Für den Fall, dass jemand die Stellung eines persönlich haftenden Gesellschafters zugewandt erhält, lehnt die Rechtsprechung des BGH das Merkmal der unentgeltlichen Zuwendung ab, da der neu eintretende Gesellschafter die persönliche Haftung sowie die Beteiligung an Verlusten übernimmt und im Regelfall zum Einsatz seiner vollen Arbeitskraft verpflichtet ist.[330] Im Schenkungsrecht ist anerkannt, dass ein Widerruf der Schenkung nicht nur bei dem Vorliegen der Voraussetzungen des § 530 BGB erfolgen

327 So auch *Verse*, DStR 2007, 1822, 1824.
328 BGHZ 112, 40, 46 ff.
329 MüKo-BGB-*Koch*, § 516 Rdnr. 11, 90.
330 BGH WM, 1959, 719, 720; WM 1965, 359; WM 1977, 862, 864; offen gelassen in BGHZ 112, 40, 44; **a. A.** MüKo-BGB-*Koch*, § 516 Rdnr. 91; *Ulmer* in: Staub GK HGB, § 105 Rdnr. 176.

kann, sondern dass der Vollzug der Schenkung generell unter dem Vorbehalt eines Widerrufsrechts möglich ist.[331]

Ein Teil des Schrifttums ist der Ansicht, dass die Schenkung unter Widerrufsvorbehalt auch bei Gesellschaftsanteilen zulässig ist, wobei sich zwei verschiedene Begründungsstränge herausgebildet haben. Ein Teil beruft sich auf das Trennungsprinzip:[332] wenn Schenkungsrecht und das Gesellschaftsrecht nebeneinander stünden, könnte das Gesellschaftsrecht nicht verhindern, was das Schenkungsrecht erlaubt. Der andere Teil bemüht sich um eine einheitliche Betrachtung von Schenkungswiderruf und Hinauskündigungsklausel, da diese funktional vergleichbar seien und betrachtet den freien Widerrufsvorbehalt als eine sachliche Rechtfertigung zum freien Hinauskündigungsrecht, denn niemand muss etwas schenken; tut er es dennoch, kann er dies unter Bedingungen und Vorbehalten.[333]

Die Gegenauffassung hält eine Schenkung unter Widerrufsvorbehalt aufgrund der gesellschaftsrechtlichen Wertung für unzulässig.[334] Nach ihr könne der Gefahr der Willkür nur dadurch begegnet werden, dass kein jederzeitiges Ausschlussrecht bestünde. Eine schenkungsweise erworbene Gesellschafterposition sei nicht anders zu behandeln als sonstige Beteiligungen.[335]

Eine differenzierende Ansicht vertritt *Klumpp*.[336] Er unterscheidet nach der Art der Beteiligung. Ein freier Widerruf solle demnach grundsätzlich bei der Schenkung „kapitalistischer" Beteiligung an jüngere Beschenkte, die ihre Lebensplanung noch nicht auf den zugewendeten Gesellschaftsanteil ausgerichtet haben, möglich sein. Ist mit der Zuwendung jedoch die Übernahme persönlicher Haftung und/oder eine Tätigkeitsverpflichtung verbunden und hat der Beschenkte seine Berufs- und Lebensplanung mit dieser gesellschaftsrechtlichen Schenkung verbunden, könnten nur objektive Kriterien die Rückforderung rechtfertigen.

---

331 Palandt-*Weidenkaff*, § 530 Rdnr. 4; Staudinger-*Wimmer-Leonhardt*, § 530 Rdnr. 41; passim Soergel-*Mühl/Teichmann*, BGB, § 516 Rdnr. 44; MüKo-BGB-*Koch*, § 516 Rdnr. 13; *Heinemann*, ZHR 155 (1991), 447, 450; *Kollhosser*, AcP 194 (1994), 231, 237; *Klumpp*, ZEV 1995, 385, 387 f.

332 *K. Schmidt*, BB 1990, 1992, 1996; *ders.*, GesR, § 50 S. 1472; *Jülicher*, ZGR 1996, 82, 102; *Lorz* in: Ebenroth/Boujong/Joost/Strohn, § 140 Rdnr. 62; *Bütter/Tonner*, NZG 2003, 193, 199; Bamberger/Roth-*Timm/Schöne*, § 737 Rdnr. 26; *Blanke*, Diss., Das Recht zur Ausschließung, S. 232 f.

333 *Kollhosser*, AcP 194 (1994), 231, 242; Staudinger-*Wimmer-Leonhardt*, § 531 Rdnr. 10; MüKo-BGB-*Ulmer/Schäfer*, § 737 Rdnr. 22; Soergel-*Hadding/Kießling*, BGB, § 737 Rdnr. 20; *Brandner/Bergmann* in: Hommelhoff, FS für Sigle, S. 335 f.; ähnlich auch *C. Schäfer* in: Staub GK HGB, § 140 Rdnr. 65.

334 *Heinemann*, ZHR 155 (1991), 447, 464 ff.; *Mayer*, ZGR 1995, 93, 105; *Schöne*, Diss., Gesellschafterausschluß bei Personengesellschaften, S. 92; Soergel-*Mühl/Teichmann*, BGB, § 516 Rdnr. 44.

335 *Heinemann*, ZHR 155 (1991), 447, 467.

336 *Klumpp*, ZEV 1995, 385, 390.

Die Schenkung des Gesellschaftsanteils unter Widerrufsvorbehalt ist aber nur dann mit dem Hinauskündigungsrecht nach freiem Ermessen vergleichbar, wenn der Schenker ein Mitgesellschafter ist.[337] Ist er dies nicht, dann gibt es im Verhältnis zwischen Schenker und Beschenktem überhaupt keine gesellschaftliche Ebene, sondern einzig eine schenkungsrechtliche. Daher können die Argument des BGH gegen das freie Ausschlussrecht gar nicht eingreifen und die Abrede beurteilt sich einzig nach schenkungsrechtlichen Grundsätzen. Andernfalls müsste man auch eine Option eines Außenstehenden auf einen Gesellschaftsanteil als Hinauskündigungsklausel betrachten, da es unerheblich ist, um was für eine schuldrechtliche Abrede es sich handelt.

*n) BGH Urteil vom 7. Mai 2007 – II ZR 281/05*

In der Entscheidung des BGH vom 7. Mai 2007 – II ZR 281/05[338] bestätigt und ergänzt er seine bereits zuvor eingeschlagene Linie aus der Laborärzteentscheidung vom 8. März 2004. In der Entscheidung vom 7. Mai 2007 ging es ebenfalls um eine ärztliche Gemeinschaftspraxis in der Form einer Gesellschaft bürgerlichen Rechts. Zwei Ärzte schlossen sich zusammen, wobei einer von ihnen bereits seit 1991 eine Einzelarztpraxis betrieben hatte. Der Gesellschaftsvertrag vom 1. Juli 2000 sah vor, dass die Gesellschaft von jedem der beiden Gesellschafter mit einer Frist von 12 Monaten zum Jahresende gekündigt werden konnte. Weiter war geregelt, dass im Falle der Auflösung der Gesellschaft durch die ordentliche Kündigung dem anderen Gesellschafter das Recht zusteht, das Vermögen der Gemeinschaftspraxis ohne Liquidation mit Aktiven und Passiven gegen Zahlung einer Abfindung an den ausscheidenden Partner zu übernehmen und die Praxis fortzuführen. § 14 Abs. 3 des Gesellschaftsvertrags lautete:

*„Abweichend von den vorstehenden Regelungen steht bei Auflösung der Gesellschaft – gleich aus welchem Grund – das Übernahmerecht bis 31. Dezember 2010 in jedem Fall Herrn Dr. R. (Beklagten) zu, es sei denn, dass der Weiterführung der Praxis durch ihn rechtliche oder tatsächliche Hinderungsgründe entgegenstehen. Dies gilt für den Fall der außerordentlichen Kündigung auch dann, wenn Frau Dr. F. (Klägerin) zur Kündigung berechtigt war."*

Zwischen den Gesellschaftern kam es zu Diskrepanzen. Der Beklagte teilte der Klägerin mit Schreiben vom 10. Februar 2003 mit, dass er entschlossen sei, den Gesellschaftsvertrag zu kündigen, er jedoch hoffe, dass es dazu nicht kommen müsse. Da sich die Parteien nicht einigen konnten, kündigte der Beklagte mit Schreiben vom 12. Dezember 2003 die Gesellschaft zum 31. Dezember 2004 und

337 **A. A.** *Heinemann*, ZHR 155 (1991), 447, 461 f.
338 BGH, NZG 2007, 583 ff.

erklärte unter Berufung auf § 14 Abs. 3 des Gesellschaftsvertrags die Übernahme der Gemeinschaftspraxis.

Der BGH hält freie Ausschließungsklauseln nach wie vor für sittenwidrig.[339] Bei freiberuflichen Zusammenschlüssen, insbesondere bei Ärzten, wegen den öffentlich-rechtlichen Beschränkungen, erblickt er jedoch eine sachliche Rechtfertigung in dem Umstand, dass die aufnehmenden Gesellschafter ein Interesse daran haben, zu überprüfen, ob sie zu dem neuen Gesellschafter das notwendige Vertrauen aufbauen können und ob sie mit ihm harmonisieren.[340] Neu ist die Entscheidung des BGH, dass die Höchstfrist für diese Prüfung drei Jahre beträgt.[341] Die in § 14 Abs. 3 des Gesellschaftsvertrags vereinbarte Prüfungszeit von zehn Jahren hielt der BGH daher für unangemessen lang und wegen Sittenwidrigkeit für nichtig.[342] Dies führte jedoch nicht zum Wegfall der Regelung, sondern zur geltungserhaltenden Reduktion auf die zulässige Höchstgrenze.[343] Auf den Fall bezogen bedeutete dies, dass die Kündigung und Übernahme der Gesellschaft durch den Beklagten wirksam war, obwohl die Kündigung nach mehr als drei Jahren erfolgte, denn der Beklagte stellte die Kündigung der Gesellschaft innerhalb der zulässigen Frist unmissverständlich in Aussicht, wenn keine gütliche Einigung erfolgt. Daher konnte sich die Klägerin nach Treu und Glauben nicht auf die Fristversäumung berufen.[344]

### *3. Zusammenfassung*

Zusammenfassend lässt sich feststellen, dass die höchstrichterliche Rechtsprechung bis ins Jahr 1973 Hinauskündigungsklausel nach freiem Ermessen grundsätzlich als zulässig erachtet hat. Das Reichsgericht beurteilte zunächst nicht die Wirksamkeit solcher Hinauskündigungsklauseln, da es den Ausschluss eines Gesellschafters durch einen Beschluss der übrigen Gesellschafter anstelle einer Gestaltungsklage nicht für zulässig erachtete.[345] Mit dem Urteil des Reichsgerichts vom 23.3.1938[346] trat daher zwar keine Rechtsprechungsänderung im Bezug auf die Hinauskündigungsklauseln nach freiem Ermessen ein, doch wurde dort explizit deren Wirksamkeit bejaht. Auch entschied das Reichsgericht, dass der Ausschluss

339 BGH, Urt. v. 7.5.2007 – II ZR 281/05, Rdnr. 18 = NZG 2007, 583, 584.
340 BGH, Urt. v. 7.5.2007 – II ZR 281/05, Rdnr. 21 = NZG 2007, 583, 585.
341 BGH, Urt. v. 7.5.2007 – II ZR 281/05, Rdnr. 24 = NZG 2007, 583, 585.
342 BGH, Urt. v. 7.5.2007 – II ZR 281/05, Rdnr. 23 = NZG 2007, 583, 585.
343 BGH, Urt. v. 7.5.2007 – II ZR 281/05, Rdnr. 24 = NZG 2007, 583, 585.
344 BGH, Urt. v. 7.5.2007 – II ZR 281/05, Rdnr. 37 ff. = NZG 2007, 583, 586.
345 RGZ 38, 119 ff.
346 RG, ZAkDR 1938, 818 f.

nicht nur durch richterliche Entscheidung, sondern auch durch einen Beschluss der übrigen Gesellschafter herbeigeführt werden kann.

Der BGH setzte diese Rechtsprechung zunächst fort,[347] wobei sich die Judikate nicht nur auf Kommanditisten bezogen, die ihre Stellung unentgeltlich erlangt haben,[348] sondern auch auf Gesellschafter, die ihren Gesellschaftsanteil selbst aufgebracht haben.[349] Doch betrafen die Urteile nur Kommanditisten und GmbH-Gesellschafter, nie aber persönlich haftende Gesellschafter.

Dass sich jedoch die Rechtsprechung auch auf persönlich haftende Gesellschafter erstreckt hätte, kann man aus dem Ausspruch des BGH folgern, dass sich die Urteile bislang zwar nur auf Kommanditisten bezogen haben, die ihre Stellung unentgeltlich erlangten, dies aber nicht als Einschränkung zu verstehen sei.[350] Auch sei ein Ausschlussrecht nach freiem Ermessen bei grundsätzlich gleichberechtigten Gesellschaftern möglich, bei denen im Zeitpunkt des Vertragsschlusses noch ungewiss sei, wen eine spätere Ausschließung treffen werde.[351] Allerdings folgt daraus zugleich eine Einschränkung. Bei persönlich haftenden Gesellschaftern muss es gewährleistet sein, dass jeder von ihnen vom freien Ausschlussrecht betroffen werden kann und nicht nur Einzelne.

Das Urteil vom 20. Januar 1977[352] führte zur Aufgabe der bisherigen Rechtsprechung. Zunächst wurden Hinauskündigungsklauseln nach freiem Ermessen als „rechtlich bedenklich" angesehen.[353] In folgenden Entscheidungen wurde die Aussage verschärft. Seitdem werden gesellschaftsvertragliche Regelungen, die einem Gesellschafter, einer Gruppe von Gesellschaftern oder der Gesellschaftermehrheit das Recht einräumen, Mitgesellschafter nach freiem Ermessen auszuschließen, grundsätzlich als nichtig betrachtet, es sei denn, dass außergewöhnliche Umstände dies sachlich rechtfertigen.[354] In der Entscheidung BGHZ 81, 263 f. wurde die Nichtigkeit noch damit begründet, dass Hinauskündigungsklauseln gegen die Grundprinzipien des Gesellschaftsrechts verstoßen. In der Entscheidung

---

347 BGHZ 34, 80 ff.; BGH, WM 1962, 462 ff.; BGH, WM 1967, 950; BGH, BB 1968, 480 f. = WM 1968, 532 ff.; BGH, BB 1973, 957 f.

348 So aber in BGHZ 34, 80 ff.; BGH, WM 1962, 462 ff.; BGH, BB 1968, 480 f. = WM 1968, 532 ff.

349 BGH, NJW 1973, 1606 = BGH, BB 1973, 957, 958; BGH, WM 1967, 950.

350 BGH, NJW 1973, 1606 = BGH, BB 1973, 957, 958.

351 BGH, NJW 1973, 1606 = BGH, BB 1973, 957, 958.

352 BGHZ 68, 212 ff.

353 BGHZ 68, 212, 215.

354 BGHZ 81, 263 f.; 105, 213, 215; 107, 351; 112, 103; 125, 74, 79; BGH, NJW 1985, 2421, 2422; BGH, ZIP 2004, 903, 904; BGH, ZIP 2005, 706, 707; BGH, NJW 2005, 3641 = Der Konzern 2006, 189; BGH, NJW 2005, 3644 = Der Konzern 2006, 192; BGH, Urt. v. 19.3.2007 – II ZR 300/05, Rdnr. 9 = ZEV 2007, 340, 341 = NZG 2007, 422.

des BGH vom 25. März 1985 – II ZR 240/84[355] leitete er die Nichtigkeit aus dem Verstoß gegen die Grundprinzipien des Gesellschaftsrechts und obendrein gegen § 138 Abs. 1 BGB her, ab der Entscheidung BGHZ 105, 213 ff. dann schließlich nur noch aus § 138 Abs. 1 BGB.[356] Da der BGH jedoch nicht seine Argumentation änderte, ist anzunehmen, dass er nur die dogmatische Grundlage seiner Rechtsprechung modifizierte, indem er die „Grundprinzipien des Gesellschaftsrechts" in § 138 Abs. 1 BGB inkorporierte.

Ebenfalls der Rechtsprechung zur freien Hinauskündigung unterfallen schuldrechtliche Abreden, die neben dem Gesellschaftsvertrag bestehen und zum selben Ergebnis führen.[357]

Bei Publikumskommanditgesellschaften verstoßen Optionsklauseln nach freiem Ermessen bereits gegen § 242 BGB, weil sie die Verbindung zwischen Chancen und Risiken der Beteiligung einseitig lösen.[358]

### *4. Ausnahmefallgruppen*

Der Grundsatz der Sittenwidrigkeit gilt ausnahmsweise nicht, wenn die Klausel wegen besonderer Umstände sachlich gerechtfertigt ist. Dabei hat der BGH in seiner Rechtsprechung stets betont, dass eine abschließende Aufzählung von sachlich rechtfertigenden Gründen für eine Hinauskündigung nicht möglich sei.[359] Jedoch hat der BGH in seinen Urteilen einerseits Fallgruppen herausgearbeitet, in denen seiner Auffassung nach eine Durchbrechung von der grundsätzlichen Nichtigkeit gerechtfertigt erscheint, andererseits aber auch Konstellationen als sachliche Rechtfertigung ausgeschlossen.[360]

Nach Ansicht des BGH handelt es sich bei der beabsichtigten Rück- und Zusammenführung von Gesellschaftskapital und Geschäftsführung,[361] beim bloßen Erwerb des Gesellschaftsanteils durch Erbfolge[362] und dem Interesse der Gründer-Gesellschafter, die Alleinherrschaft an der von ihnen initiierten Gesellschaft zu

355 BGH, NJW 1985, 2421 ff.

356 So auch *Behr*, ZGR 1990, 370, 371; *Schockenhoff*, ZIP 2005, 1009, 1012; *Goette*, DStR 2006, 139, 143.

357 BGHZ 112, 103, 107 (unbefristetes Kaufangebot eines Geschäftsanteils); BGH, NJW 2005, 3641, 3642 = Der Konzern 2006, 189, 190.

358 BGHZ 84, 11, 15; 104, 50 ff.

359 BGHZ 81, 263, 269; 105, 213, 217; 112, 103, 108.

360 Vgl. zur Fallgruppenbildung auch *Nassall*, NZG 2008, 851 ff.

361 BGHZ 81, 263, 269 f.

362 BGHZ 81, 263, 270; BGH, Urt. v. 19.3.2007 – II ZR 300/05, Rdnr. 13 = ZEV 2007, 340, 341 = NZG 2007, 422, 423; **a. A.** MüKo-BGB-*Ulmer/Schäfer*, § 737 Rdnr. 20.

erlangen,[363] nicht um besondere Umstände, die eine Hinauskündigungsklausel rechtfertigen können. Ob der Erwerb durch Schenkung einen sachlich rechtfertigenden Grund darstellt, hat der BGH in der Entscheidung vom 9. Juli 1990 offen gelassen, da es nicht entscheidungserheblich war.[364] Zwar sieht der BGH den bloßen Umstand, dass ein Gesellschafter den Anteil durch Schenkung erhalten hat, nicht als Rechtfertigung für eine Abfindungsbeschränkung an, weil dieser aufgrund der Schenkung kein Gesellschafter „zweiter Klasse“ sei,[365] doch müsste der BGH infolge seines Urteils vom 19. März 2007 – II ZR 300/05[366] auch einen sachlich rechtfertigenden Grund darin erblicken,[367] dass eine Gesellschafterstellung unter Schenkungswiderruf eingeräumt wurde.[368]

Folgende Fallgruppen haben sich durch die Rechtsprechung des BGH herausgebildet:

*a) Machtstellung beruht nicht auf entsprechendem Kapitaleinsatz*

Ein freies Ausschlussrecht hat der BGH in dem Fall für wirksam erachtet, als die dem Gesellschafter eingeräumte Machtstellung nicht auf entsprechendem eigenem Kapitaleinsatz beruhte, sondern der ausschließungsberechtigte Gesellschafter aufgrund enger persönlicher Beziehung zum Mitgesellschafter die volle Finanzierung der Gesellschaft übernommen und dem Mitgesellschafter eine Mehrheitsbeteiligung sowie die Geschäftsführung eingeräumt hat und das Vertrauensverhältnis entfallen ist.[369]

*b) Erprobung eines Gesellschafters*

Eine weitere Ausnahme sieht der BGH bei der Aufnahme eines neuen Partners in eine schon seit längerer Zeit bestehende Gesellschaft aus Freiberuflern, insbesondere von Ärzten, da dort zeitliche Beschränkung für die Tätigkeit von angestell-

363 BGHZ 84, 11, 16.
364 BGHZ 112, 103, 109.
365 BGH, Der Konzern 2006, 192, 195.
366 BGH, ZEV 2007, 340 ff. = NZG 2007, 422 f.
367 Teile der Literatur sprechen sich dafür aus. So MüKo-BGB-*Ulmer/Schäfer*, § 737 Rdnr. 20 f.; *C. Schäfer* in: Staub GK HGB, § 140 Rdnr. 63 a; *Huber*, ZGR 1980, 177, 201; *Eiselt* in: Harder/Thielmann, FS v. Lübtow, S. 634, 656; **a. A.** *Schöne*, Diss., Gesellschafterausschluß bei Personengesellschaften, S. 88; *Heinemann*, ZHR 155 (1991), 447, 467; MüKo-HGB-*K. Schmidt*, § 140 Rdnr. 102.
368 Vgl. dazu. B. II. 2. m).
369 BGHZ 112, 103, 109 f.

ten Ärzten bestehen.[370] In diesem Fällen besteht das Bedürfnis, zu überprüfen, ob das notwendige Vertrauensverhältnis aufgebaut werden kann und ob die ethischen Berufsauffassungen übereinstimmen.[371] Die zulässige Höchstfrist für die Erprobungsphase beträgt drei Jahre. Sollte im Vertrag eine längere Frist vereinbart sein, ist diese wegen Sittenwidrigkeit nichtig. Dies führt aber nicht zum Wegfall der Regelung, sondern im Wege der geltungserhaltenden Reduktion wird die Frist auf das noch zulässige Maß reduziert.[372]

*c) Gesellschafterposition als Annex*

In einer Reihe von Urteilen hat der BGH eine Durchbrechung seiner Rechtsprechung angenommen, wenn die Gesellschafterposition mit einem außerhalb des Gesellschaftsvertrags liegenden anderweitigen Vertragsverhältnis in einem derartigen Zusammenhang steht, dass die Gesellschafterposition nur wegen und aufgrund des anderen Vertragsverhältnisses gewährt wurde und daher entziehbar sein soll, wenn das anderweitige Vertragsverhältnis endet. Bei einer solchen Konstruktion ist die Beteiligung nur ein Annex zum anderen Vertragsverhältnis.[373]

Es handelt sich hierbei nicht um eine Ausnahmefallgruppe zur Hinauskündigungsrechtsprechung. Wie bereits oben dargelegt (B. II. 2. k), liegt kein freies Hinauskündigungsrecht vor, sondern eines, das an sachliche Gründe gebunden ist.

*d) Ererbte belastete Gesellschafterstellung*

Eine weitere sachliche Rechtfertigung stellt der Umstand dar, dass aufgrund einer testamentarischen Anordnung eine bereits mit einem freien Kündigungsrecht belastete Gesellschafterstellung zugewandt wurde. Das freie Ausschlussrecht beruht in diesem Fall auf der Testierfreiheit des Erblassers.[374]

---

370 BGH, ZIP 2004, 903, 905; BGH, Urt. v. 7.5.2007 – II ZR 281/05, Rdnr. 21 = NZG 2007, 583, 585.

371 BGH, ZIP 2004, 903, 905; BGH, Urt. v. 7.5.2007 – II ZR 281/05, Rdnr. 21 = NZG 2007, 583, 585.

372 BGH, Urt. v. 7.5.2007 – II ZR 281/05, Rdnr. 24 = NZG 2007, 583, 585.

373 BGH, ZIP 2005, 706, 707 f.; BGH, Der Konzern 2006, 189, 191 = NJW 2005, 3641, 3643; ähnlich auch BGH, Der Konzern 2006, 192, 193 = NJW 2005, 3644, 3645 nur dass dort kein Hinauskündigungsrecht nach freiem Ermessen vorlag.

374 BGH, Urt. v. 19.3.2007 – II ZR 300/05 = ZEV 2007, 340 ff. = NZG 2007, 422 f.

## III. Folgerungen

Der BGH differenziert zwischen Kündigungen aus wichtigem, aus sachlichem und ohne Grund (freies Ermessen). Hinauskündigungen aus wichtigem Grund sind prinzipiell zulässig, wohingegen Hinauskündigungsklauseln nach freiem Ermessen grundsätzlich wegen Sittenwidrigkeit nichtig sind. Wie sich anhand der Ausnahmefallgruppen zum freien Ausschlussrecht zeigt, muss der sachlich rechtfertigende Grund bereits bei der Vertragsgestaltung vorhanden und nicht erst bei der Ausübung des Rechts, also nachträglich, entstanden sein.

Ebenfalls grundsätzlich zulässig sind Hinauskündigungen aus sachlichen Gründen. Die Kündigung aus sachlichen Gründen ist nicht zu verwechseln mit der sachlichen Rechtfertigung eines freien Ausschlussrechts. Welche Anforderungen an eine Kündigung aus sachlichen Gründen zu stellen sind, kann man aus der Rechtsprechung des BGH zum freien Ausschlussrecht entnehmen. Die jederzeitige Möglichkeit zur Ausübung des freien Ausschlussrechts führt nach Auffassung des BGH dazu – und dies soll das eigentlich Anstößige sein –, dass es von den berechtigten Gesellschaftern willkürlich ausgeübt und als Machtinstrument eingesetzt werden kann.[375]

Es bedarf daher mehr als nur der Beschlussfassung über den Ausschluss. Die Vereinbarung eines festen Tatbestandsmerkmals im Gesellschaftsvertrag ist notwendig; dieses muss erfüllt werden[376] und bestimmt genug sein[377] und darf seinerseits nicht gegen die guten Sitten verstoßen.[378]

Beispielsweise werden folgende sachliche Gründe akzeptiert: Pfändung eines Geschäftsanteils,[379] die Gesellschafterinsolvenz,[380] die Vererbung des Anteils an familienfremde Personen bei einer Familiengesellschaft[381] oder an andere Perso-

375 BGHZ 105, 213, 218 f.

376 MünchHdb. GesR I-*Piehler/Schulte*, § 10 Rdnr. 53; MüKo-BGB-*Ulmer/Schäfer*, § 737 Rdnr. 20; *Grunewald*, GesR, S. 71 Rdnr. 138; *Wiedemann*, GesR II, § 5 S. 397; *C. Schäfer* in: Staub GK HGB, § 131 Rdnr. 99.

377 MüKo-HGB-*K. Schmidt*, § 131 Rdnr. 86; C. *Schäfer* in: Staub GK HGB, § 131 Rdnr. 99.

378 MüKo-HGB-*K. Schmidt*, § 131 Rdnr. 87; MünchHdb. GesR-I-*Piehler/Schulte*, § 74 Rdnr. 69; MüKo-BGB-*Ulmer/Schäfer*, § 737 Rdnr. 20.

379 BGHZ 65, 22, 24; Michalski-*Sosnitza*, GmbHG, § 34 Rdnr. 35; *Rowedder/Bergmann* in: Rowedder/Schmidt-Leithoff, GmbHG, § 34 Rdnr. 31; *Lutter* in: Lutter/Hommelhoff, GmbHG, § 34 Rdnr. 25.

380 OLG Frankfurt/Main, NZG 1998, 595, 596 f.; Michalski-*Sosnitza*, GmbHG, § 34 Rdnr. 35; *Rowedder/Bergmann* in: Rowedder/Schmidt-Leithoff, GmbHG, § 34 Rdnr. 31; *Lutter* in: Lutter/Hommelhoff, GmbHG, § 34 Rdnr. 25.

381 BGH, GmbHR 1977, 81 f.; Michalski-*Sosnitza*, GmbHG, § 34 Rdnr. 35; *Rowedder/Bergmann* in: Rowedder/Schmidt-Leithoff, GmbHG, § 34 Rdnr. 31.

nen als im Gesellschaftsvertrag vorgesehen,[382] der Verlust bestimmter Eigenschaften des Gesellschafters wie der deutschen Staatsangehörigkeit, der Zulassung als Anwalt, Wirtschaftsprüfer oder Arzt,[383] die Niederlegung der Geschäftsführung oder Beendigung der Mitarbeit,[384] das Ausscheiden als Kommanditist bei der GmbH & Co. KG,[385] der Verstoß gegen ein Wettbewerbsverbot,[386] das Erreichen einer Altersgrenze,[387] die Absicht der Kündigung der Gesellschaft sowie die Anteilsveräußerung.[388] Auch Senilität, im Einzelfall auch Krankheit (einschließlich Alkoholabhängigkeit und Spielsucht) bilden einen sachlichen Grund.[389]

Auch allgemeine Umschreibungen können genügen,[390] wenn wegen der Vielgestaltigkeit der in Betracht kommenden Handlungen eine nähere Konkretisierung nicht möglich ist. Dazu gehören Formulierungen wie „schwerwiegende Pflichtverletzung", „gröblichster Verstoß gegen bestehende Interessen der Gesellschaft", „Unzumutbarkeit der weiteren Zusammenarbeit",[391] wobei diese Beschreibungen schon deutlich in die Richtung eines wichtigen Grundes gehen.

382 Michalski-*Sosnitza*, GmbHG, § 34 Rdnr. 35; *Rowedder/Bergmann* in: Rowedder/Schmidt-Leithoff, GmbHG, § 34 Rdnr. 31.

383 Michalski-*Sosnitza*, GmbHG, § 34 Rdnr. 35; *Rowedder/Bergmann* in: Rowedder/Schmidt-Leithoff, GmbHG, § 34 Rdnr. 31; *Baumbach/Hopt*, HGB, § 140 Rdnr. 30; *Lutter* in: Lutter/Hommelhoff, GmbHG, § 34 Rdnr. 25; *K. Schmidt*, GesR, § 50 S. 1459; *Wiedemann*, GesR II, § 5 S. 397; MüKo-HGB-*K. Schmidt*, § 131 Rdnr. 86; MünchHdb. GesR I-*Piehler/Schulte*, § 74 Rdnr. 30.

384 BGH, NJW 1983, 2880, 2881; Michalski-*Sosnitza*, GmbHG, § 34 Rdnr. 35; *Rowedder/Bergmann* in: Rowedder/Schmidt-Leithoff, GmbHG, § 34 Rdnr. 31; *Baumbach/Hopt*, HGB, § 140 Rdnr. 30; *Lutter* in: Lutter/Hommelhoff, GmbHG, § 34 Rdnr. 25; MüKo-HGB-*K. Schmidt*, § 131 Rdnr. 86; *Baumbach/Hopt*, HGB, § 140 Rdnr. 30.

385 Michalski-*Sosnitza*, GmbHG, § 34 Rdnr. 35.

386 BGH, DStR 1993, 1266, 1267; Michalski-*Sosnitza*, GmbHG, § 34 Rdnr. 35; Roth/Altmeppen-*Altmeppen*, GmbHG, § 34 Rdnr. 35; *Rowedder/Bergmann* in: Rowedder/Schmidt-Leithoff, GmbHG, § 34 Rdnr. 31; *Lutter* in: Lutter/Hommelhoff, GmbHG, § 34 Rdnr. 25.

387 *Baumbach/Hopt*, HGB, § 140 Rdnr. 30.

388 Michalski-*Sosnitza*, GmbHG, § 34 Rdnr. 35.

389 *Rowedder/Bergmann* in: Rowedder/Schmidt-Leithoff, GmbHG, § 34 Rdnr. 31.

390 Michalski-*Sosnitza*, GmbHG, § 34 Rdnr. 35; Roth/Altmeppen-*Altmeppen*, GmbHG, § 34 Rdnr. 34.

391 Michalski-*Sosnitza*, GmbHG, § 34 Rdnr. 35.

## IV. Meinungsspektrum in der Literatur

Der Großteil der Literatur, insbesondere aus der neueren Zeit, hat sich der Rechtsauffassung und Argumentation des BGH angeschlossen.[392]

Auch *Schöne* sieht freie Ausschlussklauseln als sittenwidrig an. Er begründet dies damit, dass ein solches Recht eine schrankenlose Unterwerfung der Minderheit unter den Willen der Mehrheit hervorruft und zu einer unzulässigen Beeinträchtigung der freien Willensbildung führt. Im Gegensatz zur Rechtsprechung und herrschenden Meinung erkennt er jedoch keine außergewöhnlichen Umstände an, die dieses Urteil revidieren könnten.[393]

Doch es gab, insbesondere in den 70er und 80er Jahren, aber auch heute noch, Stimmen in der Literatur, die sich der Auffassung des BGH nicht angeschlossen haben und Hinauskündigungsklauseln nach freiem Ermessen mehr oder weniger für zulässig erachten. Innerhalb dieses Meinungsspektrums gibt es jedoch verschiedenste Auffassungen darüber, wie weit die Zulässigkeit reichen soll.

Nur ein kleiner Teil der Literatur hält Hinauskündigungsklauseln uneingeschränkt für zulässig. Begründet wird dies von ihnen mit dem Grundsatz der Vertragsfreiheit und dem Argument, dass für eine solche Vertragsklausel durchaus vernünftige Gründe sprächen.[394]

---

392 *Hohner*, GmbHR 1978, 241, 242; *Fischer*, ZGR 1979, 251, 262 f, der rückblickend feststellt, dass der Gestaltungsfreiheit ein zu großer Raum eingeräumt wurde; *Schilling*, ZGR 1979, 419, 422; *Wiedemann*, ZGR 1980, 147, 154; *Kreutz*, ZGR 1983, 109, 116 f., 120; *Behr*, ZGR 1985, 474, 494, 505, der sich der Rspr. anschließt, wenn es sich materiell um eine echte Gesellschafterstellung handelt; *ders.*, ZGR 1990, 370, 377, 389; *Reuter*, JZ 1986, 16, 23; *Hüffer*, ZHR 151 (1987), 396, 406; *Hönn*, JA 1987, 337, 343 f; *Heinemann*, ZHR 155 (1991), 447, 457; i. E. auch *Kesselmeier*, Diss., Ausschließungs- und Nachfolgeregelung, S. 183; i. E. auch *Wolf*, Diss., Hinauskündigung eines Gesellschafters, S. 83 f., nur zieht er die Ausübungskontrolle vor; *Lieder*, DZWIR 2006, 63, 64; *Gehrlein*, Auschluss und Abfindung, Rdnr. 83 f.; *ders.*, NJW 2005, 1969, 1972 f., der jedoch eine freie Hinauskündigungsklausel aufrechterhalten möchte, wenn sachliche Gründe nachgeschoben werden; *Battke/Grünberg*, GmbHR 2006, 225, 230; *C. Schäfer* in: Staub GK HGB, § 140 Rdnr. 62; MüKo-BGB-*Ulmer/Schäfer*, § 737 Rdnr. 19; Bamberger/Roth-*Timm/Schöne*, § 737 Rdnr. 26, 32; *Hueck/Fastrich* in: Baumbach/Hueck, GmbHG, § 34 Rdnr. 9; *Baumbach/Hopt*, HGB, § 140 Rdnr. 30 f.; Hachenburg-*Ulmer*, GmbHG, § 34 Rdnr. 43; MünchHdb. GesR III-*Kort*, § 29 Rdnr. 38; *Rowedder/Bergmann* in: Rowedder/Schmidt-Leithoff, GmbHG, § 34 Rdnr. 31; Scholz-*Westermann*, GmbHG, § 34 Rdnr. 16; Ulmer-*Ulmer*, GmbHG, § 34 Rdnr. 41 f.; Palandt-*Sprau*, § 737 Rdnr. 5; *Lutter* in: Lutter/Hommelhoff, GmbHG, § 34 Rdnr. 27; Soergel-*Hadding/Kießling*, BGB, § 737 Rdnr. 17; Michalski-*Sosnitza*, GmbHG, § 34 Rdnr. 41; *Miesen*, RNotZ 2006, 522, 537.

393 *Schöne*, Diss., Gesellschafterausschluß bei Personengesellschaften, S. 70, 109.

394 *A. Hueck*, OHG, S. 435; *Kübler/Assmann*, GesR, S. 92; *Kübler* in: Hommelhoff, FS für Sigle, S. 196; *Schulte*, Diss., Schrankenproblematik, S. 132 f.; *Esch*, NJW

Ein anderer Teil der Gegenauffassung hält eine Hinauskündigungsklausel nach freiem Ermessen nur dann für sittengemäß, wenn eine volle[395] oder angemessene Abfindung[396] geleistet wird, da dann der Anreiz, einen Mitgesellschafter aus sachfremden Gründen auszuschließen, erheblich beschränkt sei.

Ein weiterer Teil der Gegenauffassung differenziert zwischen bestimmten Gesellschafterkreisen.[397] *Koller* hält Hinauskündigungsklauseln nur bei Kommanditisten, wobei er jedoch solche einer Publikumsgesellschaft ausschließt,[398] für zulässig, nicht aber bei persönlich haftenden Gesellschaftern.[399] Bei Kommanditisten ist eine Hinauskündigung nach freiem Ermessen seiner Ansicht nach zulässig, weil auch leitende Angestellte ohne sozial gerechtfertige Gründe entlassen werden können und Kommanditisten nicht besser geschützt werden dürften als diese.[400] Dies gilt seiner Auffassung nach nicht für Kommanditisten einer Publikumsgesellschaft, da dort keine intensive Vertrauensbeziehung besteht.[401] Komplementäre sind im Vergleich zum Arbeitnehmer erheblich gefährdeter, so dass im Hinblick auf persönlich haftende Gesellschafter der Rechtsfortbildung des BGH nicht entgegengehalten werden könne, sie habe für Gesellschafter im Vergleich zum leitenden Angestellten überhöhte Schutzbarrieren geschaffen.[402]

---

1979, 1390, 1391 f.; *H. P. Westermann*, Typengesetzlichkeit, S. 245 f. (durch Mehrheitsbeschluss).

395 *Grunewald*, Der Ausschluss aus Gesellschaft und Verein, S. 221 f. (jedoch nur bei Gesellschaften mit geringer Anzahl); *dies.*, DStR 2004, 1750, 1751; *Huber*, ZGR 1980, 177, 211; *Bunte*, ZIP 1983, 8, 15; *Hirtz*, BB 1981, 761, 762, 765; *Müller-Laube/Büsching*, JA 1989, 1, 8 f. (grds. nur bei voller Abfindung, Ausn. unentgeltlich erlangte Kommanditistenbeteiligung); *Hennerkes/Binz*, NJW 1983, 73, 76, 79 (bejahen Zulässigkeit nur bei Publikums-KG und vollwertiger Abfindung).

396 *Drinkuth*, NJW 2006, 410, 411; *Mülsch/Penzel*, ZIP 2004, 1987, 1990 grds. zulässig, bei Publikumsgesellschaften aber nur bei angemessener Abfindung.

397 *Cöster*, Diss., Der Ausschluss lästiger Gesellschafter, S. 116, grds. zulässig nur nicht bei Publikumsgesellschaften, dort nur gegenüber der Gesellschaftsspitze; *Weber/Hikel*, NJW 1986, 2752, 2753 f. (nur bei Gesellschafter-Geschäftsführer).

398 *Koller*, DB 1984, 545, 548 Fn. 40.

399 *Koller*, DB 1984, 545, 548, wobei die Textpassage: „Bei persönlich haftenden Gesellschaftern kann der weitergehenden Absicherung gegen die Gefahr einer Willkürherrschaft durch das Verbot des freien Ausschlusses nicht der Vorwurf gemacht werden, sie ignoriere Parallelwertungen auf [aus] anderen Rechtsgebieten.“, aus sich heraus nicht eindeutig ist. Doch führt *Koller* zuvor aus: „In der Tat ist der Komplementär im Vergleich zum Arbeitnehmer insoweit erheblich gefährdeter, so daß in Hinblick auf den Komplementär der Rechtsfortbildung des BGH nicht entgegengehalten werden kann, sie habe im Lichte des Arbeitnehmerschutzes für die Gesellschafter eine überhöhte Schutzbarriere geschaffen.“

400 *Koller*, DB 1984, 545, 547.

401 *Koller*, DB 1984, 545, 548 Fn. 40.

402 *Koller*, DB 1984, 545, 548.

Nach der von *Flume* begründeten Lehre des Gesellschafters minderen Rechts können minderberechtigte Gesellschafter hinausgekündigt werden.[403] Unter einem Gesellschafter minderen Rechts versteht *Flume* eine solche Stellung, die unter Ausschluss der Beteiligung am Liquidationsgewinn erfolgt, also beim Ausscheiden nur eine Abfindung nach der Buchwertklausel ohne Berücksichtigung der stillen Reserven und des Geschäftswerts erhält und bei der die Beendigung der Mitgliedschaft durch Bedingung, Befristung oder Hinauskündigung der vollberechtigten Gesellschafter erfolgen kann.[404] Diese Lehre spricht sich jedoch gegen eine generelle Zulässigkeit eines freien Ausschlussrechts aus.[405] Ein gleichberechtigter Gesellschafter soll nicht durch Mehrheitsbeschluss ohne wichtigen Grund aus der Gesellschaft ausgeschlossen werden können.[406]

*Knöchlein* stützt die Zulässigkeit von Hinauskündigungsklauseln nach freiem Ermessen auf soziologische Argumente sowie auf die Vertragsfreiheit.[407] Er hält die Klausel jedoch nur dann für zulässig, wenn sämtliche Gesellschafter nach freiem Ermessen ausgeschlossen werden können[408] und der Ausschließungsbeschluss einstimmig erfolgt.[409]

Eine weitere Ansicht sieht die reine Existenz einer Hinauskündigungsklausel nicht als einen Verstoß gegen die guten Sitten an.[410] Die Ausübung einer derartigen Klausel ist aber an § 242 BGB zu messen. Nach der Auffassung von *Loritz* wird ein Verstoß gegen Treu und Glauben grundsätzlich nicht bei nur kapitalmäßig beteiligten Gesellschaftern vorliegen, jedoch bei mitarbeitenden Gesellschaftern.[411] Dies begründet er damit, dass mitarbeitende Gesellschafter durch den Ausschluss

---

403 *Flume*, NJW 1979, 902, 903; *ders.*, DB 1986, 629, 633; ihm folgend *Krämer*, NJW 1981, 2553, 2556; Roth/Altmeppen-*Altmeppen*, GmbHG, § 34 Rdnr. 40 f. und § 60 Rdnr. 73; *Eiselt* in: Harder/Thielmann, FS v. Lübtow, S. 656; auch *K. Schmidt*, GesR, § 50 S. 1473 f., der den Gesellschafter minderen Rechts bei solchen Beteiligungen anerkennt, die ohne Zustimmung aller Mitglieder nicht vererblich und nicht übertragbar sind; MüKo-HGB-*K. Schmidt*, § 140 Rdnr. 100, 103; *Partikel*, Diss., Gesellschafter minderen Rechts, S. 119 ff., 217 f.

404 *Flume*, NJW 1979, 902, 903.

405 MüKo-HGB-*K. Schmidt*, § 140 Rdnr. 100.

406 *Flume*, NJW 1979, 902, 903; *ders.*, DB 1986, 629, 635; so auch Roth/Altmeppen-*Altmeppen*, GmbHG, § 34 Rdnr. 42 und § 60 Rdnr. 73, der einen Verstoß gegen den Gleichbehandlungsgrundsatz annimmt.

407 *Knöchlein*, Der Ausschluss des unverträglichen Mitgesellschafters, S. 15 f., 41 f.

408 *Knöchlein*, Der Ausschluss des unverträglichen Mitgesellschafters, S. 45, 65.

409 *Knöchlein*, Der Ausschluss des unverträglichen Mitgesellschafters, S. 49 f., 66.

410 *Loritz*, JZ 1986, 1073, 1081; *Blanke*, Diss., Das Recht zur Ausschließung, S. 156, 159; *Verse*, DStR 2007, 1822, 1826, 1828.

411 *Loritz*, JZ 1986, 1073, 1081.

in ihrer Existenzgrundlage betroffen würden und daher ein Ausschluss nur dann rechtmäßig sei, wenn sachliche Gründe dafür vorhanden wären.[412]

## V. Untersuchung zur Wirksamkeit von Hinauskündigungsklauseln nach freiem Ermessen

### *1. Mögliche Gründe für eine derartige Vereinbarung*

Die möglichen Gründe für die Vereinbarung einer Hinauskündigungsklausel nach freiem Ermessen sind vielfältig und können hier nicht abschließend dargestellt werden.

Eine der Hauptursachen für die Vereinbarung eines freien Ausschlussrechts wird aber wohl darin liegen, dass in einer Gesellschaft, die auf unbestimmte Zeit eingegangen wurde, nicht von vornherein ausgeschlossen werden kann, dass sich das persönliche Verhältnis zwischen den Gesellschaftern, was die Grundlage für eine gedeihliche Zusammenarbeit ist, nicht negativ ändern könnte. Eine solche Situation als ein festes Tatbestandsmerkmal zu definieren, ist nicht möglich. Denn es lässt sich eben nicht kontrollieren, ob sich das persönliche Verhältnis zwischen Gesellschaftern geändert hat, zumal dies oft eine rein subjektive Frage ist.[413] Die Auflösung der Gesellschaft stellt dafür keine befriedigende Lösung dar, wenn sich das Verhältnis nur zwischen einzelnen Gesellschaftern verändert hat und die Übrigen gerne weiter miteinander arbeiten möchten.

Außerdem dient der Ausschluss nach freiem Ermessen auch dazu, einen langjährigen Rechtsstreit über die Wirksamkeit eines Ausschlusses nach sachlichen oder wichtigen Gründen zu vermeiden und somit einen Schwebezustand für beide Parteien zu unterbinden.

Zudem kann bei einem Streit zwischen Gesellschaftern nicht immer zwischen „gut“ und „böse“ unterschieden werden. Häufig trifft beide Seiten ein Teil der Schuld.[414] Daher hat eine Hinauskündigungsklausel nach freiem Ermessen den Vorteil, dass ein Fehlverhalten gar nicht erst überprüft werden muss. Die berechtigten Gesellschafter können ohne großes Beweisrisiko auf persönliche Spannungen und Vertrauenskrisen in der Gesellschaft reagieren.[415]

Ein weiterer möglicher Grund könnte der sein, dass ein betagter Unternehmer seine Nachfolge regeln möchte und dazu alle seine Kinder, obwohl nur eines den Willen und das nötige Talent aufweist, das Unternehmen zu übernehmen, an sei-

412 *Loritz*, JZ 1986, 1073, 1081.
413 Ähnlich auch *Eiselt* in: Harder/Thielmann, FS v. Lübtow, S. 655.
414 *Harrer* in: Coester, FS Sonnenberger, S. 236.
415 *Koller*, DB 1984, 545, 546.

ner Firma beteiligt. Daher soll dasjenige Kind, welches das Unternehmen später leiten soll, die Übrigen dann ausschließen können, wenn es die Geschäftssituation erlaubt.[416]

Endlich kann auch ein Interesse an der Verkleinerung der Gesellschaft bestehen, nämlich dann, wenn die Zahl der Gesellschafter aufgrund von Erbfällen stark angewachsen ist und sie in ihrer Aktionsfähigkeit eingeschränkt ist.[417]

### *2. Ausgangslage*

Die Anordnung der Nichtigkeit von Hinauskündigungsklauseln nach freiem Ermessen wegen eines Verstoßes gegen die guten Sitten nach § 138 Abs. 1 BGB mit der Aussicht, dass die Ausschlussmöglichkeit beim Vorliegen sachlich gerechtfertigter Gründe wirksam ist, ist dogmatisch nicht zu begründen.[418] Die Anordnung der Sittenwidrigkeit bezieht sich nach der Rechtsprechung des BGH auf die Vereinbarung der Klausel an sich. Es handelt sich somit um eine abstrakte Wirksamkeitskontrolle. Die Möglichkeit der sachlichen Rechtfertigung kann sich hingegen nur auf den Einzelfall beziehen. Der BGH vermengt eine abstrakte Wirksamkeitskontrolle mit einer konkreten, am Einzelfall orientierten Gegenkontrolle. Ein Verstoß gegen § 138 Abs. 1 BGB ist immer etwas Absolutes. Das heißt: entweder liegt er vor, dann gibt es keine Ausnahme, oder aber er liegt von Anfang an nicht vor, dann bedarf es keiner Ausnahme, weil gar keine Sittenwidrigkeit vorlag. Daher müssten Hinauskündigungsklauseln entweder immer ohne Ausnahmemöglichkeit nichtig sein, weil sie sittenwidrig sind oder aber zunächst immer wirksam, es sei denn, dass die konkrete Ausübung der Klauseln sittenwidrig ist.

Der BGH kehrt das Verständnis des § 138 Abs. 1 BGB um. Bei § 138 Abs. 1 BGB handelt es sich um eine Ausnahmevorschrift, die nur in gravierenden Fällen anzuwenden ist.[419] Nach dem BGH müssen aber außergewöhnliche Umstände vorliegen, um die Sittenwidrigkeit zu vermeiden.[420] Hinzu kommt, dass der BGH seine eigene Rechtsprechung nicht immer konsequent verfolgt hat. In dem Urteil vom 29. Mai 1978 – II ZR 52/77[421] tolerierte er ein freies Ausschlussrecht, weil sich die Gesellschafter darüber einig waren, dass der Ausschluss rechtswirksam erfolgte und sich nur um die Höhe der Abfindung stritten. Die Parteien eines Rechtsstreits können nicht über den Umstand der Sittenwidrigkeit disponieren.

---

416 Vgl. *Sigle* in: Bruchhausen, FS Nirk, S. 971.
417 *Eiselt* in: Harder/Thielmann, FS v. Lübtow, S. 655.
418 So auch *Bunte*, ZIP 1983, 8, 15; *ders.*, ZIP 1985, 915, 918.
419 *Hey*, Freie Gestaltung in Gesellschaftsverträgen und ihre Schranken, S. 206.
420 *Hey*, Freie Gestaltung in Gesellschaftsverträgen und ihre Schranken, S. 216.
421 BGH, WM 1978, 1044, 1045.

### *3. Rechtskontrolle von „Hinauskündigungsklauseln"*

#### *a) Grundsatz der Privatautonomie*

Die Privatautonomie wird, im Gegensatz zu Art. 152 der Weimarer Reichsverfassung, im Grundrechtskatalog des Grundgesetzes nicht mehr explizit aufgeführt. Anerkannt ist jedoch, dass die Privatautonomie von Art. 2 Abs. 1 GG verfassungsrechtlich geschützt wird,[422] wenn speziellere Grundrechte, wie beispielsweise Art. 9 Abs. 1, 12 Abs. 1 oder Art. 14 GG, nicht eingreifen.[423] Rechtsethisch handelt es sich bei ihr um ein elementares Mittel zur freien Entfaltung der Persönlichkeit.[424] Rechtstechnisch gesehen ist die Privatautonomie Ordnungsfaktor unter dem Verzicht hoheitlicher Vorgaben.[425] Ein Teil der Privatautonomie ist die Vertragsfreiheit. Sie umfasst das Recht, Verträge im Rahmen der zivilrechtlichen Ordnung frei zu schließen und aufzulösen, den Vertragspartner frei auszuwählen, sowie die Verträge frei zu gestalten.[426] Die Rechtsverhältnisse können demnach nach eigenem Willen und eigenverantwortlich, ohne staatliche Einmischung, Bevormundung oder Zwang kreiert werden.[427]

Der Vertrag ist die Hauptform privatautonomer Gestaltung. Die Idee des Vertrags ist es, dass die vertragliche Vereinbarung Geltung hat, weil die vertragsschließenden Parteien vereinbart haben, dass es so rechtens sein soll.[428] Dieser Gedanke lässt sich auf die Theorie der Richtigkeitsgewähr zurückführen. Demnach wohnen dem Vertragsschluss Tendenzen zur Gerechtigkeit inne, denn die gegensätzlichen Interessen der Vertragsparteien werden durch die Möglichkeit der Ablehnung nachteiliger Vertragsangebote korrigiert, so dass endlich von der Richtigkeit des Vertragsinhalts ausgegangen werden muss.[429]

---

422 BVerfGE 8, 274, 328; 12, 341, 347; 65, 196, 210; *Di Fabio* in: Maunz-Dürig, GG, Art. 2 Abs. 1 Rdnr. 101.

423 BVerfGE 6, 32, 37; 9, 338, 343; 10,55, 58; 19, 206, 225; 21, 227, 234; 30, 292, 336; 44, 59, 69; 50, 290, 362; 58, 358, 363; 70, 115, 123; 74, 129, 151 f.; *M. Wolf* in: Grundlagen des Vertrags- und Schuldrechts, S. 30.

424 *Di Fabio* in: Maunz-Dürig, GG, Art. 2 Abs. 1 Rdnr. 101; *Hey*, Freie Gestaltung in Gesellschaftsverträgen und ihre Schranken, S. 10.

425 *Hey*, Freie Gestaltung in Gesellschaftsverträgen und ihre Schranken, S. 10.

426 *Di Fabio* in: Maunz-Dürig, GG, Art. 2 Abs. 1 Rdnr. 101; *Zöllner* in: Lutter, FS 100 Jahre GmbHG, S. 85.

427 BVerfGE 81, 242, 254; *Di Fabio* in: Maunz-Dürig, GG, Art. 2 Abs. 1 Rdnr. 101.

428 *Flume*, BGB AT Bd. II, § 1 S. 7.

429 *Schmidt-Rimpler*, AcP 147 (1941), 130, 149 ff., 156; so auch *K. Schmidt*, GesR, § 5 S. 121.

Dennoch sind Privatautonomie und Vertragsgerechtigkeit nicht miteinander gleichzusetzen.[430] Auch wenn eine vereinbarte vertragliche Regelung zunächst dafür spricht, dass sie gerecht ist, handelt es sich dabei nicht um objektive, sondern stets nur um subjektive Gerechtigkeit. Nur in dieser Weise stehen Privatautonomie und Vertragsgerechtigkeit in einer Verbindung. Die Herstellung objektiver Vertragsgerechtigkeit stellt einen Eingriff in die Privatautonomie dar, denn die Vertragsgestaltung würde nicht mehr auf der Selbstbestimmung der Parteien, sondern auf Fremdbestimmung beruhen.[431] Die Privatautonomie ist nicht darauf ausgelegt, objektiv gerechte Regelungen hervorzubringen,[432] schließlich sieht jeder Mensch andere Regelungen als gerecht an, so dass es höchst zweifelhaft ist, ob es überhaupt objektive oder nicht nur subjektive Gerechtigkeit gibt.

Da die Privatautonomie nicht zur objektiven Vertragsgerechtigkeit führt, sondern nur zur subjektiven, müssen der Privatautonomie Schranken gesetzt sein, um Missbräuche zu verhindern, die für die Gesamtrechtsordnung nicht hinnehmbar sind.[433]

### *b) Grenzen der Privatautonomie*

Wenn die Privatautonomie nun die Rechtsmacht ist, Rechtsgeschäfte zur Geltung zu bringen, bedeutet dies nicht, dass sie schrankenlos gewährleistet wäre. Der Privatautonomie sind Grenzen gesetzt. Beschränkungen der Privatautonomie können auf zwei unterschiedlichen Ebenen erfolgen. Zunächst können sich Beschränkungen der Privatautonomie durch Eingriffe der Legislative ergeben, indem ein Gesetz zum Beispiel ein bestimmtes Verhalten untersagt. Ebenfalls zu dieser Ebene gehört, dass jemandem durch gesetzliche Regelung ein bestimmtes Recht eingeräumt wird, bei dessen Ausübung er in Rechte Dritter eingreift. Ob die Beschränkungen der Privatautonomie wirksam sind, ist eine rein verfassungsrechtliche Fragestellung. Prüfungsmaßstab sind die Grundrechte.

Die zweite Ebene betrifft die Kontrolle privatautonomen Handelns auf dem Gebiet des Privatrechts durch die Gerichte. Auf dieser Ebene befinden wir uns bei der hier vorliegenden Fragestellung, ob es zulässig ist, im Gesellschaftsvertrag ein freies Kündigungsrecht zu vereinbaren. Grundsätzlich handelt es sich hierbei um ein privatrechtliches Problem, sofern man die vorhandenen gesetzlichen Regelungen als verfassungsgemäß ansieht. Die Grenzen der Privatautonomie auf dieser Ebene lassen sich in verschiedene Gruppen einteilen:

Die erste Gruppe betrifft die äußeren Umstände des Vertragsschlusses, die zweite Gruppe Einschränkungen der inhaltlichen Gestaltung.

---

430 Vgl. *Busche*, Privatautonomie und Kontrahierungszwang, S. 79 f.
431 *Busche*, Privatautonomie und Kontrahierungszwang, S. 81.
432 *Busche*, Privatautonomie und Kontrahierungszwang, S. 83, 84 f.
433 *Busche*, Privatautonomie und Kontrahierungszwang, S. 83 f.

Zu der ersten Gruppe zählt die Rechts- und Geschäftsfähigkeit sowie die Einhaltung bestehender Formvorschriften. Während die Rechts- und Geschäftsfähigkeit eine Aussage darüber enthält, wer von der Privatautonomie Gebrauch machen darf, handelt es sich bei den Formvorschriften um eine echte Schranke.

In die zweite Gruppe gehören die zwingenden Gesetzesvorschriften,[434] § 134 BGB und das Verbot sittenwidriger Vereinbarungen nach § 138 BGB.[435]

Weitere, speziell für das Gesellschaftsrecht diskutierte Schranken zur Privatautonomie, die sich ebenfalls in die zweite Gruppe einordnen lassen, wie der Gläubigerschutz und der Schutz vertragsexterner Interessen der Allgemeinheit, können in Bezug auf die Hinauskündigungsproblematik nicht fruchtbar gemacht werden und sind hier daher nicht von Belang.[436]

Neben diesen immer zu beachtenden Schranken existiert noch die der sogenannten Inhaltskontrolle. Gesetzlich verankert ist sie in den Vorschriften über die allgemeinen Geschäftsbedingungen (§§ 307 bis 309 BGB).

Da sich hier mit der inhaltlichen Gestaltung eines Gesellschaftsvertrags auseinandergesetzt wird, interessiert nur die zweite Gruppe.

Bei der Rechtskontrolle einer vertraglichen Vereinbarung kann man zwischen der Wirksamkeitskontrolle und der Ausübungskontrolle unterscheiden.[437] Die Wirksamkeitskontrolle setzt, im Gegensatz zur Ausübungskontrolle, bereits bei der Frage an, ob eine Klausel wirksam vereinbart werden konnte. Sie macht somit eine generelle Aussage über die Vertragsvereinbarung. Dort ist zu prüfen, ob die vertragliche Regelung nicht gegen zwingendes Recht, gegen ein gesetzliches Verbot (§ 134 BGB) oder gegen die guten Sitten (§ 138 BGB) verstößt.

Die Ausübungskontrolle hingegen prüft, ob die an sich wirksame Klausel in der richtigen Art und Weise ausgeübt wurde.[438] Sie stellt damit auf den konkreten Einzelfall ab. Vorrangig ist bei ihr zu prüfen, ob die Tatbestandsvoraussetzungen erfüllt wurden. Weiterer Prüfungsmaßstab ist, ob die Ausübung des Rechts mit Treu und Glauben gemäß § 242 BGB vereinbar ist. Auch die Überprüfung anhand der guten Sitten spielt bei der Ausübungskontrolle eine Rolle.

---

434 Auch die Überlegung von *Fastrich*, ZGR 1991, 306, 310, die Unwirksamkeit von Hinauskündigungsklauseln ergebe sich aus einem Verstoß gegen praeter legem entwickelte Einzelschranken, bedeutet im Ergebnis nichts anderes als das ein Verstoß gegen positives Gesetzesrecht vorliegt.

435 *Busche*, Privatautonomie und Kontrahierungszwang, S. 66, 74; MüKo-BGB-*Armbrüster*, § 138 Rdnr. 1; Palandt-*Ellenberger*, § 138 Rdnr. 1; *Larenz/Wolf*, BGB AT, § 34 Rdnr. 49; *Flume*, BGB AT Bd. II, § 1 S. 2.

436 Dazu näher *Hey*, Freie Gestaltung in Gesellschaftsverträgen und ihre Schranken, S. 92 ff.

437 *Hönn*, JA 1987, 337, 339.

438 *Hönn*, JA 1987, 337, 399; *Bunte*, ZGR 1991, 316, 319; *Hey*, Freie Gestaltung in Gesellschaftsverträgen und ihre Schranken, S. 140.

Demgegenüber handelt es sich bei der Inhaltskontrolle, die auch teilweise als Billigkeits- oder Angemessenheitskontrolle[439] bezeichnet wird, um einen, gegenüber der allgemeinen Rechtskontrolle, verschärften Kontrollmaßstab.[440] Ein Verstoß gegen § 242 BGB erfordert weniger als ein Verstoß gegen die guten Sitten. Jeder Verstoß gegen § 138 BGB ist zugleich ein Verstoß gegen § 242 BGB, nicht jedoch umgekehrt.[441] Bei der Inhaltskontrolle geht es darum, ob die vertragliche Gestaltung objektiv unbillig, unzumutbar, unsachlich, unangemessen oder unausgewogen ist. Sollte dies angenommen werden, wird einer solchen Regelung die Rechtswirksamkeit versagt. Bei der Inhaltskontrolle wird der Maßstab von Treu und Glauben gemäß § 242 BGB nicht erst bei der Ausübung der Vereinbarung, sondern bereits darauf angewendet, ob die Vereinbarung wirksam zustande gekommen ist.[442] Die Inhaltskontrolle ist somit eine Wirksamkeitskontrolle. Dies bedeutet, dass, wenn eine Klausel nach der Inhaltskontrolle zulässig ist, diese noch der Ausübungskontrolle unterliegt und dort als nicht vereinbar mit Treu und Glauben angesehen werden kann.[443]

Wie jede vertragliche Vereinbarung unterliegt der Gesellschaftsvertrag der Wirksamkeits- und der Ausübungskontrolle.[444] Ob Gesellschaftsverträge auch der Inhaltskontrolle unterliegen, soll im Folgenden untersucht werden.

*aa) Inhaltskontrolle bejahende Auffassung*

Die Rechtsprechung[445] und der überwiegende Teil der Literatur[446] befürworten bei Publikumsgesellschaften eine Inhaltskontrolle der Gesellschaftsverträge.

---

439 *Lieb*, AcP 178 (1978), 196, 213; *Kreutz*, ZGR 1983, 109, 113; *Koller*, DB 1984, 545; *Fastrich*, ZGR 1991, 306, 309.

440 BAGE, 16, 21, 25; MüKo-BGB-*Armbrüster*, § 138 Rdnr. 5; *Hönn*, JA 1987, 337, 339; *Grunewald*, Der Ausschluss aus Gesellschaft und Verein, S. 132; *Hey*, Freie Gestaltung in Gesellschaftsverträgen und ihre Schranken, S. 205.

441 BAGE 16, 21, 25; **a. A.** Staudinger-*Sack*, § 138 Rdnr. 155.

442 *Grunewald*, Der Ausschluss aus Gesellschaft und Verein, S. 147; *Hönn*, JA 1987, 337, 340; *Hey*, Freie Gestaltung in Gesellschaftsverträgen und ihre Schranken, S. 140.

443 *Bunte*, ZGR 1991, 316, 319.

444 *Benecke*, ZIP 2005, 1437, 1441 vertritt die Auffassung, dass bei der Überprüfung von Hinauskündigungsklauseln nur eine Ausübungskontrolle stattfinden solle, weil die Formel des Anstandsgefühls aller billig und gerecht Denkenden, mit der die Sittenwidrigkeit nach § 138 Abs. 1 BGB begründet wird, nicht auf das Gesellschaftsrecht passe, sondern die Treupflicht wegen ihrer flexibleren Rechtsfolgen besser geeignet sei.

445 BGHZ 64, 238, 241 f.; 84, 11, 14; 102, 172, 177; 104, 50, 52 ff.

446 *Fischer* in: Fischer, FS für Barz, S. 38 f.; *Henze* in: Ebenroth/Boujong/Joost/Strohn, § 177 a Anh. B Rdnr. 24; *Ulmer* in: Ulmer/Brandner/Hensen, AGB-Recht, § 310 Rdnr. 135; *Ulmer* in: Staub GK HGB, § 109 Rdnr. 45; MüKo-BGB-*Basedow*, § 310

Eine generelle Inhaltskontrolle von Gesellschaftsverträgen wird jedoch mangels Anknüpfungspunkt abgelehnt.[447]

Begründet wird diese Auffassung damit, dass der Gesellschaftsvertrag bei Publikumsgesellschaften bereits vorformuliert sei und daher keine Möglichkeit zur Einflussnahme bestehe. Die Rechtslage sei daher vergleichbar mit allgemeinen Geschäftsbedingungen und Formularverträgen, die nicht zwischen den Parteien ausgehandelt werden. Daher fehle der Vertragskompromiss als Gewähr dafür, dass die Interessen aller Beteiligten berücksichtigt worden sind.[448]

*bb) Inhaltskontrolle ablehnende Auffassung*

Ein anderer Teil des Schrifttums lehnt die Durchführung einer Inhaltskontrolle mangels Erforderlichkeit und vergleichbarer Interessenlage ab.[449]

*cc) Stellungnahme*

Für die Durchführung einer Inhaltskontrolle von Gesellschaftsverträgen wird vorgebracht, dass die gleiche Interessenlage wie bei allgemeinen Geschäftsbedingungen bestehe. Die Gesellschaftsverträge sind vorformuliert, so dass es an der Vertragsgerechtigkeit fehle, weil der Vertrag nicht auf dem Kompromiss der Vertragsparteien beruhe.[450]

Gegen die Durchführung einer Inhaltskontrolle spricht zunächst, dass es keine gesetzliche Norm gibt, die eine Inhaltskontrolle von Gesellschaftsverträgen ermöglicht. Im Gegenteil, § 310 Abs. 4 S. 1 BGB ordnet an, dass das Recht

---

Rdnr. 80; MüKo-BGB-*Ulmer*, § 705 Rdnr. 140; *Schulte*, ZGR 1976, 97, 99; *U. H. Schneider*, ZGR 1978, 1, 9 f.; *K. Schmidt*, GesR, § 5 S. 124; *Bunte*, ZIP 1983, 8, 12 ff.; *ders.*, ZGR 1991, 316, 320 f.; *Kübler* in: Hommelhoff, FS für Sigle, S. 190; Roth/Altmeppen-*Roth*, GmbHG, § 2 Rdnr. 15; Scholz-*Emmerich*, GmbHG, § 2 Rdnr. 12; Michalski-*Michalski*, GmbHG, § 2 Rdnr. 13; Staudinger-*Habermeier*, § 705 Rdnr. 15; *Wiedemann*, GesR I, § 3 S. 172 f.

447 MüKo-HGB-*K. Schmidt*, § 105 Rdnr. 155; *Wertenbruch* in: Ebenroth/Boujong/Joost/Strohn, § 105 Rdnr. 74; *Ulmer* in: Staub GK HGB, § 109 Rdnr. 44; Staudinger-*Habermeier*, § 705 Rdnr. 15; MüKo-BGB-*Ulmer*, § 705 Rdnr. 140; *K. Schmidt*, GesR, § 5 S. 125; *Schulte*, ZGR 1976, 97, 99; *Bunte*, ZIP 1983, 8, 14 f.

448 BGHZ 64, 238, 241.

449 *Grunewald*, Der Ausschluss aus Gesellschaft und Verein, S. 135; MüKo-HGB-*Grunewald*, § 161 Rdnr. 118; *Zöllner* in: Baumbach/Hueck, GmbHG, § 45 Rdnr. 7; *Coester-Waltjen*, AcP 190 (1990), 1, 30; *Martens*, JZ 1976, 511, 512; *Reuter*, AG 1979, 321, 324 f.

450 BGHZ 64, 238, 241; 84, 11, 14;104, 50, 53; *Fischer* in: Fischer, FS für Barz, S. 39; *Hönn*, JA 1987, 337, 343; *Bunte*, ZIP 1983, 8, 12; MünchHdb. GesR II-*Gummert*, § 65 Rdnr. 7; *Henze* in: Ebenroth/Boujong/Joost/Strohn, § 177 a Anh. B Rdnr. 24.

der Allgemeinen Geschäftsbedingungen nicht auf Verträge auf dem Gebiet des Gesellschaftsrechts Anwendung findet. In der amtlichen Begründung zu § 23 AGBG a.F. heißt es:

*„Absatz 1 nimmt bestimmte Rechtsgebiete pauschal vom Anwendungsbereich des Gesetzes aus, weil der Schutz des Gesetzes insoweit nicht erforderlich, nicht angemessen oder nicht systemgerecht erscheint."*[451]

Von den Befürwortern einer Inhaltskontrolle wird gegen dieses Argument eingewandt, dass die Gesetzesbegründung zum AGBG dahingehend zu interpretieren sei, dass § 23 Abs. 1 AGBG eine richterliche Inhaltskontrolle dieser Verträge nicht allgemein verhindern wollte.[452] Denn dem Gesetzgeber sei bei der Erarbeitung des Entwurfs bewusst gewesen, dass der BGH in seinem Urteil vom 14.4.1975[453] Gesellschaftsverträge einer Publikumspersonengesellschaft der Inhaltskontrolle unterzogen habe. Außerdem seien Probleme der Angemessenheitskontrolle von Satzungen in körperschaftlich strukturierten Verbänden grundsätzlich anderer Art als im Fall von Austauschverträgen, worauf die §§ 307 bis 309 BGB zugeschnitten sind.[454]

Selbst wenn man unterstellt, diese Argumentation wäre richtig, bestünde bei Publikumsgesellschaften kein Bedürfnis nach einer Inhaltskontrolle. Dies ergibt sich zum einen bereits daraus, dass sich ein interessengerechtes Ergebnis auch über § 138 BGB erzielen lässt.[455] Die Anforderungen an eine Begrenzung der Privatautonomie über die guten Sitten liegen zwar höher als bei der Inhaltskontrolle, doch hat dies durchaus einen Sinn. Anderenfalls bestünde die Gefahr, einen Vertrag zunächst einmal abzuschließen, um in das Schuldverhältnis hineinzugelangen, mit dem Wissen, dass die Wirksamkeit des Vertragsinhaltes ohnehin vor Gericht auf Ausgewogenheit kontrolliert wird. Dies könnte dazu führen, dass beim Vertragsschluss niemand mehr auf seine Vorteile achtet.

Wird der Bürger in bestimmten Bereichen für nicht mündig gehalten, ausgewogene Ergebnisse zu erzielen, muss der Gesetzgeber zwingendes Recht schaffen.

Zum anderen führt die Vorformuliertheit und das Nichtaushandeln der Gesellschaftsverträge – anders als bei Verträgen, bei denen die §§ 305 ff. BGB anzuwenden sind – nicht dazu, dass die Regelungen als unausgewogen zu beurteilen sind.

---

451 BT-Drucks. 7/3919, S. 41.

452 *Hey*, Freie Gestaltung in Gesellschaftsverträgen und ihre Schranken, S. 139; *Bunte*, ZIP 1983, 8, 12; *ders.*, ZGR 1991, 316, 321.

453 BGHZ 64, 238, 241 f.

454 *Ulmer* in: Ulmer/Brandner/Hensen, AGB-Recht, § 310 Rdnr. 120; *U. H. Schneider*, ZGR 1978, 1, 12; *K. Schmidt*, GesR, § 5 S. 122; *Bunte*, ZIP 1983, 8, 12.

455 MüKo-HGB-*Grunewald*, § 161 Rdnr. 118; *Zöllner* in: Baumbach/Hueck, GmbHG, § 45 Rdnr. 7; *Coester-Waltjen*, AcP 190 (1990), 1, 30.

Dazu muss man sich die Entwicklung von allgemeinen Geschäftsbedingungen vor Augen führen. Allgemeine Geschäftsbedingungen sind im Zuge der Industriellen Revolution des 19. Jahrhunderts und der damit einhergehenden Serienproduktion standardisierter Waren entstanden.[456] Allgemeine Geschäftsbedingungen werden von Unternehmen zur Rationalisierung der Geschäftsabwicklung verwendet. Gleiche vertragliche Vereinbarungen gegenüber allen Kunden sollen die Organisation und die Kalkulation erleichtern sowie Kosten, Mühe und Zeit, die durch die Vertragsverhandlung entstünden, einsparen.[457]

Als ein Schutzgrund wird angesehen, dass sich der Kunde den allgemeinen Geschäftsbedingungen des Unternehmers unterwirft. Gemeint ist damit, dass er die vom Unternehmer aufgestellten Regelungen widerspruchslos hinnimmt.[458] Der Kunde verhandelt nicht über die Regelungen, weil er es sich aus zeitlicher und finanzieller Sicht nicht leisten kann.[459] Der Unternehmer gelangt dadurch in eine überlegene Position,[460] die nur durch eine Inhaltskontrolle ausgeglichen werden kann.

Auch ist es dem Kunden nicht möglich, einen anderen Anbieter ausfindig zu machen, dessen allgemeine Geschäftsbedingungen in bestimmten Punkten günstiger sind, denn meistens unterscheiden sich die allgemeinen Geschäftsbedingungen in einer Branche nicht wesentlich. Aufgrund der Tatsache, dass die Kunden nicht über die allgemeinen Geschäftsbedingungen verhandeln, besteht für die Unternehmen auch kein Anlass, in Wettbewerb für über den Kunden günstigere allgemeine Geschäftsbedingungen zu treten.

Die herrschende Auffassung, die eine Inhaltskontrolle bei Publikumsgesellschaften befürwortet, geht von der fehlerhaften Annahme aus, dass sich die Stellung des Gesellschafters und die Stellung des an einem Austauschvertrag Beteiligten weitgehend entsprechen.[461] Bei Verträgen, die der AGB-Kontrolle der § 307 ff. BGB unterliegen, handelt es sich um tägliche Massengeschäfte, die im übrigen für den Kunden im weitesten Sinne existenzsichernd sind. Häufig nimmt der Kunde die allgemeinen Geschäftsbedingungen nicht zur Kenntnis. Dies hängt damit zusammen, dass es, aufgrund der Vielzahl der täglich abgeschlossenen Geschäfte, nicht möglich ist, alle allgemeinen Geschäftsbedingungen eingehend zu studieren, zumal diese ohnehin nicht zur Disposition stehen. Außerdem ist er sich mit dem Vertragspartner über die Hauptleistungspflicht einig. Die allgemeinen Geschäftsbedingungen betreffen aber Nebenabreden, die die Hauptbestandteile des Vertrags

456 MüKo-BGB-*Basedow*, Vor § 305 Rdnr. 1.
457 MüKo-BGB-*Basedow*, Vor § 305 Rdnr. 2.
458 MüKo-BGB-*Basedow*, Vor § 305 Rdnr. 4.
459 MüKo-BGB-*Basedow*, Vor § 305 Rdnr. 5.
460 Staudinger-*Schlosser*, Vorbem zu § 305 ff. Rdnr. 4.
461 *U. H. Schneider*, ZGR 1978, 1, 7.

nicht berühren.[462] Da er diese Nebenabreden nicht kennt, werden sie auch nicht vom Willen mitumfasst.

Im Gegensatz dazu handelt es sich bei dem Beitritt in eine Publikumsgesellschaft nicht um ein tägliches Massengeschäft. Es ist auch nicht existenziell. Daher kann man erwarten, dass der Vertrag zur Kenntnis genommen wird, damit man Chancen und Risiken, Rechte und Pflichten einschätzen kann. Der maßgebliche Unterschied ist somit, dass die Vertragsbedingungen vom Willen mitgetragen werden. Denn ein Gesellschaftsvertrag kann nicht in Haupt- und Nebenbestimmungen aufgeteilt werden. Bei ihm handelt es sich um ein rechtliches Einheitswerk, das den einzelnen Gesellschaftern eine Vielzahl von Rechten einräumt; es gibt jedoch keine Hauptleistungspflicht.[463] Der Gesellschafter hat also die Wahl, ob er den Vertrag akzeptiert und beitritt, oder ob er von seinem Vorhaben Abstand nimmt. Genau diese Option, die jedem Gesellschafter zusteht, spricht gegen die Inhaltskontrolle, denn er muss eben nicht den fertig vorformulierten Vertrag akzeptieren.[464]

Die Vertragsfreiheit ist in diesen Fällen zwar nur auf eine Abschlussfreiheit reduziert, doch ist dies im Gesellschaftsrecht keine Ausnahme. Praktisch jeder Gesellschafter, der nicht zugleich Gründer ist, kann den Vertrag nur so akzeptieren, wie er ist.[465] Für die Rechtsnachfolger ist dies besonders evident.[466] Diese treten in die Rechtsposition ein, die ihr Vorgänger inne hatten. Dies gilt auch für den neu beitretenden Gesellschafter, da eine Abänderung des Gesellschaftsvertrags nur in seltenen Fällen erreicht wird.[467]

Im besonderen gilt dies für Körperschaften. Dort hat die Satzung immer für einen personell unbestimmten Mitgliederkreis Geltung.[468] Die Erstreckung der Inhaltskontrolle auf sämtliche Körperschaften würde dazu führen, dass es keine Satzungsautonomie mehr gibt, was nicht mit Art. 9 Abs. 1 GG vereinbar wäre.[469]

Sollte der Gesellschaftsvertrag nun tatsächlich unausgewogen sein und die Gründer einseitig begünstigen, haben die Interessenten die Wahl, der Gesellschaft nicht beizutreten. Auf diese Weise können sie, auch ohne direkte Vertragsverhand-

---

462 *Martens*, JZ 1976, 511, 513; *U.H. Schneider*, ZGR 1978, 1, 10.
463 *Martens*, JZ 1976, 511, 513; *U.H. Schneider*, ZGR 1978, 1, 10.
464 **A. A.** BGHZ 105, 50, 53; *Hönn*, JA 1987, 337, 343.
465 *Grunewald*, Der Ausschluss aus Gesellschaft und Verein, S. 133, 135; MüKo-HGB-*Grunewald*, § 161 Rdnr. 118; *Martens*, JZ 1976, 511, 512.
466 *Grunewald*, Der Ausschluss aus Gesellschaft und Verein, S. 133; MüKo-HGB-*Grunewald*, § 161 Rdnr. 118.
467 MüKo-HGB-*Grunewald*, § 161 Rdnr. 118.
468 *Reuter*, AG 1979, 321, 323.
469 *Reuter*, AG 1979, 321, 323.

lung, auf die Vertragsbestandteile Einfluss nehmen.[470] Finden sich nicht genügend Kapitalgeber, die den Vertrag so akzeptieren, dann werden die Gründer schon im eigenen Interesse die Vertragsklauseln ändern. Gibt es aber genügend Kapitalgeber, die den Vertrag zeichnen, dann gibt der Markt eine solche Vertragsgestaltung her. Zur Privatautonomie gehört auch, nachteilige Vertragsbedingungen zu akzeptieren.[471] Wer allein die Vorformulierung als Grund für die Inhaltskontrolle betrachtet, setzt voraus, dass eine Vertragsbedingung angemessen sein muss, was nicht der Fall ist[472] und missachtet, dass ein echtes Aushandeln von Verträgen die Ausnahme ist.

Anders ist dies bei den täglichen Massengeschäften. Dort versagen die Marktmechanismen, weil die allgemeinen Geschäftsbedingungen nicht zur Disposition stehen, die Kunden keine Wahl haben, ob sie den Vertrag abschließen und weil sie in den überwiegenden Fällen die allgemeinen Geschäftsbedingungen nicht kennen. Daher ist auch dort eine Inhaltskontrolle notwendig.

Hinzu kommt, dass, falls die Verträge von Publikumsgesellschaften zwischen den Parteien einzeln ausgehandelt würden, dies ebenfalls zu Lasten der Gründer ausgelegt werden würde. Denn dann würde man ihnen vermutlich vorwerfen, dass sie die Unerfahrenheit der Anleger ausgenutzt hätten und, wenn die Verhandlungen gar zu unterschiedlichen Ergebnissen führen würden – was zwangsläufig der Fall wäre – den Grundsatz der gleichmäßigen Behandlung missachtet hätten.[473]

Sollte die Unausgewogenheit erst später zu Tage treten oder nicht mehr akzeptiert werden, können die Gesellschafter von ihrem Austrittsrecht Gebrauch machen. Bei diesem handelt es sich nach *Wolf* um das „unentbehrliche Korrelat zu der grundsätzlichen Unterwerfung des Mitglieds unter die Satzungsgewalt des Vereins".[474] Das Austrittsrecht, das bei Körperschaften zwingend besteht, darf nicht unterschätzt werden. Es ist auch ein Element, welches dazu dient, eine gerecht austarierte Satzung zu schaffen. Ist die Satzung unausgewogen, treten die Mitglieder aus. Dies hat zur Folge, dass Kapital aus der Gesellschaft abfließt.

Für die Durchführung einer Inhaltskontrolle wird noch angeführt, dass den Kommanditisten einer Publikumsgesellschaft die geschäftliche Erfahrung fehlt, die Unternehmensleitung effektiv zu kontrollieren.[475] Dagegen kann man über-

---

470 **A. A.** *Hönn*, JA 1987, 337, 343, er meint, der Wettbewerb eigne sich nur zur Kontrolle von Preisen, nicht aber von sonstigen Vertragsbedingungen.
471 *Zöllner* in: Lutter, FS 100 Jahre GmbHG, S. 103.
472 *Zöllner* in: Lutter, FS 100 Jahre GmbHG, S. 103.
473 Ähnlich auch *Schulte*, ZGR 1976, 97, 101.
474 *Larenz/Wolf*, BGB AT, § 10 Rdnr. 111.
475 *Fischer* in: Fischer, FS für Barz, S. 39.

zeugend einwenden, dass dies nichts mit der Frage zu tun hat, wie sich die Stellung des Kommanditisten bei der Begründung der Mitgliedschaft darstellt.[476]

Folglich ist eine Inhaltskontrolle auch bei Publikumsgesellschaften abzulehnen. Es besteht keine vergleichbare Interessenlage wie bei der Inhaltskontrolle von allgemeinen Geschäftsbedingungen nach §§ 305 ff. BGB. Der Markt bietet, trotz vorformulierter Verträge und ohne direkte Verhandlungen, Möglichkeiten zur Einflussnahme auf den Vertragsinhalt.

#### *dd) Zwischenergebnis*

Folglich unterliegen Gesellschaftsverträge nur der Wirksamkeits- und Ausübungskontrolle. Eine Inhaltskontrolle sollte auch bei Publikumsgesellschaften nicht durchgeführt werden.

### *4. Gleiches Hinauskündigungsrecht*

Ein gleiches Hinauskündigungsrecht besteht dann, wenn der Gesellschaftsvertrag vorsieht, dass das freie Ausschlussrecht für alle Gesellschafter ohne Unterschied gilt. Bei einem gleichen Hinauskündigungsrecht wird nicht ein einzelner Gesellschafter oder eine Gruppe von Gesellschaftern über den Ausschluss befinden, sondern über diesen wird die Gesellschafterversammlung durch Mehrheitsbeschluss oder gar einstimmig entscheiden. Ein gleiches Hinauskündigungsrecht bietet sich vor allem bei Gesellschaften an, in denen alle Gesellschafter mitarbeiten und nicht nur einen Kapitalanteil halten.

Im Folgenden soll untersucht werden, ob ein gleiches Hinauskündigungsrecht wirksam vereinbart werden kann.

#### *a) Kein Verstoß gegen zwingendes Gesetzesrecht*

Die Vereinbarung eines freien Hinauskündigungsrechts verstößt nicht gegen zwingendes Gesetzesrecht. Es ist allgemein anerkannt, dass § 140 HGB dispositiv ist.[477] An dieser Auffassung besteht auch kein Zweifel. Die Dispositivität des § 140 HGB ergibt sich bereits aus § 131 Abs. 3 S. 1 Nr. 5 HGB, der besagt, dass der Eintritt von weiteren im Gesellschaftsvertrag vorgesehenen Fällen zum

---

476 *Reuter*, AG 1979, 321, 322.

477 Vgl. nur BGHZ 81, 263, 265 f.; *C. Schäfer* in: Staub GK HGB, § 140 Rdnr. 52; *Lorz* in: Ebenroth/Boujong/Joost/Strohn, HGB, § 140 Rdnr. 43; MüKo-HGB-*K. Schmidt*, § 140 Rdnr. 88.

Ausscheiden eines Gesellschafters führt. Die entsprechende Norm im Recht der Gesellschaft bürgerlichen Rechts, § 737 BGB, ist ebenfalls dispositiv.[478]

Im GmbH-Recht sieht die Situation etwas anders aus. Nach § 34 Abs. 2 GmbHG kann die Amortisation ohne Zustimmung des Anteilsberechtigten nur stattfinden, wenn die Voraussetzungen vor dem Zeitpunkt, in dem der Berechtigte den Anteil erworben hat, im Gesellschaftsvertrag festgesetzt waren. Nach § 34 Abs. 2 GmbHG stellt sich damit nur die Frage, ob als Voraussetzung einzig ein Gesellschafterbeschluss ausreichend ist.

*b) Sittenwidrigkeit der Vereinbarung?*

Ein gleiches Hinauskündigungsrecht könnte gegen die guten Sitten verstoßen. Der Zweck des § 138 BGB liegt darin, die Geltung von Rechtsgeschäften zu unterbinden, die von den ethischen Grundlagen der Rechtsgemeinschaft abweichen,[479] um auf diese Weise zu verhindern, dass es zu einer Erosion der moralischen Werte innerhalb der Gesellschaft kommt. Das Verdikt der Sittenwidrigkeit wirkt sich abschreckend auf andere aus und soll auf diese Weise eine Nachahmung verhindern.[480] Ein Verstoß gegen die guten Sitten liegt nach allgemeiner Ansicht dann vor, wenn das Rechtsgeschäft das Anstandsgefühl aller billig und gerecht Denkenden verletzt.[481] § 138 BGB stellt auf die sich aus der Sittenordnung ergebenden Verhaltensgebote ab,[482] denn neben der positiven Rechtsordnung ergibt sich aus der Ethik, Moral und den Sitten eine weitere Ordnungsquelle.[483] Dabei soll auf die moralischen Anschauungen der beteiligten Verkehrskreise abgestellt werden; es ist ein durchschnittlicher Maßstab anzulegen. Besonders strenge Auffassungen, wie auch besonders laxe sind unbeachtlich.[484]

Es sind im Rahmen des § 138 Abs. 1 BGB zwei verschiedene Formen der Sittenwidrigkeit zu unterscheiden: ergibt sich die Sittenwidrigkeit aus dem Inhalt des Rechtsgeschäfts, so bezeichnet man dies als Inhaltssittenwidrigkeit. Folgt die Sittenwidrigkeit allerdings erst aus dem Gesamtcharakter des Rechtsgeschäfts, dann handelt es sich um die sogenannte Umstandssittenwidrigkeit.[485] Diese Un-

---

478 Palandt-*Sprau*, § 737 Rdnr. 5; MüKo-BGB-*Ulmer/Schäfer*, § 737 Rdnr. 16; Soergel-*Hadding/Kießling*, BGB, § 737 Rdnr. 19; Bamberger/Roth-*Timm/Schöne*, § 737 Rdnr. 20; Staudinger-*Habermeier*, § 737 Rdnr. 6.

479 MüKo-BGB-*Armbrüster*, § 138 Rdnr. 1.

480 MüKo-BGB-Armbrüster, § 138 Rdnr. 2.

481 RGZ 48, 114, 124; 80, 219, 221; 120, 144, 148; BGHZ 10, 228, 232; 67, 119, 121; Staudinger-*Sack*, § 138 Rdnr. 13.

482 Palandt-*Ellenberger*, § 138 Rdnr. 2.

483 MüKo-BGB-*Armbrüster*, § 138 Rdnr. 11.

484 RGZ 80, 119, 221; BGHZ 10, 228, 232.

485 Staudinger-*Sack*, § 138 Rdnr. 2; MüKo-BGB-*Armbrüster*, § 138 Rdnr. 9.

terscheidung zwischen Inhalts- und Umstandssittenwidrigkeit ist folgenlos. Die Rechtsprechung des BGH wird man wegen ihrer grundsätzlichen Aussage wohl zur Inhaltssittenwidrigkeit zählen können.

Bei der Konkretisierung der Generalklausel des § 138 BGB wirkt das im Grundgesetz verkörperte Wertesystem der Bundesrepublik Deutschland in die Privatrechtsordnung mit ein; dies wird als mittelbare Drittwirkung der Grundrechte bezeichnet.[486] Die Grundrechte sind dabei ein wichtiges Element, um die guten Sitten zu konkretisieren, denn allein die von der Rechtsprechung aufgestellte Anstandsformel reicht dazu nicht aus,[487] da sie eine Leerformel ist.

*aa) Einfluss des Art. 12 Abs. 1 GG*

Ein freies Ausschlussrecht berührt die Berufsfreiheit des betroffenen Gesellschafters. Diese Beeinträchtigung der Berufsfreiheit basiert nicht auf staatlichem Handeln, sondern ist Ausfluss individueller Freiheit.[488] Die durch Art. 12 Abs. 1 GG geschützte berufliche Tätigkeit dient zum einen der personalen Entfaltung des arbeitenden Menschen in der Gesellschaft, zum anderen aber zur Schaffung einer eigenen wirtschaftlichen Existenz.[489] Die Berufsfreiheit schützt nicht nur unselbständige Berufe, sondern auch selbständige.[490] Durch die Möglichkeit der Hinauskündigung, die nicht an Gründe gebunden ist und daher immer erfolgen kann, wenn ein entsprechender Beschluss gefasst wurde, wird die wirtschaftliche Existenz erheblich beeinträchtigt und gefährdet. Andere als der betroffene Gesellschafter entscheiden über die weitere Mitgliedschaft in der Gesellschaft und damit auch darüber, wie der Gesellschafter seine Lebensgrundlage erwirtschaftet und wie lange er seinen derzeitigen Beruf ausübt. Allerdings hat der betroffene Gesellschafter mit dem Vertragsschluss den Grundstein für diese Möglichkeit gelegt,

---

486 BVerfGE 7, 198, 206; BVerfG, NJW 1994, 36, 38; NJW 2001, 957, 958; *Di Fabio* in: Maunz-Dürig, GG, Art. 2 Abs. 1 Rdnr. 109; Dreier-*Dreier*, GG, Vorb. Rdnr. 98; MüKo-BGB-*Ambrüster*, § 138 Rdnr. 20; Staudinger-*Sack*, § 138 Rdnr. 40; Palandt-*Ellenberger*, § 138 Rdnr. 4; *M. Wolf* in: Grundlagen des Vertrags- und Schuldrechts, S. 40 f.

487 BVerfGE 81, 242, 256; 89, 214, 229; BVerfG, NJW 2001, 957, 958; MüKo-BGB-*Armbrüster*, § 138 Rdnr. 20; MüKo-BGB-*Ulmer*, § 705 Rdnr. 134; Staudinger-*Sack*, § 138 Rdnr. 40; *Di Fabio* in: Maunz-Dürig, GG, Art. 2 Abs. 1 Rdnr. 109.

488 Vgl. BVerfGE 81, 242, 253 f. Dort ging es um eine Vereinbarung in einem Handelsvertretervertrag, in dem, für den Fall, dass das Vertragsverhältnis beendet wird, weil der Handelsvertreter dafür einen wichtigen Grund geliefert hat, dem Handelsvertreter ein zweijähriges Wettbewerbsverbot auferlegt wurde, welches verbunden war mit dem Verzicht auf eine Entschädigung.

489 BVerfGE 81, 242, 254; *Scholz* in: Maunz-Dürig, GG, Art. 12 Rdnr. 20.

490 *Scholz* in: Maunz-Dürig, GG, Art. 12 Rdnr. 18.

so dass seine eigene Entscheidung für die Beeinträchtigung der Berufsfreiheit ursächlich war, indem er von seiner Berufsfreiheit, respektive von der Privatautonomie, Gebrauch gemacht hat. Es darf nicht unberücksichtigt bleiben, dass durch die Anerkennung der Privatautonomie eine Grundentscheidung für den Individualismus getroffen worden ist; daher ist die Eingriffsschwelle der Sittenwidrigkeit hoch anzusetzen.[491]

Der durch den Vertragsschluss zum Ausdruck gebrachte Wille der vertragsschließenden Parteien lässt in der Regel auf einen sachgerechten Interessensausgleich schließen.[492] Dies hat der Staat zu respektieren.[493] Hat allerdings eine der Vertragsparteien ein so starkes Übergewicht, dass sie faktisch die Vertragsbestimmungen einseitig diktiert, liegt keine Selbstbestimmung mehr vor, sondern eine Fremdbestimmung. Liegt kein annähernd gleiches Kräfteverhältnis vor und verfügen die Parteien über grundrechtlich geschützte Positionen, müssen staatliche Regelungen ausgleichend eingreifen, um die Grundrechte zu schützen.[494]

Doch darf ein Vertrag nicht schon bei jeder Störung des Verhandlungsgleichgewichts infrage gestellt werden; es muss eine erhebliche strukturelle Unterlegenheit des anderen Vertragspartners vorliegen, die dazu führt, dass eine ungewöhnlich belastende und als Interessensausgleich offensichtlich unangemessene Folge eintritt.[495]

Die Vereinbarung eines gleichen Hinauskündigungsrechts zeigt, dass zwischen den Vertragsparteien ein gleiches Kräfteverhältnis herrscht. Die Gesellschafter erkennen sich als gleichwertig an, denn die Vertragsvereinbarung gilt für alle von ihnen ohne Unterschied. Die Vertragsklausel beruht daher auf dem Prinzip der Selbstbestimmung und ist gerade ein Ausdruck der Berufsfreiheit.

#### *bb) Einfluss des Sozialstaatsprinzips*

Nicht nur die Grundrechte können zur Konkretisierung und Auslegung der guten Sitten gemäß § 138 BGB herangezogen werden, sondern auch das Sozialstaatsprinzip.[496] Nach Art. 20 Abs. 1 GG ist die Bundesrepublik Deutschland ein demokratischer und sozialer Bundesstaat. Aus dieser Norm wird die Staatszielbe-

---

491 MüKo-BGB-*Armbrüster*, § 138 Rdnr. 13.
492 BVerfGE 81, 242, 254; BVerfG, NJW 2001, 957, 958.
493 BVerfGE 81, 242, 254; BVerfG, NJW 2001, 957, 958.
494 BVerfGE 81, 242, 255; 89, 214, 232; BVerfG, NJW 2001, 957, 958; so auch BGH, NJW 1991, 923, 925.
495 BVerfG NJW 1994, 36, 38; NJW 1994, 2749, 2750; NJW 1996, 2021; Staudinger-*Sack*, § 138 Rdnr. 40.
496 BVerfGE 81, 242, 255; 89, 214, 232; *Herzog* in: Maunz-Dürig, GG, Art. 20 Abschnitt VIII. Rdnr. 27; Dreier-*Gröschner*, GG, Art. 20 (Sozialstaat) Rdnr. 34; MüKo-BGB-*Armbrüster*, § 138 Rdnr. 22.

stimmung der Sozialstaatlichkeit abgeleitet.[497] Aus dem Wesen einer Staatszielbestimmung ergibt sich das Erfordernis, den Inhalt des Sozialstaatsprinzips durch das Herausarbeiten von Leitprinzipien zu konkretisieren.[498] Grundelemente des Sozialstaatsprinzips sind die soziale Sicherheit, der soziale Ausgleich und die soziale Gerechtigkeit.[499] Das Staatsziel der Sozialstaatlichkeit dient der Sicherung eines sozialen Existenzminimums eines jeden Bürgers. Der Staat wird dadurch verpflichtet, die Freiheitsbetätigung der Bürger zu verbessern und ihn vor sozialen Notlagen zu schützen.[500]

Der freie Ausschluss eines Gesellschafters bewirkt den Verlust der Existenzgrundlage,[501] sofern der Gesellschafter diese auf der Basis seiner Gesellschafterposition erwirtschaftet. Mit der Eingehung einer gleichen Hinauskündigungsklausel haben die Vertragsparteien ihre Freiheitsrechte, namentlich die Berufsfreiheit beziehungsweise die Privatautonomie, ausgeübt. Dies haben sie auch in freier und selbstbestimmter Weise getan.[502] Würde man nun, aufgrund der Konkretisierung der guten Sitten durch das Sozialstaatsprinzip, zur Sittenwidrigkeit einer gleichen Hinauskündigungsklausel gelangen, würde das Sozialstaatsprinzip eine Schranke zur Berufsfreiheit bilden. Das Sozialstaatsprinzip kann aber Grundrechte nicht ohne nähere Konkretisierung durch den Gesetzgeber einschränken.[503] Im Gegenteil: die Freiheitsrechte werden als eine Schranke zum Sozialstaatsprinzip verstanden.[504]

Selbst wenn man das Sozialstaatsprinzip berücksichtigen würde, ergäbe sich kein anderes Ergebnis. Bei Personengesellschaften führt das Ausscheiden eines Mitgesellschafters dazu, dass sein Anteil am Gesellschaftsvermögen den verbleibenden Gesellschaftern zuwächst (§ 738 Abs. 1 S. 1 BGB). Die verbleibenden Gesellschafter haben dem ausscheidenden Gesellschafter als Ausgleich dafür eine Abfindung zu zahlen (§ 738 Abs. 1 S. 2 BGB). Auch bei der Einziehung eines Geschäftsanteils nach § 34 GmbHG steht dem ausgeschiedenen Gesellschafter eine Abfindung zu.[505] Durch die zu zahlende Abfindung wirkt sich die Kündigung, anders als im Arbeitsrecht, nicht unmittelbar existenzbedrohend aus.

---

497 *Herzog* in: Maunz-Dürig, GG, Art. 20 Abschnitt VIII. Rdnr. 2; *Sommermann* in: v. Mangoldt/Klein/Starck, GG, Art. 20 Rdnr. 98.

498 Dreier-*Gröschner*, GG, Art. 20 (Sozialstaat) Rdnr. 33.

499 *Sommermann* in: v. Mangoldt/Klein/Starck, GG, Art. 20 Rdnr. 107; Dreier-*Gröschner*, GG, Art. 20 (Sozialstaat) Rdnr. 37.

500 Vgl. *Sommermann* in: v. Mangoldt/Klein/Starck, GG, Art. 20 Rdnr. 105.

501 Dies nimmt auch BGH, NJW 1985, 2421, 2422 an, ohne dies allerdings dem Sozialstaatsprinzip zuzuordnen.

502 Siehe dazu B. V. 4. b) aa).

503 BVerfGE 59, 231, 263; Sachs-*Sachs*, GG, Art. 20 Rdnr. 50.

504 *Herzog* in: Maunz-Dürig, GG, Art. 20 Abschnitt VIII. Rdnr. 41.

505 Roth/Altmeppen-*Altmeppen*, GmbHG, § 34 Rdnr. 14.

Außerdem wirkt sich der Verlust der Gesellschafterstellung nicht so negativ aus wie bei einem abhängig Beschäftigten der Verlust seines Arbeitsplatzes. In Zeiten struktureller Arbeitslosigkeit ist es häufig schwer, einen adäquaten Arbeitsplatz zu finden. Dem ausgeschlossenen Gesellschafter steht aber immer noch der Weg offen, wieder selbständig am Markt zu agieren. Dieses Risiko ist er schon einmal mit der Gründung der Gesellschaft, beziehungsweise dem Beitritt in die Gesellschaft, eingegangen, man kann ihm notfalls zumuten, dieses Risiko erneut einzugehen. Das Sozialstaatsprinzip darf nämlich nicht zu einer Lähmung der Freiheitsbetätigung des Einzelnen führen.[506]

*cc) Willkürherrschaft*

In der Entscheidung des BGH vom 13. Juli 1981[507] begründete der II. Zivilsenat die Unzulässigkeit einer freien Ausschlussklausel unter anderem damit, dass eine solche Klausel einer Willkürherrschaft innerhalb der Gesellschaft Vorschub leiste. Es bestünde die Gefahr, dass die betroffenen Gesellschafter von ihren Rechten und Pflichten keinen Gebrauch mehr machen und sich den Wünschen der berechtigten Gesellschafter beugen, obwohl doch die im Rahmen des Gesellschaftsvertrags zu treffenden Entscheidungen Ausfluss einer freien Willensbildung sein sollen.[508]

Der Entscheidung lag kein gleiches, sondern ein ungleiches Hinauskündigungsrecht zugrunde. Nur den persönlich haftenden Gesellschaftern stand das Recht zu, die Kommanditisten aus der Gesellschaft auszuschließen. Das Argument der Willkürherrschaft kann von vornherein nur dort berücksichtigt werden, wo nur bestimmte Gesellschafter von der Regelung betroffen sind. Bei einem gleichen Hinauskündigungsrecht besteht nicht die Gefahr einer Willkürherrschaft, denn schließlich kann jeder Gesellschafter ausgeschlossen werden. Wenn aber jeder Gesellschafter ausgeschlossen werden kann, muss sich keiner dem Willen eines anderen unterordnen, denn niemand erlangt eine stärkere Machtposition. Man könnte die Sache auch von einer anderen Seite betrachten: jeder ist der Willkürherrschaft unterworfen, so dass letztendlich niemand ihr unterworfen ist.

*dd) Kernbereichsverletzung*

Als weiteres Argument führt der BGH gegen Hinauskündigungsklauseln nach freiem Ermessen ins Feld, *„dass sie die nach dem Gesellschaftsvertrag erforderliche Zusammenarbeit der Gesellschafter im Kern treffen, die Erfüllung der dem*

506 *Sommermann* in: v. Mangoldt/Klein/Starck, GG, Art. 20 Rdnr. 108.
507 BGHZ 81, 263, 266 ff.
508 *Schöne*, Diss., Gesellschafterausschluß bei Personengesellschaften, S. 60 ff., sieht darin eine Knebelung.

*einzelnen Gesellschafter obliegenden Aufgaben gefährden und die im Rahmen des gemeinsamen Unternehmens gebotene gesellschaftstreue Mitarbeit in Frage stellen.* "[509]

Im Folgenden soll diesem Argument nachgegangen werden. Dazu soll untersucht werden, inwiefern ein freies Kündigungsrecht ein allgemeines Rechtsprinzip darstellt. Denn die guten Sitten werden durch gesetzliche Wertmaßstäbe konkretisiert; dazu zählen vor allem allgemeine Rechtsüberzeugungen.[510]

*(1). Vergleich mit anderen Dauerschuldverhältnissen*

Wie sich aus § 311 Abs. 1 BGB ergibt, kann jedes eingegangene Schuldverhältnis im beiderseitigen Willen durch vertragliche Vereinbarung aufgehoben werden. Ein solcher Aufhebungsvertrag kommt nach den allgemeinen Prinzipien des Vertragsschlusses durch Antrag und Annahme zustande.

Ein auf bestimmte Zeit eingegangenes Dauerschuldverhältnis erlischt mit Ablauf des festgelegten Zeitraums. An die Stelle des Rücktrittsrechts tritt beim bereits eingegangen Dauerschuldverhältnis das Kündigungsrecht.[511] Das Kündigungsrecht ist das Gegengewicht zu der fortwirkenden Bindungskraft von Dauerschuldverhältnissen.[512] Die Kündigung unterscheidet sich vom Rücktritt dadurch, dass sie das Schuldverhältnis mit Wirkung für die Zukunft beendet, wohingegen der Rücktritt das Schuldverhältnis auch mit Wirkung für die Vergangenheit beseitigt.[513] Beim Rücktritt vom Vertrag werden nach § 346 f. BGB die bereits eingetretenen Wirkungen nachträglich für die Vergangenheit aufgehoben, indem die empfangenen Leistungen zurückgewährt und die gezogenen Nutzungen herausgegeben werden müssen (§ 346 Abs. 1 BGB). Wie bereits festgestellt, begründet die Eingehung einer Gesellschaft im Innenverhältnis ein Dauerschuldverhältnis. Das Bürgerliche Gesetzbuch regelt neben der Gesellschaft bürgerlichen Rechts noch eine Vielzahl weiterer Dauerschuldverhältnisse. Charakteristisch für ein Dauerschuldverhältnis ist, dass es sich nicht in einem einmaligen Austausch von Leistungen erschöpft und danach endet, sondern eine zeitliche Dimension erreicht, während der ständig neue Leistungs-, Neben- und Schutzpflichten entstehen.[514]

509 BGHZ 81, 263, 266.
510 Staudinger-*Sack*, § 138 Rdnr. 45 f.
511 *von Gierke*, JherJb. Bd. 64, 355, 387.
512 *von Gierke*, JherJb. Bd. 64, 355, 380.
513 *Oetker*, Dauerschuldverhältnis, S. 261; *Gauch*, Diss., System der Beendigung von Dauerverträgen, S. 29; MüKo-BGB-*Gaier*, Vor. § 346 Rdnr. 16.
514 *von Gierke*, JherJb. Bd. 64, 355, 358 f.; *Gauch*, Diss., System der Beendigung von Dauerverträgen, S. 7 f.; Palandt-*Grüneberg*, § 314 Rdnr. 2; MüKo-BGB-*Gaier*, § 314 Rdnr. 5.

Ein Dauerschuldverhältnis ist theoretisch zeitlich unbegrenzt möglich, während der Bestand eines einfachen Schuldverhältnisses durch den Austausch seiner Leistungspflichten begrenzt wird, da mit dem Austausch der Leistungen die Erfüllungswirkung des § 362 BGB eintritt.[515]

Auch Schuldverhältnisse, die sich klassischerweise durch einen einmaligen Austausch von Leistungen auszeichnen, wie z.B. der Kaufvertrag, können zu einem Dauerschuldverhältnis ausgestaltet werden.[516] Im Folgenden sollen exemplarisch die wichtigsten der im Bürgerlichen Gesetzbuch geregelten, als Dauerschuldverhältnisse ausgestalteten Vertragstypen hinsichtlich ihrer Beendigung durch Kündigung auf Gemeinsamkeiten und Unterschiede untersucht werden.

*i) Mietvertrag, Pachtvertrag*

Im Mietrecht muss zwischen einem Mietverhältnis unterschieden werden, welches für eine bestimmte Zeit eingegangen worden ist und einem unbefristeten Mietverhältnis (§ 542 BGB).

Nach § 542 Abs. 1 BGB kann ein unbefristetes Mietverhältnis von jeder Vertragspartei nach den gesetzlichen Vorschriften gekündigt werden. Bei Mietverhältnissen über Wohnraum kann der Vermieter nach § 573 Abs. 1 S. 1 BGB das Mietverhältnis nur kündigen, wenn er ein berechtigtes Interesse an der Beendigung hat. Der Absatz 2 des § 573 BGB führt Fälle an, bei denen insbesondere ein berechtigtes Interesse vorliegt. Bei Mietverhältnissen über Wohnraum bedarf es also für die Zulässigkeit der ordentlichen Kündigung durch den Vermieter bestimmter Voraussetzungen. Ein freies Kündigungsrecht besteht nicht. Das Erfordernis eines berechtigten Interesses für die ordentliche Kündigung durch den Vermieter wurde ursprünglich deshalb ins Mietrecht aufgenommen, weil es aufgrund von erheblichen Fehlbeständen an Mietwohnraum zu einer ungünstigen Marktlage für den Mieter kam.[517] Ausschlaggebend für die Verankerung berechtigter Interessen für die Kündigung war damit die Gefahr, dass wegen der Angebotsstörung die Marktmechanismen der Preisbildung außer Kraft gesetzt sein könnten.

Bei späterer Übernahme der Regelung ins BGB hat der Gesetzgeber diese Wertung unabhängig von der Marktlage für Wohnraummietverhältnisse geschaffen, da jeder Wohnungswechsel für den Mieter mit nicht unerheblichen Kosten verbunden ist und auch andere erhebliche Unzulänglichkeiten mit sich bringt.[518] Außerdem hat eine Wohnung als Lebensmittelpunkt des menschlichen Daseins eine überragende Bedeutung, daher gebietet die Sozialstaatsverpflichtung des Grundgesetzes,

---

515 *von Gierke*, JherJb. Bd. 64, 355, 357, 358 f.

516 Palandt-*Grüneberg*, § 314 Rdnr. 2, 5 m. w. N.

517 Staudinger-*Rolfs*, § 573 Rdnr. 4.

518 BT-Drucks. 7/2011, S. 7.

den vertragstreuen Mieter vor willkürlichen Kündigungen zu schützen.[519] Diese rechtspolitische Entscheidung wird allgemein befürwortet.[520]

Von dem Vorhandensein besonderer Interessen macht das Gesetz in § 573 a BGB Ausnahmen, wenn der Mieter in einer besonderen räumlichen Nähe zum Vermieter steht oder es sich nach § 573 b BGB nur um Nebenräume handelt, die nicht zum Wohnen bestimmt sind. Von den Regelungen in §§ 573, 573 a, 573 b BGB kann nicht zum Nachteil des Mieters abgewichen werden (vgl. §§ 573 Abs. 4, 573 a Abs. 4, 573 b Abs. 5 BGB). Der Gesetzgeber hat also bei Mietverhältnissen über Wohnraum explizit eine Wertung getroffen, dass sämtliche Vereinbarungen, die von diesen Grundsätzen abweichen, unwirksam sind. Daher können keine Kündigungsvereinbarungen getroffen werden, nach denen der Vermieter nach freiem Ermessen das Mietverhältnis beenden kann.

Der Mieter hingegen kann ohne besondere Gründe den Vertrag kündigen. Er muss nur den Kündigungstermin sowie die Kündigungsfrist des § 573 c Abs. 1 S. 1 BGB einhalten. Der § 573 c Abs. 4 BGB legt fest, dass zum Nachteil des Mieters von den Absätzen 1 oder 3 keine abweichenden Vereinbarungen wirksam sind. Dies bedeutet aber auch, dass für den Mieter günstigere Vereinbarungen durchaus getroffen werden können und es demnach zulässig wäre, dem Mieter eine sofortige Kündigungsmöglichkeit ohne Frist und Termin zu gewähren.

Bei Mietverhältnissen über andere Sachen als Wohnraum, die auf unbestimmte Zeit geschlossen wurden, sieht § 580 a BGB zwar die Einhaltung gewisser Fristen und Termine vor, doch ist die Kündigung ansonsten von beiden Seiten ohne das Vorliegen bestimmter Gründe zulässig.

Neben das Recht zur ordentlichen Kündigung tritt für beide Vertragsparteien die Möglichkeit der außerordentlichen Kündigung. Für alle Arten von Mietverhältnissen bildet § 543 BGB dafür die einschlägige Grundnorm. Bei Mietverhältnissen über Wohnraum beinhaltet § 569 BGB speziellere Regelungen, die § 543 BGB ergänzen.[521] Die außerordentliche Kündigung setzt nach den Vorschriften §§ 543, 569 BGB das Vorhandensein wichtiger Gründe voraus.

Befristete Mietverhältnisse, also solche, die für eine bestimmte Zeit eingegangen worden sind, enden hingegen nach § 542 Abs. 2 BGB mit Ablauf dieser Zeit, wenn sie nicht verlängert oder aber zuvor außerordentlich gekündigt werden. Dagegen ist bei befristeten Mietverhältnissen die ordentliche Kündigung von Gesetzes wegen ausgeschlossen.[522] Dies hat damit zu tun, dass die Vertragsparteien von

---

519 BT-Drucks. 7/2011, S. 7.

520 Staudinger-*Rolfs*, § 573 Rdnr. 6 f.; Palandt-*Weidenkaff*, § 573 Rdnr. 12; vgl. *Honsell*, AcP 186 (1986), 115, 117.

521 Palandt-*Weidenkaff*, § 569 Rdnr. 1.

522 Palandt-*Weidenkaff*, § 542 Rdnr. 11; *Oetker/Maultzsch*, Vertragliche Schuldverhältnisse, S. 344 Rdnr. 118; *Medicus*, SR II, Rdnr. 213.

vornherein das Wissen haben, dass ihr Vertragsverhältnis zu einem bestimmten Zeitpunkt endet. Dennoch können die Parteien zusätzlich eine ordentliche Kündigungsmöglichkeit vereinbaren.

Beim Pachtvertrag gelten hinsichtlich der Vertragsbeendigung nur insoweit Besonderheiten, als dass die Kündigungsfristen im Vergleich zum Mietvertrag länger sind. Die ordentliche Kündigung kann nach § 584 Abs. 1 BGB nur zum Schluss des Pachtjahres erklärt werden, wobei die Kündigungsfrist ein halbes Jahr beträgt und spätestens am dritten Werktag des halben Jahres zu erfolgen hat, mit dessen Ablauf die Pacht enden soll. Gründe bedarf es bei der ordentlichen Kündigung auch hier nicht.

*ii) Arbeitsverhältnis/ Dienstverhältnis*

Auch das Arbeitsverhältnis/Dienstverhältnis ist ein Dauerschuldverhältnis, sofern es sich nicht um eine einmalige Tätigkeit handelt, denn es wird nicht durch den beiderseitigen Austausch der Leistungen einfach beendet, sondern es bedarf eines Beendigungstatbestandes.[523]

Das Dienstverhältnis endet nach § 620 Abs. 1 BGB mit dem Ablauf der Zeit, für die es eingegangen worden ist. Wie sich aus dem Umkehrschluss aus § 620 Abs. 2 BGB ergibt, kann das Dienstverhältnis vor Ablauf der Vertragslaufzeit nicht ordentlich gekündigt werden, es sei denn, dies wurde vereinbart. Eine außerordentliche Kündigung nach § 626 BGB ist jedoch möglich. Unbefristete Dienstverträge können nach § 621 BGB ordentlich gekündigt werden; hierfür müssen nur die Kündigungstermine und Fristen eingehalten werden. Kündigungsgründe müssen, anders als bei der außerordentlichen Kündigung nach § 626 BGB, nicht vorliegen.

Dieses Konzept wird im Arbeitsrecht bei Kündigungen von Arbeitgeberseite grundlegend verändert. Sofern das Kündigungsschutzgesetz eingreift, kann dem Arbeitnehmer nur gekündigt werden, wenn die Kündigung sozial gerechtfertigt ist (§ 1 Abs. 1 KSchG). Nach § 1 Abs. 2 KSchG ist eine Kündigung sozial gerechtfertigt, wenn sie durch Gründe in der Person oder im Verhalten des Arbeitnehmers oder durch dringende betriebliche Gründe bedingt ist. Das Kündigungsschutzgesetz ist ein einseitig zwingendes Arbeitnehmerschutzrecht; es kann von den dortigen Vorschriften also nur zugunsten des Arbeitnehmers abgewichen werden.[524]

---

523 Palandt-*Weidenkaff*, Einf. v. § 611 Rdnr. 2, 5; *Krause*, Arbeitsrecht, § 11 Rdnr. 1.

524 *Mayer* in: Fiebig/Gallner/Nägele, Kündigungsschutzrecht, § 1 Rdnr. 6; Kittner/Däubler/Zwanziger-*Kittner/Deinert*, KSchR, § 1 KSchG Rdnr. 4; *Krause*, Arbeitsrecht, § 12 Rdnr. 19.

Im Hinblick auf den betrieblichen Geltungsbereich greift das Kündigungsschutzgesetz nach § 23 Abs. 1 KSchG nicht bei Kleinbetrieben ein. In personeller Hinsicht erfasst das Kündigungsschutzgesetz nach § 1 Abs. 1 KSchG nur Arbeitnehmer, deren Arbeitsverhältnis länger als sechs Monate bestanden hat. Gemäß § 14 Abs. 1 KSchG beziehen sich die Schutzvorschriften nicht auf Organmitglieder. Freie Mitarbeiter werden ebenfalls nicht geschützt.[525] Leitende Angestellte werden zwar erfasst, von ihnen kann man sich allerdings nach § 14 Abs. 2 KSchG leichter trennen.

Die Etablierung des Kündigungsschutzes für den Arbeitnehmer beruht auf der Tatsache, dass der Entwurf des Kündigungsschutzgesetzes die allgemeinen wirtschaftlichen Interessen des Arbeitnehmers als geschütztes Rechtsgut ansieht.[526] Der Arbeitsplatz und die Betriebszugehörigkeit werden als Rechtsgut anerkannt, da sie die Grundlage der wirtschaftlichen und sozialen Existenz des Arbeitnehmers bilden.[527]

*iii) Darlehensvertrag*

Ist für die Rückerstattung des Darlehens keine Zeit vereinbart, hängt die Fälligkeit von der Kündigung des Darlehensgebers oder des Darlehensnehmers ab (§ 488 Abs. 3 S. 1 BGB). In diesem Fall beträgt die Kündigungsfrist drei Monate (§ 488 Abs. 3 S. 2 BGB). Die besonderen ordentlichen Kündigungsrechte des Darlehensnehmers, nach § 489 Abs. 1 und 2 BGB, sollen hier nicht von Interesse sein. § 490 BGB regelt außerordentliche Kündigungsrechte, für die bestimmte Gründe vorliegen müssen.

*iv) Leihe*

Die Leihe ist ebenfalls ein Dauerschuldverhältnis.[528] Haben die Vertragsparteien eine Vertragslaufzeit vereinbart, dann endet die Leihe mit deren Ablauf. Dies ergibt sich aus § 604 Abs. 1 BGB. Eine fristlose Kündigung bleibt davon unberührt. Es müssen dazu allerdings die in § 605 BGB geregelten Gründe vorliegen. Ist der Leihvertrag auf unbestimmte Zeit geschlossen, kann die Sache jederzeit zurückgefordert werden (§ 604 Abs. 3 BGB).

---

525 *Mayer* in: Fiebig/Gallner/Nägele, Kündigungsschutzrecht, § 1 Rdnr. 23 f.; *Krause*, Arbeitsrecht, § 12 Rdnr. 22.

526 Begr. des RegE zum KSchG, RdA 1950, 63.

527 Begr. des RegE zum KSchG, RdA 1950, 63.

528 Palandt-*Grüneberg*, § 314 Rdnr. 2; *Oetker/Maultzsch*, Vertragliche Schuldverhältnisse, S. 383 Rdnr. 1.

*v) Verwahrung*

Bei dem Verwahrungsvertrag, der auch ein Dauerschuldverhältnis[529] darstellt, kann der Hinterleger die hinterlegte Sache nach § 695 S. 1 BGB auch dann jederzeit zurückfordern, wenn für die Aufbewahrung eine Zeit bestimmt ist. Dies gilt auch bei der entgeltlichen Verwahrung.[530]

*vi) Zusammenfassung*

Bei den Vertragstypen, die als Dauerschuldverhältnisse qualifiziert werden können, sehen die gesetzlichen Regelungen grundsätzlich vor, dass es für die ordentliche Kündigung keiner Gründe bedarf. Die grundlose ordentliche Kündigung ist ein allgemeines Rechtsprinzip.

In den überwiegenden Fällen ist die ordentliche Kündigung so ausgestaltet, dass sie zu einem bestimmten Termin erklärt werden muss, unter Einhaltung einer bestimmten Frist. Dies erklärt sich daraus, dass bei einem unbefristeten Dauerschuldverhältnis eine „Kontinuitätserwartung“[531] für den Fortbestand des Vertrags besteht, so dass dem Vertragspartner ein gewisser Zeitraum zur Einstellung auf die veränderte Situation zu gewähren ist. Aus diesem Grund sieht das Gesetz bei befristeten Dauerschuldverhältnissen auch nur eine außerordentliche Kündigung vor, da dort von Anfang an erkenntlich ist, wie lange die Vertragsbindung zwischen den Parteien bestehen soll.

Nur bei wenigen Verträgen kann die Kündigung jederzeit erfolgen. Zum einen hat dies der Gesetzgeber bei der Leihe so vorgesehen. Dort kann der Verleiher, wenn die Leihe unbefristet erfolgte, die Sache jederzeit nach § 604 Abs. 3 BGB zurückverlangen. Dies wird hauptsächlich mit der Unentgeltlichkeit der Leihe zusammenhängen, die den Entleiher weniger schützenswert erscheinen lässt. Zum anderen kann bei der Verwahrung die Sache jederzeit zurückgefordert werden (§ 695 S. 1 BGB). Der Verwahrer hat bei Unentgeltlichkeit kein Interesse, die Sache länger aufzubewahren und bei Entgeltlichkeit kann er, je nach Vertragsabsprache, eventuell dennoch den gesamten vereinbarten Betrag fordern.

Abweichungen von der gesetzlichen Konzeption sind wegen der Vertragsgestaltungsfreiheit möglich, es sei denn, es handelt sich um positives oder einseitig positives Gesetzesrecht.

Von dem Grundsatz der grundlosen ordentlichen Kündigung wird nur in seltenen Ausnahmen abgewichen. In diesen Fällen hat dann der Gesetzgeber eine

529 Palandt-*Sprau*, § 688 Rdnr. 1; *Oetker/Maultzsch*, Vertragliche Schuldverhältnisse, S. 625 Rdnr. 1.

530 Palandt-*Sprau*, § 688 Rdnr. 1.

531 *Oetker*, Dauerschuldverhältnis, S. 273.

wertende Entscheidung getroffen und ordnet dies explizit an. Dies hat er bei der ordentlichen Kündigung von Mietverhältnissen über Wohnraum von Vermieterseite und für die ordentliche Kündigung von Arbeitsverhältnissen – nicht aber bei Dienstverhältnissen – von Auftragsgeberseite getan. Die jeweils vermeintlich stärkere Seite darf das Vertragsverhältnis mit der vermeintlich schwächeren und abhängigeren Seite nicht ohne weiteres kündigen. Es müssen besondere, wichtige Gründe bzw. sachliche Voraussetzungen vorliegen. Grund für die Abweichung ist die soziale Komponente bei diesen Dauerschuldverhältnissen. Das jeweilige Gut, Mietwohnraum und Arbeitsplatz, sind am Markt nicht in unbegrenzter Anzahl vorhanden, sondern es besteht ein Engpass. Daher entsteht eine ungleiche Vertragsparität. Weiterhin sind diese Güter besonders existenziell. Deswegen hat der Gesetzgeber in diesen beiden Fällen ein Bestandsschutzkonzept geschaffen, für dessen Beendigung es eines rechtfertigenden Grundes bedarf.[532]

*(2). Geltung des Grundsatzes der grundlosen ordentlichen Kündigung im Gesellschaftsrecht*

Fraglich ist nun, ob der Grundsatz der grundlosen ordentlichen Kündigung auch im Gesellschaftsrecht Geltung beanspruchen kann, oder ob im Gesellschaftsrecht Gründe für eine ordentliche Kündigung vorhanden sein müssen.

Bei dem Grundtyp der Personengesellschaft, der Gesellschaft bürgerlichen Rechts, sieht § 723 Abs. 1 S. 1 BGB vor, dass, sofern die Gesellschaft auf unbestimmte Zeit geschlossen wurde, jeder Gesellschafter sie jederzeit kündigen kann. Durch die Kündigung der Gesellschaft wird diese aufgelöst. Es erfolgt eine Auseinandersetzung des Gesellschaftsvermögens. Auch wenn in den meisten Gesellschaftsverträgen entweder vereinbart ist, dass die Kündigung zu einem bestimmten Termin erklärt und dann auch eine Frist eingehalten werden muss oder eine Fortsetzungsvereinbarung i.S.d § 736 Abs. 1 BGB enthalten ist, so zeigt § 723 Abs. 1 S. 1 BGB, dass auch bei der Gesellschaft bürgerlichen Rechts die ordentliche Kündigung jederzeit ohne Gründe möglich ist. Die besagte Norm belegt zugleich aber nur, dass jeder Gesellschafter die <u>Gesellschaft</u> jederzeit ohne Gründe kündigen darf. Umgekehrt hingegen findet sich keine Regelung, die der Gesellschaft bzw. den Gesellschaftern ein grundloses Kündigungsrecht gegenüber anderen Gesellschaftern verleiht. Einzig in § 737 BGB wird die von den übrigen Gesellschaftern ausgehende Kündigung eines Mitgesellschafters angesprochen. Falls eine Fortsetzungsklausel vereinbart ist, können die übrigen Gesellschafter einem Gesellschafter kündigen, wenn in dessen Person ein wichtiger Grund vorliegt. Die gesetzlichen Regelungen für die Gesellschaft bürgerlichen Rechts gehen damit

---

532 *Oetker*, Dauerschuldverhältnis, S. 272.

davon aus, dass die Gesellschaft sowie die Gesellschafter einen Mitgesellschafter nicht ohne Gründe kündigen können.

Dies ist jedoch nicht verwunderlich; schließlich ging der Gesetzgeber bei der Gesellschaft bürgerlichen Rechts davon aus, dass sie entscheidend von ihrer personellen Zusammensetzung geprägt und von ihrer unveränderten Zusammensetzung bedingt wird.[533] Dies zeigt die Tatsache, dass die Gesellschaft durch den Tod eines Gesellschafters aufgelöst wird, sofern nicht etwas anderes im Gesellschaftsvertrag vereinbart wurde (§ 727 Abs. 1 BGB) und dass nach der gesetzlichen Regelung die Kündigung eines Gesellschafters zur Auflösung der Gesellschaft führt (§ 723 Abs. 1 S. 1 BGB). Die ordentliche Kündigung der übrigen Gesellschafter gegenüber einem Mitgesellschafter würde nach der gesetzlichen Konzeption zur Auflösung der Gesellschaft führen. Dies aber kann jeder Gesellschafter selbst über § 723 Abs. 1 S. 1 BGB erreichen.

Dass die gesetzliche Konzeption nicht von einer grundlosen ordentlichen Kündigung ausgeht, bedeutet aber nicht, dass nicht etwas anderes vertraglich bestimmt werden könnte. Die §§ 723 ff. BGB zeigen in ihrer systematischen Zusammenschau noch etwas anderes: die Gesellschaft bürgerlichen Rechts muss nicht von der unveränderten Zusammensetzung der Gesellschafter bedingt sein. Die §§ 727 Abs. 1 HS 2, 736 Abs. 1, 737 BGB belegen, dass, wenn ein Gesellschafter stirbt, die Gesellschaft ohne den Dahingeschiedenen fortgeführt werden kann, sowie dass bei Kündigung eines Gesellschafters die Gesellschaft nicht unbedingt aufgelöst werden muss, sondern diese ohne den kündigenden Gesellschafter fortgesetzt werden kann.

Durch den Abschluss des Gesellschaftsvertrags entsteht ein Geflecht von wechselseitigen Rechten und Pflichten zwischen dem Mitglied und dem Verband, aber auch zwischen den Mitgliedern selbst.[534] Die Gesamtheit der aus der Gesellschafterstellung erwachsenden Rechte und Pflichten bezeichnet man als Mitgliedschaft.[535] Die aus dem Gesellschaftsvertrag resultierenden Rechtsverhältnisse zwischen Mitglied und Verband sowie den Mitgliedern untereinander müssen von allen beteiligten Parteien in jede Richtung beendet werden können. Dies führt zu der Konsequenz, dass es nicht ersichtlich ist, weswegen im Gesellschaftsvertrag nicht vereinbart werden könnte – wenn die starke persönliche Komponente durch die Fortsetzungsklausel beseitigt ist – dass auch den Gesellschaftern gegenüber einem Mitgesellschafter ein ordentliches grundloses Kündigungsrecht eingeräumt werden könnte.

---

533 *Mugdan*, Mat. zum BGB, Band 2, S. 348.

534 *Ulmer* in: Staub GK HGB, § 105 Rdnr. 208; MüKo-HGB-*K. Schmidt*, § 105 Rdnr. 170; *K. Schmidt*, GesR, § 19 S. 552.

535 *Ulmer* in: Staub GK HGB, § 105 Rdnr. 208; *Wertenbruch* in: Ebenroth/Boujong/Joost/Strohn, § 105 Rdnr. 122.

Dass die Mitgliedschaft des einzelnen Gesellschafters in der Gesellschaft nicht geschützt wird, zeigt auch der Alternativvorschlag von *Henssler/Kilian*. Diese schlagen eine Trennung von dem unliebsamen Mitgesellschafter durch eine Kollektivkündigung durch die Mitgesellschafter vor, damit sich anschließend die übrigen Gesellschafter erneut beruflich betätigen können.[536] Durch den Kollektivaustritt wird der missliebige Gesellschafter ebenso vereinzelt wie durch das freie Ausschlussrecht. Erwägenswert solle dies zwar nur bei der Zusammenarbeit von Berufen sein, die im Kern geistige Leistungen erbringen und deshalb nicht auf eine Vermögensbindungen erforderliche Infrastruktur angewiesen sind,[537] doch theoretisch denkbar wäre eine Kollektivkündigung bei jeder Gesellschaft. Eine unzulässige Umgehung des Hinauskündigungsverbots kann darin nicht erblickt werden, da § 723 Abs. 3 BGB explizit Vereinbarungen, durch die das Kündigungsrecht ausgeschlossen oder beschränkt wird, für nichtig erklärt. Die Kündigung des Gesellschafters wird damit in den Stand eines „Grundrechts" erhoben.

Bei der offenen Handelsgesellschaft legt § 131 Abs. 3 Nr. 3 HGB fest, dass die Kündigung des Gesellschafters zu dessen Ausscheiden führt. Nach § 132 HGB ist die ordentliche Kündigung des Gesellschafters, wenn die Gesellschaft auf unbestimmte Zeit eingegangen wurde, an keine Gründe gebunden,[538] sondern nur an die Einhaltung eines Termins und einer Frist. Von einem Kündigungsrecht der Gesellschaft bzw. der übrigen Gesellschafter gegenüber einem Gesellschafter ist nur in §§ 140, 133 HGB die Rede. Dazu muss nach § 133 Abs. 1 HGB ein wichtiger Grund in der Person des Gesellschafters vorliegen. Es sind jedoch keine Normen vorhanden, die eine Abweichung vom Grundsatz der grundlosen ordentlichen Kündigung explizit anordnen. Aufgrund der wechselseitigen Rechtsverhältnisse spricht zunächst nichts gegen ein grundloses ordentliches Kündigungsrecht, zumal § 131 Abs. 3 Nr. 5 HGB besagt, dass der Gesellschaftsvertrag weitere Fälle vorsehen kann, die zum Ausscheiden eines Gesellschafters führen.

Bei der GmbH ist die Sachlage ähnlich. Die Einziehung von Geschäftsanteilen wird in § 34 GmbHG vorgesehen. Wann eine Einziehung erfolgen kann, besagt das Gesetz nicht, sondern überlässt dies dem Gesellschaftsvertrag. Allerdings wird auch im GmbH-Recht die grundlose ordentliche Kündigung nicht ausgeschlossen.

Dennoch stellt sich, im Hinblick darauf, dass im Arbeitsrecht die ordentliche Kündigung eines Arbeitnehmers nur zulässig ist, wenn sie nach dem Kündigungsschutzgesetz sozial gerechtfertigt ist, die Frage, ob im Gesellschaftsrecht nicht ebenfalls eine Durchbrechung des Grundsatzes der grundlosen ordentlichen Kündigung angebracht ist, denn in Bezug auf die Kündigungsfolgen lassen sich das

---

536 *Henssler/Kilian*, ZIP 2005, 2229, 2230; *Kilian*, WM 2006, 1567, 1574.
537 *Henssler/Kilian*, ZIP 2005, 2229, 2230; *Kilian*, WM 2006, 1567, 1574.
538 *C. Schäfer* in: Staub GK HGB, § 132 Rdnr. 5.

Gesellschaftsverhältnis und das Arbeitsverhältnis durchaus vergleichen. In den überwiegenden Fällen bestreiten die Gesellschafter ihren Lebensunterhalt auf der Grundlage ihrer Mitgliedschaft, wie dies beim Arbeitsverhältnis auch der Fall ist. Die soziale Existenz des Gesellschafters wird entscheidend von dem weiteren Bestand des Gesellschaftsverhältnisses beeinflusst.

Gegen den Vergleich des Gesellschaftsverhältnisses mit dem Arbeitsverhältnis könnte man nun einwenden, dass sich das Gesellschaftsverhältnis am ehesten mit dem Dienstverhältnis vergleichen lässt. Ein Dienstverhältnis kann nach § 621 BGB grundlos gekündigt werden. Ein typisches Dienstverhältnis liegt vor, wenn die Dienstleistung in persönlicher, wirtschaftlicher und sozialer Selbst- und Unabhängigkeit vollbracht wird.[539] Das trifft insbesondere auf selbständige Unternehmer und freiberuflich Tätige zu. Das Gesellschaftsverhältnis und das Dienstverhältnis haben gemeinsam, dass sie selbständig am Markt agieren und so ein wirtschaftliches Risiko eingehen, welches sie zu tragen haben. Darin liegt zugleich der Unterschied zum Arbeitsverhältnis. Allerdings unterscheidet sich das Dienstverhältnis vom Gesellschaftsverhältnis dadurch, dass das Dienstverhältnis auf den Abschluss einer Vielzahl von Verträgen gerichtet ist und sich daher die Kündigung eines Dienstvertrags nicht unmittelbar existenzbedrohend auswirkt. Ein mitarbeitender Gesellschafter ist nur Mitglied in einer Gesellschaft. Die Kündigung entzieht ihm, wie dem Arbeitnehmer, die Lebensgrundlage. Das Gesellschaftsverhältnis nimmt damit eine Mittelposition zwischen dem Arbeits- und dem Dienstverhältnis ein und daher kann man das Gesellschafts- mit dem Arbeitsverhältnis vergleichen.

Die Ausnahme vom freien Kündigungsrecht erfährt jedoch im Arbeitsrecht zwei Rückausnahmen. Zum einen erklärt § 23 Abs. 1 S. 2 KSchG die Vorschriften des ersten Abschnitts des KSchG, mit Ausnahme der §§ 4 bis 7 und des § 13 Abs. 1 S. 1 und 2, bei Kleinbetrieben für nicht anwendbar. Dies bedeutet, dass für eine Kündigung von Arbeitnehmern in Kleinbetrieben keine sozial gerechtfertigten Gründe benötigt werden. In der Entscheidung des Bundesverfassungsgerichts vom 27. Januar 1998[540] hat der zweite Senat die Kleinbetriebsklausel für verfassungsgemäß befunden. Der Ausschluss des § 1 KSchG führt nicht dazu, dass der Arbeitnehmer völlig schutzlos gestellt ist. Über die zivilrechtlichen Generalklauseln der §§ 138, 242 BGB wird dem Arbeitnehmer ein Mindestmaß an Schutz gewährleistet. Der Arbeitnehmer wird vor einer sitten- oder treuwidrigen Ausübung des Kündigungsrechts geschützt.[541] Dazu hat das Bundesverfassungsgericht in seiner Entscheidung drei Gesichtspunkte aufgestellt: dem Arbeitnehmer darf nicht willkürlich oder wegen sachfremder Motiven gekündigt werden, insbe-

539 Palandt-*Weidenkaff*, Einf v § 611 Rdnr. 16.
540 BVerfGE 97, 169 ff. = NZA 1998, 470 ff.
541 BVerfGE 97, 169, 178 = NZA 1998, 470, 472; Kittner/Däubler/Zwanziger-*Däubler*, § 242 BGB Rdnr. 25.

sondere darf er nicht i.S.d. Art. 3 Abs. 3 GG diskriminiert werden. Die Auswahl der gekündigten Person muss auf soziale Gesichtspunkte Rücksicht nehmen und schließlich darf ein durch langjährige Mitarbeit erdientes Vertrauensverhältnis in den Fortbestand des Arbeitsverhältnisses nicht unberücksichtigt bleiben.[542]

Die vom Bundesverfassungsgericht aufgestellten Gesichtspunkte, unter denen auch in Kleinbetrieben ein gewisser Kündigungsschutz etabliert werden soll, spricht nur das aus, was Gerichte immer beachten müssen. Der Arbeitnehmer soll nur vor einer sitten- und treuwidrigen Ausübung des Kündigungsrechts geschützt werden. Dies sieht das Bundesarbeitsgericht ebenfalls so und neigt daher zu einer Missbrauchskontrolle.[543] Zum Teil wird jedoch befürwortet, dass auch bei Kleinbetrieben „sachbezogene und anerkennenswerte Gründe" vorhanden sein müssen.[544] Dem kann nicht gefolgt werden. Das Bundesverfassungsgericht zeigt zwar auf, wie Arbeitnehmer in Kleinbetrieben vor Kündigungen geschützt werden, doch weichen diese Gesichtspunkte nicht vom Grundsatz der grundlosen ordentlichen Kündigung ab. Es ergibt sich schon aus § 138 Abs. 1 BGB, dass eine Kündigung nicht aus willkürlichen oder sachfremden Gründen erfolgen soll. Die beiden weiteren Punkte sind nichts anderes als eine Ausprägung von Treu und Glauben (§ 242 BGB). Nicht die Kleinbetriebsklausel nach § 23 Abs. 1 S. 2 KSchG ist eine Ausnahmevorschrift im Bereich der ordentlichen Kündigung, sondern § 1 KSchG. Die Rückführung von der Ausnahme zurück zum Grundsatz darf nicht wieder aufgehoben werden.

Die Ausgliederung von Kleinbetrieben aus dem allgemeinen Kündigungsschutz hängt damit zusammen, dass in kleineren Betrieben das Arbeitsklima und die persönliche Komponente von größerer Bedeutung sind als in Großbetrieben. Kleinere Teams sind anfällig für Missstimmungen und Streitigkeiten, was sich bei geringem Geschäftsvolumen auf das Ergebnis durchschlägt.[545] Häufig arbeitet der Chef mit im Unternehmen, daher ist das Vertrauensverhältnis zu seinen Mitarbeitern von äußerster Wichtigkeit.[546] Zudem sind Kleinbetriebe finanziell nicht so leistungsfähig, als dass sie wenig benötigtes Personal mittragen könnten.[547]

Zum anderen findet der erste Abschnitt des KSchG gemäß § 14 Abs. 2 KSchG auf „Geschäftsführer, Betriebsleiter und ähnliche leitende Angestellte, soweit diese zur selbständigen Einstellung und Entlassung von Arbeitnehmern berechtigt

---

542 BVerfGE 97, 169, 179 = NZA 1998, 470, 472.
543 BAG, NZA 1999, 590, 594; so auch Ascheid/Preis/Schmidt-*Moll*, Kündigungsrecht, § 23 KSchG Rdnr. 40.
544 LAG Schleswig-Holstein, AuR 1998, 376; Kittner/Däubler/Zwanziger-*Däubler*, KSchR, § 242 BGB Rdnr. 27.
545 BVerfGE 97, 169, 177 = NZA 1998, 470, 472.
546 BVerfGE 97, 169, 178 = NZA 1998, 470, 472.
547 BVerfGE 97, 169, 178 = NZA 1998, 470, 472.

sind", nur eingeschränkt Anwendung. Eine wesentliche Besonderheit besteht für diese Arbeitnehmergruppe darin, dass das Arbeitsverhältnis auf Antrag des Arbeitgebers, ohne dass es einer Begründung bedarf, aufgelöst werden kann (§ 14 Abs. 2 S. 2 KSchG). Diese Abweichung erklärt sich aus der besonderen Vertrauensstellung dieser Arbeitnehmergruppe.[548] Bei den leitenden Angestellten besteht kein Bestandsschutz, sondern der Kündigungsschutz reduziert sich auf einen Abfindungsschutz.[549] Die sachliche Rechtfertigung in Bezug auf andere Arbeitnehmer hängt mit der hierarchischen Stellung der leitenden Angestellten zusammen, die unternehmerische Teilfunktionen ausüben.[550]

Die beiden Rückausnahmen haben eine gemeinsame dogmatische Grundlage. Trotz der grundsätzlichen besonderen Schutzwürdigkeit von Arbeitnehmern besteht kein Kündigungsschutz nach § 1 KSchG, wenn der Arbeitnehmer in einem besonderen Treue- bzw. Näheverhältnis zum Arbeitgeber steht. Dies rechtfertigt sich daraus, dass der Arbeitgeber aufgrund des besonderen Treue- bzw. Näheverhältnisses mehr als nur ein Interesse an der ordnungsgemäßen Vertragserfüllung hat. Besteht kein Treue- bzw. Näheverhältnis und erfüllt der Arbeitnehmer seine Vertragspflichten, so hat der Arbeitgeber kein Interesse an einer Vertragskündigung. Gleiches zeigt sich im Mietrecht. Befinden sich bei der Wohnraummiete in dem Gebäude nur zwei Wohnungen und bewohnt der Vermieter eine von ihnen selber, dann kann er das Mietverhältnis ohne berechtigte Interessen i.S.d. § 573 a Abs. 1 BGB kündigen. Wegen der persönlichen und räumlichen Nähe zum Mieter ist ein friedliches Zusammenleben wichtig.[551] Auch in diesem Fall hat der Vermieter mehr als nur ein Interesse an der reinen Vertragserfüllung.

Mit dem Gesellschaftsvertrag schließen sich die Vertragspartner zusammen, um einen gemeinsamen Zweck zu erreichen. Der Gesellschaftsvertrag wird in der Regel im Vertrauen auf die Individualität der einzelnen Gesellschafter eingegangen; es entsteht daher ein höchst persönliches Vertragsverhältnis.[552] Der gemeinsame Zweck ist das bindende Element im Gesellschaftsrecht. Nur wenn dieser vorliegt, wird das eingegangene Rechtsverhältnis zum Gesellschaftsverhältnis.

---

548 Stahlhacke-*Preis*, Kündigungsschutz, Rdnr. 879; *Pfeiffer* in: Fiebig/Gallner/Nägele, Kündigungsschutzrecht, § 14 Rdnr. 2; Ascheid/Preis/Schmidt-*Biebl*, Kündigungsrecht, § 14 KSchG Rdnr. 4; *Koller*, DB 1984, 545, 547.

549 *Pfeiffer* in: Fiebig/Gallner/Nägele, Kündigungsschutzrecht, § 14 Rdnr. 2; Ascheid/Preis/Schmidt-*Biebl*, Kündigungsrecht, § 14 KSchG Rdnr. 29; *Bütter/Tonner*, BB 2003, 2417, 2418.

550 *Pfeiffer* in: Fiebig/Gallner/Nägele, Kündigungsschutzrecht, § 14 Rdnr. 2.

551 Vgl. Staudinger-*Rolfs*, § 573a Rdnr. 3; MüKo-BGB-*Häublein*, § 573 a Rdnr. 1.

552 *Mugdan*, Mat. zum BGB, Band 2, S. 330.

Durch den gemeinsamen Zweck der Vertragspartner entsteht ein gesteigertes Vertrauensverhältnis zwischen den Parteien: die Treuepflicht.[553]

Wenn schon in Kleinbetrieben, obwohl Arbeitnehmer besonders schutzbedürftig sind, für die ordentliche Kündigung keine Gründe vorliegen müssen und sich bei leitenden Angestellten der Kündigungsschutz auf einen Abfindungsschutz reduziert, so folgt aus dem „argumentum a maiore ad minus“, dass im Gesellschaftsrecht der Grundsatz der ordentlichen Kündigung ebenfalls gilt und eine Ausnahme davon nicht angebracht ist. Gerade durch das gesteigerte Treueverhältnis zwischen den Gesellschaftern besteht das Bedürfnis, einen Mitgesellschafter aus der Gesellschaft auszuschließen. Gesellschafter sind nicht schutzbedürftiger als leitende Angestellte.[554]

Außerdem gibt es noch weitere Beschränkungen der Mitgliedschaft, die den Kernbereich berühren. Bei der Gesellschaft bürgerlichen Rechts sieht § 709 Abs. 1 BGB vor, dass die Führung der Geschäfte der Gesellschaft den Gesellschaftern gemeinschaftlich zusteht. Die Geschäftsführung ist Ausfluss der Gesellschafterstellung und beruht unmittelbar auf dem Gesellschaftsvertrag.[555] Unter Geschäftsführung wird jede Tätigkeit verstanden, die zur Förderung des Gesellschaftszwecks bestimmt ist und keine Maßnahme ist, die die Grundlagen der Gesellschaft betrifft.[556] Einzelne Gesellschafter können von Anfang an von der Geschäftsführung ausgeschlossen sein (vgl. § 710 S. 1 BGB). Den dann Geschäftsführungsberechtigten kann nach § 712 Abs. 1 BGB diese später durch Beschluss entzogen werden, wenn dafür ein wichtiger Grund vorliegt, was insbesondere bei einer groben Pflichtverletzung oder Unfähigkeit zur ordnungsgemäßen Geschäftsführung der Fall ist. § 712 Abs. 1 BGB wird jedoch als dispositiv betrachtet, so dass die Entziehung der Geschäftsführungsbefugnis erleichtert, ja sogar auf das Erfordernis eines Grundes ganz verzichtet werden kann.[557]

Nach dem Wortlaut ist § 712 Abs. 1 BGB nur auf die „übertragene“ Geschäftsführungsbefugnis i.S.d. § 710 BGB anwendbar.[558] Die heute wohl herrschende Auffassung ist der Ansicht, dass § 712 Abs. 1 BGB nicht nur auf die sogenannte „übertragene“ Geschäftsführung i.S.d. § 710 BGB, sondern auch auf die „gesetz-

553 Siehe dazu MüKo-HGB-*K. Schmidt*, § 105 Rdnr. 188 ff.; MüKo-BGB-*Ulmer*, § 705 Rdnr. 221 ff.

554 *Koller*, DB 1984, 545, 547; *Harrer* in: Coester, FS Sonnenberger, S. 240; *Kesselmeier*, Diss., Ausschließungs- und Nachfolgeregelung, S. 108.

555 MüKo-BGB-*Ulmer/Schäfer*, § 709 Rdnr. 3.

556 MüKo-BGB-*Ulmer/Schäfer*, § 709 Rdnr. 7; MüKo-HGB-*Rawert*, § 114 Rdnr. 6; Palandt-*Sprau*, Vorb v § 709 Rdnr. 1;Staudinger-*Habermeier*, § 709 Rdnr. 1.

557 Staudinger-*Habermeier*, § 712 Rdnr. 6; Soergel-*Hadding*, BGB, § 712 Rdnr. 5; MüKo-BGB-*Ulmer/Schäfer*, § 712 Rdnr. 22.

558 So auch Palandt-*Sprau*, Vorb v § 709 Rdnr. 7; jurisPK-BGB-*Bergmann*, § 712 Rdnr. 2.

liche“ i.S.d. § 709 BGB Anwendung findet.[559] Letztlich macht es keinen Unterschied, welcher Ansicht man folgt. Schließlich besteht die Möglichkeit, die gesetzliche Geschäftsführungsbefugnis durch eine Änderung des Gesellschaftsvertrags zu beseitigen, indem man die Führung der Geschäfte den anderen Gesellschaftern überträgt (§ 710 BGB).[560]

Bei der offenen Handelsgesellschaft sind nach § 114 Abs. 1 HGB alle Gesellschafter zur Geschäftsführung berechtigt und verpflichtet. Es handelt sich dabei um eine Einzelgeschäftsführung (§ 115 Abs. 1 HGB). Wie sich aus § 114 Abs. 2 HGB ergibt, können Gesellschafter von der Geschäftsführung ausgeschlossen sein. Wie auch bei der Gesellschaft bürgerlichen Rechts, kann bei der offenen Handelsgesellschaft einem Gesellschafter nach § 117 HGB die Befugnis zur Geschäftsführung entzogen werden, wenn ein wichtiger Grund vorliegt. Abweichend bedarf es allerdings einer gerichtlichen Entscheidung. Auch bei § 117 HGB handelt es sich um dispositives Recht.[561] Daher sind Abweichungen möglich. Es wird für zulässig erachtet, auf das Vorliegen eines wichtigen Grundes zu verzichten, also die Befugnis zur Geschäftsführung nach freiem Ermessen zu entziehen.[562]

Bereits die Nichteinräumung der Geschäftsführungsbefugnis ist, wie die spätere Entziehung der Befugnis zur Geschäftsführung, eine Beschränkung des Kernbereichs der Gesellschafterstellung. Diese Beschränkung wirkt sich zwar nicht so gravierend aus wie ein freies Ausschlussrecht, doch zeigt sie, dass die Gesellschafter über ihre Mitgliedschaftsrechte verfügen können.

Der Kernbereich der gesellschaftlichen Zusammenarbeit wird durch eine Hinauskündigungsklausel nach freiem Ermessen nicht verletzt.

#### *ee) Verstoß gegen den Gleichbehandlungsgrundsatz*

Nach Ansicht von *Flume* folgt aus dem gesellschaftlichen Gleichbehandlungsgrundsatz, dass gleichberechtigte Gesellschafter nicht durch Mehrheitsbeschluss ohne wichtigen Grund aus der Gesellschaft ausgeschlossen werden dürfen.[563] Bei

---

559 MüKo-BGB-*Ulmer/Schäfer*, § 712 Rdnr. 5 f.; Erman-*H. P. Westermann*, § 712 Rdnr. 2; Staudinger-*Habermeier*, § 712 Rdnr. 5; Soergel-*Hadding*, BGB, § 712 Rdnr. 1; MünchHdb. GesR I-*v. Ditfurth*, § 7 Rdnr. 66.

560 Soergel-*Hadding*, BGB, § 712 Rdnr. 1.

561 MüKo-HGB-*Jickeli*, § 117 Rdnr. 79; *Mayen* in: Ebenroth/Boujong/Joost/Strohn, § 117 Rdnr. 35.

562 BGH, NJW 1973, 651; BGHZ 86, 177, 180; *Stauder/Comes*, DB 1973, 2433; MüKo-HGB-*Jickeli*, § 117 Rdnr. 82; *Ulmer* in: Staub GK HGB, § 117 Rdnr. 69; *Mayen* in: Ebenroth/Boujong/Joost/Strohn, § 117 Rdnr. 37; *Baumbach/Hopt*, HGB, § 117 Rdnr. 12.

563 *Flume*, NJW 1979, 902, 903; *ders.*, DB 1986, 629, 633; Roth/Altmeppen-*Altmeppen*, GmbHG, § 34 Rdnr. 42.

einem gleichen Hinauskündigungsrecht wird der gesellschaftliche Gleichbehandlungsgrundsatz nicht berührt.[564] Schließlich kann jeder Gesellschafter potentiell ausgeschlossen werden.

### *ff) Argument der Unüberblickbarkeit der Entscheidung*

Gegen die Wirksamkeit einer Hinauskündigungsklausel wird zudem vorgebracht, dass eine entsprechende Klausel schon deshalb nicht hinnehmbar sei, weil der Betroffene bei Vereinbarung der Klausel die Tragweite seiner Entscheidung zumeist nicht zu überblicken vermag.[565]

Dieser Ansicht kann nicht gefolgt werden. Sie erklärt nicht einmal, auf welcher dogmatische Grundlage die Unwirksamkeit beruhen soll. Auch ist sie nicht mit dem Menschenbild unserer Verfassung vereinbar. Das Grundgesetz und damit auch das Bürgerliche Gesetzbuch gehen davon aus, dass jedes Individuum grundsätzlich in der Lage ist, seine Entscheidungen zu überblicken.

Außerdem müsste man mit diesem Argument eine Vielzahl von Verträgen für unwirksam erklären. Schließlich sind eine Hinauskündigungsklausel und deren Folgen, im Vergleich zu einem Leasingvertrag, einem Mietvertrag, oder gar einem Unternehmenskauf, einfach zu durchschauen.

Vielmehr könnte das Argument auf einen anderen Punkt abzielen: der von der Klausel Betroffene wird meist nicht damit rechnen, dass die Berechtigten von ihrem Recht jemals Gebrauch machen werden. Bei Vertragsschluss gehen die Parteien meistens noch davon aus, dass alles gut verlaufen wird. Eine solche Fehleinschätzung ist aber nicht schützenswert.

### *gg) Konkretisierung der guten Sitten durch allgemeine Rechtsprinzipien*

#### *(1). Stille Gesellschaft im Innenverhältnis*

Für die Zulässigkeit eines freien Ausschlussrechts wird geltend gemacht, dass eine entsprechende Regelung bei einer stillen Gesellschaft zulässig wäre und daher nicht einsehbar sei, weswegen das Innenverhältnis einer Gesellschaft nicht wie das einer stillen Gesellschaft organisiert werden könne.[566]

Das vielleicht zunächst einleuchtende Argument läuft ins Leere. Die stille Gesellschaft ist eine Innengesellschaft, daher kann nach § 234 Abs. 1 HGB auch nur

---

564 So auch *Bernert*, Diss., Zulässigkeit von Buchwertklauseln, S. 128.
565 Soergel-*Hadding/Kießling*, BGB, § 737 Rdnr. 17.
566 *Kübler* in: Hommelhoff, FS für Sigle, S. 196.

die Gesellschaft gekündigt werden. Die ordentliche Kündigung einer Gesellschaft kann jedoch immer ohne Gründe erfolgen.

*(2). Der Squeeze-out als allgemeines Rechtsprinzip?*

Seit dem 01.01.2002, mit Inkrafttreten des Wertpapierübernahmegesetzes, ist in § 327 a Abs. 1 AktG der sogenannte Squeeze-out geregelt.[567] Die Hauptversammlung einer Aktiengesellschaft oder einer Kommanditgesellschaft auf Aktien kann auf Verlangen eines Aktionärs, der 95 % der Aktien hält (Hauptaktionär), die Übertragung der Aktien der übrigen Aktionäre auf den Hauptaktionär beschließen. Im Gegenzug dafür hat der Hauptaktionär eine angemessene Barabfindung zu leisten.

Dem Hauptaktionär wird damit die Möglichkeit eingeräumt, Minderheitsaktionäre aus der Aktiengesellschaft auszuschließen. Der Ausschluss ist an keine Gründe gebunden und bedarf keiner sachlichen Rechtfertigung.[568] Die verbandsrechtliche Mitgliedschaft genießt bei Vorliegen der Voraussetzungen des § 327 a AktG keinen Bestandsschutz, sondern nur noch einen Vermögensschutz.[569] Die Initiative zum Ausschluss muss vom Hauptaktionär ausgehen. Er muss sein Begehren der Aktiengesellschaft mitteilen.[570] Diese ist dann verpflichtet, eine Hauptversammlung abzuhalten, die den Squeeze-out zum Gegenstand der Tagesordnung macht. In der Regel kann bis zur nächsten turnusmäßigen Hauptversammlung gewartet werden.[571] Über den Ausschluss entscheidet die Hauptversammlung durch Beschluss. Der Beschluss kann mit einfacher Mehrheit gefasst werden; es muss keine Mehrheit von 95 % erreicht werden.[572] Wie jeder Beschluss der Hauptversammlung, kann auch der Squeeze-out Beschluss angefochten werden, wenn die Voraussetzungen des § 327 a AktG nicht vorgelegen haben. Darüber hinaus kann der Ausschluss wegen Rechtsmissbrauchs anfechtbar sein, wenn der gesetzgeberische Zweck entfremdet wurde.[573]

Das Bundesverfassungsgericht hat im Beschluss vom 30.05.2007 – 1 BvR 390/04 entschieden, dass die §§ 327 a ff. AktG mit Art. 14 Abs. 1 S. 1 GG ver-

---

567 Zu den gesetzgeberischen Motiven siehe *Fleischer* in: GK AktG, Vor §§ 327 a-f, Rdnr. 8 ff.; MüKo-AktG-*Grunewald*, Vor § 327 a Rdnr. 2 ff.

568 MüKo-AktG-*Grunewald*, § 327 a Rdnr. 18; *Fleischer* in: GK AktG, Vor §§ 327 a-f, Rdnr. 21.

569 *Fleischer* in: GK AktG, Vor §§ 327 a-f Rdnr. 18.

570 MüKo-AktG-*Grunewald*, § 327 a Rdnr. 12.

571 MüKo-AktG-*Grunewald*, § 327 a Rdnr. 13.

572 MüKo-AktG-*Grunewald*, § 327 a Rdnr. 16; *Fleischer* in: GK AktG, § 327 a Rdnr. 67.

573 Näher dazu MüKo-AktG-*Grunewald*, § 327 a Rdnr. 19 ff.; *Fleischer* in: GK AktG, § 327 a Rdnr. 75 ff.

einbar sind.[574] Bei dem Squeeze-out handelt es sich nicht um eine Enteignung nach Art. 14 Abs. 3 GG, sondern um eine Inhalts- und Schrankenbestimmung zum Eigentumsrecht nach Art. 14 Abs. 1 S. 2 GG.[575] Diese Inhalts- und Schrankenbestimmung ist verhältnismäßig.[576] Nach Ansicht des Bundesverfassungsgerichts darf der Gesetzgeber einen Ausschluss nicht nur dann erlauben, wenn im Einzelfall konkrete unternehmerische Gründe vorliegen.[577]

Fraglich ist nun, wie sich der Squeeze-out auf die Unzulässigkeit von Hinauskündigungsklauseln nach freiem Ermessen auswirkt. Führt die verfassungsgemäße Etablierung des Squeeze-out im Aktienrecht nun dazu, dass der freie Ausschluss im übrigen Gesellschaftsrecht auch zulässig sein muss? Der Squeeze-out betrifft nur den Ausschluss kapitalmäßig beteiligter Minderheitsgesellschafter durch den Hauptgesellschafter und damit nur einen engen speziellen Bereich. Aus den Regelungen der §§ 327 a ff. AktG kann man keine generelle Aussage über die Zulässigkeit eines freien Ausschlussrechts auf dem Gebiet des Gesellschaftsrechts ableiten.[578] Dafür ist die Regelung zu speziell.

Die verfassungsgemäße Einführung des Squeeze-outs im Aktienrecht ist aber auch nicht folgenlos. Aus dem Erst-Recht-Schluss ergibt sich, dass in einer GmbH oder Publikumsgesellschaft Minderheitsgesellschafter aufgrund einer entsprechenden vertraglichen Vereinbarung ebenfalls frei ausgeschlossen werden dürfen.[579] Dazu müssen nicht die starren Schwellenwerte des § 327 a AktG eingehalten werden. Es können andere Anteilsgrößen als Voraussetzung bestimmt werden,[580] da es nur auf die gesetzliche Grundwertung ankommt, dass Minderheitsgesellschafter, die nur kapitalmäßig an der Gesellschaft beteiligt sind, nicht schutzbedürftig sind. Schließlich kann die gesetzliche Ausgestaltung einer Gesellschaftsform, die für diese nicht wesenstypisch ist, bei einer anderen Gesellschaftsform nicht als sitten-

---

574 Zuvor bereits BGH, ZIP 2005, 2107 f.; ZIP 2006, 2080, 2081; so auch MüKo-AktG-*Grunewald*, Vor § 327 a Rdnr. 8; passim *Fleischer* in: GK AktG, Vor §§ 327 a-f Rdnr. 55.

575 BVerfG, Beschl. v. 30.5.2007 – 1 BvR 390/04, Rdnr. 19.

576 BVerfG, Beschl. v. 30.5.2007 – 1 BvR 390/04, Rdnr. 20 ff.

577 BVerfG, Beschl. v. 30.5.2007 – 1 BvR 390/04, Rdnr. 21.

578 So auch *Fleicher* in: GK AktG, § 327 a Rdnr. 8; *ders.*, ZGR 2002, 757, 770 f., der damit jedoch eine grundsätzliche rechtssystematische Kritik am Squeeze-out zum Ausdruck bringen möchte; **a. A.** *Mülsch/Penzel*, ZIP 2004, 1987, 1990, sie führen den Squeeze-out als Argument für die Zulässigkeit von Hinauskündigungsklauseln an.

579 So bereits *Harrer* in: Coester, FS Sonnenberger, S. 245, 247, der die Befugnis auch auf normale Personengesellschaften erstrecken möchte; *v. Morgen*, WM 2003, 1553, 1556 ff., vertritt, dass die §§ 327 a ff. AktG auf die GmbH analog anzuwenden sind. Die h.M. lehnt dies zu Recht ab. Es fehlt schon an der Analogievoraussetzung der Planwidrigkeit der Regelungslücke.

580 So auch *Harrer* in: Coester, FS Sonnenberger, S. 247, wobei ein Hauptgesellschafter doch zumindest 75 % der Gesellschaftsanteile halten sollte.

widrig angesehen werden, wenn sie dort vertraglich vereinbart wird.[581] Dies gilt um so mehr, als eine dem Squeeze-out entsprechende Vereinbarung auf dem Willen der vertragsschließenden Parteien und nicht auf einer wertenden Entscheidung des Gesetzgebers beruht. Eine Individualabrede bietet jedoch eine höhere Richtigkeitsgewähr als eine gesetzlich angeordnete Bestimmung. Bei der gesetzlichen Anordnung sind die Aktionäre Kraft der Regelung dem einseitigen Gestaltungsrecht[582] des Squeeze-outs unterworfen. Dadurch drückt der Gesetzgeber aus, dass Minderheitsaktionäre einer Aktiengesellschaft oder einer Kommanditgesellschaft auf Aktien nicht schutzbedürftig sind.

Aus der Regelung des Squeeze-outs lässt sich kein allgemeines Rechtsprinzip herleiten, aber es zeigt, dass vertragliche Vereinbarungen bei Kapitalgesellschaften oder Publikumsgesellschaften, bei denen Minderheitsgesellschafter vom Hauptgesellschafter nach freiem Ermessen ausgeschlossen werden können, erst recht wirksam sein müssen.

*(3). Aufhebungsvertrag*

Wie bereits festgestellt, ist das grundlose ordentliche Kündigungsrecht ein allgemeines Rechtsprinzip, das auch im Gesellschaftsrecht keine Durchbrechung erfährt, da zwischen den Gesellschaftern ein besonderes Treueverhältnis besteht und ein grundloses Kündigungsrecht gerade dann notwendig ist. Man kann damit nicht behaupten, dass ein freies Ausschlussrecht die moralischen und ethischen Grundlagen unserer Gesellschaft untergräbt. Das grundlose Kündigungsrecht ist eine sittengemäße Rechtstatsache.

Dieser Befund wird indirekt vom Bundesverfassungsgericht bestätigt. Das Bundesverfassungsgericht ist der Auffassung, dass der Gesetzgeber einen Gesellschafterausschluss nicht nur dann erlauben dürfe, wenn im Einzelfall konkrete unternehmerische Gründe vorliegen. Er muss mit dem freien Ausschlussrecht nur generell einen legitimen Zweck verfolgen, um den Grundsatz der Verhältnismäßigkeit zu wahren.[583]

Ein vom Gesetzgeber geregeltes freies Ausschlussrecht ist jedoch wesentlich belastender als ein vertraglich vereinbartes. Gestaltet der Gesetzgeber ein Vertragsverhältnis so aus, dass es ein grundloses Kündigungsrecht beinhaltet, entsteht ein Gestaltungsrecht. Unter einem Gestaltungsrecht versteht man die Macht zur Gestaltung konkreter Rechtsbeziehungen durch einseitiges Rechtsgeschäft.[584] Derjenige, dem gegenüber ein Gestaltungsrecht besteht, ist stets dem fremden

581 *Harrer* in: Coster, FS Sonnenberger, S. 245, 247; *A. Hueck*, OHG, S. 177.
582 *Vetter*, ZIP 2000, 1817, 1821; *Fleischer* in: GK AktG, Vor §§ 327 a-f Rdnr. 21.
583 BVerfG, Beschl. v. 30.5.2007 – 1 BvR 390/04, Rdnr. 21.
584 *Bötticher*, Gestaltungsrecht und Unterwerfung, S. 1.

Willen eines anderen unterworfen.[585] Beispielsweise wird das gesetzliche Rücktrittsrecht nach § 323 Abs. 1 BGB durch Erklärung des Berechtigten gegenüber dem anderen Teil ausgeübt (§ 349 BGB). Der andere Teil muss bei der Rechtsgestaltung nicht mitwirken. Das Gestaltungsrecht gilt automatisch mit Abschluss des Vertragsverhältnisses und muss nicht vom Willen der Parteien umfasst werden. Die Situation kann noch dadurch verschärft werden, dass der Gesetzgeber das Gestaltungsrecht als zwingendes Recht ausgestaltet und damit die Möglichkeit nimmt, es auszuschließen.[586]

Bei einem Hinauskündigungsrecht nach freiem Ermessen sieht die Situation etwas anders aus. Da es gesetzlich nicht vorgesehen ist, kann es höchstens aufgrund einer Vereinbarung zwischen den vertragsschließenden Parteien Bestandteil des Gesellschaftsvertrags werden. Fraglich ist daher, ob es sich überhaupt um ein Gestaltungsrecht handelt.[587]

Ein Hinauskündigungsrecht nach freiem Ermessen hat zwei zu unterscheidende Ebenen. Bei der ersten Ebene handelt es sich um die Vereinbarung des freien Ausschlussrechts. Sie ist Teil des Gesellschaftsvertrags und damit selbst Vertrag. Nach allgemeiner Vertragsrechtsdogmatik erfordert dies, dass zwischen den vertragsschließenden Parteien übereinstimmende Willenserklärungen, Angebot und Annahme, abgegeben werden. Auf dieser Ebene bestimmen die Parteien, unter welchen Voraussetzungen der Ausschluss möglich ist. Unmittelbare Folge der übereinstimmenden Willenserklärungen ist, dass der potentiell betroffene Gesellschafter den berechtigten Gesellschaftern das Recht einräumt, ihn durch Beschluss und ohne das Vorliegen von Gründen aus der Gesellschaft auszuschließen. Diese Folge verbindet die erste Ebene mit der zweiten.

Die zweite Ebene ist die Ausübungsebene. Die berechtigten Gesellschafter müssen einen Ausschließungsbeschluss fassen, damit der Gesellschafter ausscheidet. Rechtlich ausgedrückt führt die erste Ebene dazu, dass der potentiell betroffene Gesellschafter ein unbefristetes Angebot auf Aufhebung seiner Gesellschafterstellung abgibt.[588] Die Beschlussfassung, die Ausübung des Rechts, stellt die

585 *Bötticher*, Gestaltungsrecht und Unterwerfung, S. 7.

586 Die Regelung des § 327 a AktG ist in Tatbestand und Rechtsfolge zwingendes Recht. So *Fleischer* in: GK AktG, § 327 a Rdnr. 1.

587 BGHZ 68, 212, 215 geht von einem Gestaltungsrecht aus. Dort heißt es: „(...) und die wirtschaftliche und persönliche Freiheit einschränkendes Gestaltungsrecht könnte nur dann als zulässig angesehen werden, (...)"; ebenfalls *Schöne*, Diss., Gesellschafterausschluß bei Personengesellschaften, S. 51.

588 Die Situation ähnelt einem Optionsvertrag in der Form des Angebotsvertrags. Siehe dazu Staudinger-*Bork*, Vorbem zu §§ 145-156, Rdnr. 71; MüKo-BGB-*Kramer*, Vor § 145 Rdnr. 53. Optionen werden nach h.M. als Gestaltungsrechte eingeordnet (vgl. dazu MüKo-BGB-*Kramer*, Vor § 145 Rdnr. 50, der jedoch in Rdnr. 51 davon spricht, dass Zweck der Option sei, sich die Möglichkeit des Vertragsschlusses offen zu

Annahme des Angebots dar. Rechtsdogmatisch entsteht durch die Ausübung einer Hinauskündigungsklausel ein Vertragsschluss. Zwischen den Parteien kommt ein Aufhebungsvertrag zustande, da sie über das „ob" und „wie" entschieden haben. Ein Rechtsgeschäft, das unmittelbar auf den Willen der vertragsschließenden Parteien zurückzuführen ist, ist stets ein Vertrag[589] und kein Gestaltungsrecht.

Die Aufhebung eines Vertrags ist grundsätzlich jederzeit möglich. Dies gilt auch für das Gesellschaftsrecht. Bei einer Vertragsauflösung käme niemand, sofern keine ungewöhnlichen Umstände vorliegen, auf die Idee, den Aufhebungsvertrag im Hinblick auf § 138 Abs. 1 BGB zu untersuchen.[590] Dass es sich tatsächlich um einen Vertrag handelt und nicht um ein Gestaltungsrecht, wird deutlich, wenn man bedenkt, dass dasselbe Ergebnis erzielt werden könnte, indem der betroffene Gesellschafter den berechtigten Gesellschaftern seinen Anteil unbefristet zum Kauf anbietet. Hierbei handelt es sich unstreitig nicht um ein Gestaltungsrecht, sondern um das Angebot zum Abschluss eines Kaufvertrags. Doch kommt es nach der Rechtsprechung des BGH bei der Beurteilung einer Hinauskündigungsklausel nicht darauf an, ob es sich um eine Vereinbarung im Gesellschaftsvertrag oder um eine andere schuldrechtliche Abrede handelt, die zum selben Ergebnis führt.[591]

Dem BGH ist in seiner Gleichstellung der konkreten Ausgestaltung einer freien Ausschlussklausel zuzustimmen. Es kann keinen Unterschied machen, wie und wo die freie Ausschlussmöglichkeit geregelt ist, denn schließlich ist die Situation für den Betroffenen dieselbe. Für ihn ist es uninteressant und unwichtig, ob sich bei der Abwicklung dogmatische Unterschiede ergeben. Bedeutend ist nur, dass er die Gesellschaft möglicherweise verlassen muss.

Doch zieht der BGH, da er das freie Ausschlussrecht als Gestaltungsrecht einordnet,[592] die falschen Schlüsse aus der Gleichstellung von Hinauskündigungsklauseln und sonstigen schuldrechtlichen Nebenabreden, die zum selben Ergebnis führen. Die vertragliche Abrede und der aufgrund der vertraglichen Abrede entstehende Vertragsschluss stellt den legitimen Zweck für das freie Ausschlussrecht dar.

Dennoch weist ein Hinauskündigungsrecht eine gewisse Nähe zum Gestaltungsrecht auf. Dies liegt daran, dass Angebot und Annahme nicht in unmittel-

---

halten; Palandt-Ellenberger, Einf v § 145 Rdnr. 23). Dies ist dogmatisch nicht richtig, denn wer ein Angebot annimmt, übt kein Gestaltungsrecht aus (so Staudinger-*Bork*, Vorbem zu §§ 145-156, Rdnr. 73, § 145 Rdnr. 34).

589 *Medicus*, BGB AT, Rdnr. 203; *Larenz/Wolf*, BGB AT, § 23 Rdnr. 3.

590 In eine ähnliche Richtung tendiert *Sigle* in: Bruchhausen, FS Nirk, S. 980. Dort führt er aus: „Niemand ist bisher auf die Idee gekommen, es sei sittenwidrig, wenn der Gesellschafter einer Personengesellschaft einem Außenstehenden eine langfristige Option zum Erwerb seines Gesellschaftsanteils einräumt".

591 BGHZ 112, 103, 107; BGH, Der Konzern 2006, 189, 190 = NJW 2005, 3641, 3642.

592 BGHZ 68, 212, 215.

barer zeitlicher Abfolge abgegeben werden, sondern die Ausübung meist zeitlich wesentlich später als die Vereinbarung erfolgt: so können Jahre, sogar Jahrzehnte dazwischen liegen. Entstünde durch das Angebot ein Gestaltungsrecht für den Empfänger, würde man den Vertrag in zwei einseitige Rechtsgeschäfte aufteilen. Eine solche Zerfaserung des Vertragsschlusses ist jedoch nicht vereinbar mit der gesetzlichen Vorstellung.[593] Dies zeigt, dass von Gestaltungsrechten im engeren Sinne nur gesprochen werden kann, wenn das Gesetz sie bereits vorsieht.

Die zeitliche Dimension des Hinauskündigungsrechts nach freiem Ermessen führt zu einem Unterschied zwischen ihm und dem „klassischen" Aufhebungsvertrag. Zwar muss dies nicht so sein, denn nach § 148 BGB kann der Antragende eine Annahmefrist bestimmen und damit von der gesetzlichen Bindungsfrist des § 147 BGB abweichen. Der Offerent ist in der Bestimmung der Frist grundsätzlich völlig freigestellt.[594] Selbst wenn man davon ausgeht, dass die zeitliche Dimension beim Hinauskündigungsrecht wesentlich länger ist, ergibt sich kein wesentlicher Unterschied zum Aufhebungsvertrag bzw. der Offerte dazu, der eine andere rechtliche Wertung rechtfertigen würde. Problematisch könnte die zeitliche Dimension nur deswegen sein, weil der vom Hinauskündigungsrecht Betroffene im Laufe der Zeit seine Meinung ändern könnte. Diese Möglichkeit besteht. Dies ist jedoch ein Risiko, das der Betroffene tragen muss. Auch der Gesellschafter, der durch einen Aufhebungsvertrag aus der Gesellschaft ausgeschieden ist, kann nachträglich seine Meinung ändern, so dass eine umgekehrte, jedoch gleiche Situation besteht, denn sowohl der Gesellschafter, der sich der Hinauskündigungsklausel „unterworfen" hat, jedoch noch Mitglied der Gesellschaft ist, als auch der Gesellschafter, der bereits durch den Aufhebungsvertrag aus der Gesellschaft ausgeschieden ist, könnten nachträglich ihr Verhalten bereuen.

Zusammenfassend lässt sich festhalten, dass die Vereinbarung einer Hinauskündigungsklausel dazu führt, dass ein Angebot auf Abschluss eines Aufhebungsvertrags entsteht.[595] Die Ausübung der Kündigung stellt die Annahme dar und lässt somit den Aufhebungsvertrag zustande kommen. Daher ist auch das Argument von *Schöne* abzulehnen, welches besagt, dass sich bei einer Hinauskündigungsklausel die Minderheit schrankenlos dem Willen der Mehrheit unterwirft.[596]

Da allgemeine Prinzipien der Rechtsordnung für die Zulässigkeit einer Hinauskündigungsklausel sprechen, kann sie nicht sittenwidrig sein.[597]

---

593 *Bötticher*, Gestaltungsrecht und Unterwerfung, S. 13.

594 MüKo-BGB-*Kramer*, § 148 Rdnr. 4.

595 Ist im GmbH-Recht die „Hinauskündigungsklausel" als Einziehungsklausel nach § 34 GmbHG ausgestaltet, bewirkt dies, dass eine freiwillige Einziehung i. S. d. § 34 Abs. 1 GmbHG vorliegt.

596 *Schöne*, Diss., Gesellschafterausschluß bei Personengesellschaften, S. 56 ff.

597 *Hey*, Freie Gestaltung in Gesellschaftsverträgen und ihre Schranken, S. 207.

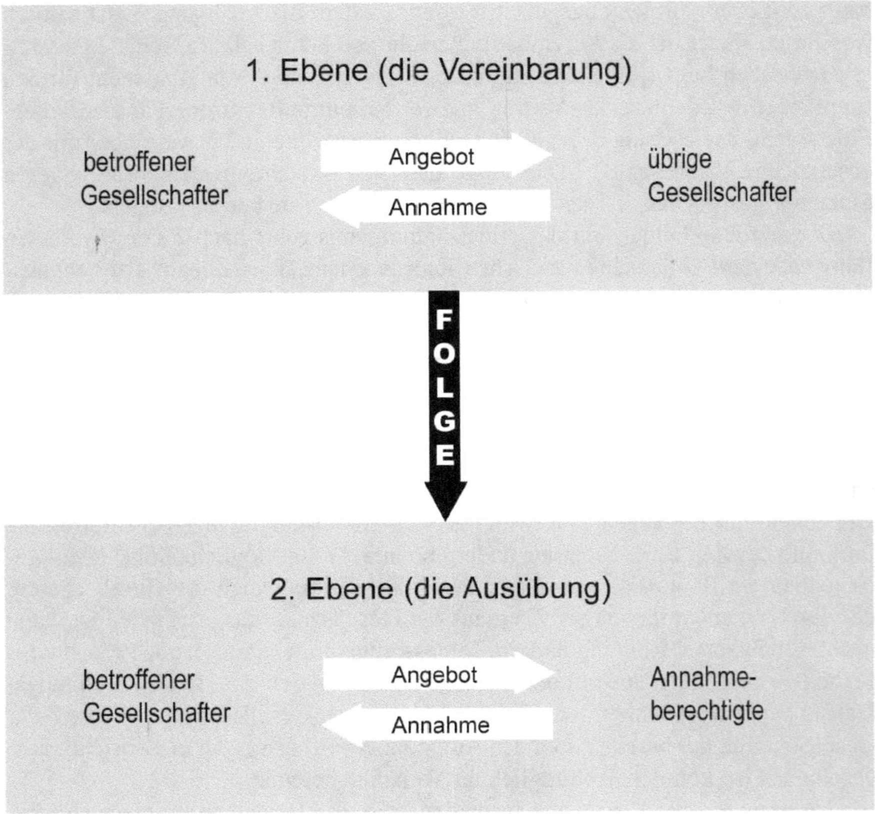


*Schaubild: Hinauskündigungsklausel als Aufhebungsvertrag*

### *c) Ausübungskontrolle*

Neben der Wirksamkeitskontrolle, bei der es darum geht, zu prüfen, ob ein Recht generell rechtmäßig vereinbart werden konnte, gibt es noch eine weitere Ebene der Rechtskontrolle, nämlich die der Ausübungskontrolle. Die Ausübungskontrolle stellt darauf ab, ob das Recht ordnungsgemäß ausgeübt wurde. Es handelt sich bei ihr um eine Kontrolle orientiert an den konkreten Umständen des Einzelfalls.

Neben den formellen Voraussetzungen, der ordnungsgemäßen Einberufung der Gesellschafterversammlung und der notwendigen Mehrheit, ist auch im Rahmen der Ausübungskontrolle zu prüfen, ob die Ausübung des Rechts mit den guten Sitten und dem Gebot von Treu und Glauben gemäß § 242 BGB vereinbar ist.[598]

*aa) Sittenwidrigkeit der Ausübung*

Wie die Untersuchung gezeigt hat, ist die Vereinbarung einer Hinauskündigungsklausel nach freiem Ermessen sittengemäß. Die Folge der Vereinbarung ist, dass der potentiell betroffene Gesellschafter ein unbefristetes Angebot zum Abschluss eines Aufhebungsvertrags abgibt. Bei der Ausübung des Rechts handelt es sich um die Annahme des Vertragsangebots. Die Annahme des Angebots kann jedoch nicht sittenwidrig sein, wenn das Angebot sittengemäß ist.

*bb) Vereinbarkeit der Ausübung mit Treu und Glauben*

Die konkrete Ausübung des freien Hinauskündigungsrechts muss mit dem Grundsatz von Treu und Glauben (§ 242 BGB) vereinbar sein. Dabei muss die Frage gestellt werden, ob eine unzulässige Inanspruchnahme einer Rechtsposition vorliegt, aus der die Rechtsordnung unter Berücksichtigung der Umstände des Einzelfalls die Beschränkung der Rechtsausübung ableiten kann.[599]

Die Ausübungskontrolle kann jedoch den grundsätzlichen Bestand der Rechtsposition, also die wirksame Vereinbarung des freien Ausschlussrechts, nicht in Frage stellen.[600] Ansonsten würde man, durch die Hintertür, doch Gründe für den Ausschluss fordern.[601]

Die Ausübung eines Rechts ist im Einzelfall unzulässig, wenn der Berechtigte kein schutzwürdiges Eigeninteresse hat oder die schutzwürdigen Interessen der Gegenpartei überwiegen und die Rechtsausübung zu einem grob unbilligen, mit der Gerechtigkeit unvereinbaren Ergebnis führen würde.[602]

---

598 Die gesellschaftliche Treuepflicht und das Institut des Rechtsmissbrauchs betreffen, soweit es um den Bereich der Ausübungskontrolle geht, die gleichen Sachverhalte. Beide Grundsätze haben ihren Ursprung im Gebot von Treu und Glauben. So ausdrücklich *Hey*, Freie Gestaltung in Gesellschaftsverträgen und ihre Schranken, S. 331; Erman-*H. P. Westermann*, § 705 Rdnr. 49.

599 *Hey*, Freie Gestaltung in Gesellschaftsverträgen und ihre Schranken, S. 321.

600 *Kreutz*, ZGR 1983, 109, 116; *Hey*, Freie Gestaltung in Gesellschaftsverträgen und ihre Schranken, S. 321; *Grunewald*, Der Ausschluss aus Gesellschaft und Verein, S. 248; **a. A.** *Kesselmeier*, Diss., Ausschließungs- und Nachfolgeregelung, S. 109, 183, indem sie in einem freien Ausschluss einen Verstoß gegen § 242 BGB erblickt, wenn er ohne sachliche Gründe erfolgte, obwohl sie ihn für sittengemäß hält.

601 Ähnlich *Grunewald*, Der Ausschluss aus Gesellschaft und Verein, S. 248.

602 Palandt-*Heinrichs*, § 242 Rdnr. 40.

Bei der ordentlichen Kündigung einer Gesellschaft bürgerlichen Rechts nach § 723 BGB ordnet der Absatz 2 Satz 1 an, dass die Kündigung grundsätzlich nicht zur Unzeit ausgesprochen werden darf. Eine Kündigung zur Unzeit liegt vor, wenn der Kündigende zwar zur Kündigung berechtigt ist, hierzu aber einen Zeitpunkt wählt, der die gemeinschaftlichen Interessen der Mitgesellschafter verletzt.[603] Das Verbot der Kündigung zur Unzeit muss auch im Rahmen des freien Gesellschafterausschlusses Geltung beanspruchen, da es eine besondere Ausprägung der gesellschaftlichen Treuepflicht darstellt.[604] Die Treuepflicht verpflichtet die Gesellschafter bei der gemeinsamen Zweckverfolgung, die Interessen der anderen Gesellschafter zu wahren und solche Handlungen zu unterlassen, die diese Interessen stören könnten.[605]

Das freie Ausschlussrecht ist für den betroffenen Gesellschafter eine sehr belastende Maßnahme, daher wird der sofortige Ausschluss in der Regel für den betroffenen Gesellschafter zur Unzeit erfolgen. Deshalb gebietet es sich für die berechtigten Gesellschafter, dem Betroffenen die Ausübung zuvor anzukündigen, damit er sich auf die veränderte Situation einstellen kann und eine reelle Chance hat, unmittelbar ein neues Beschäftigungsverhältnis einzugehen. Da es sich bei der Ausübung des Ausschlussrechts nicht um ein Gestaltungsrecht handelt, sondern durch die Ausübung ein Aufhebungsvertrag zustande kommt, kann die „Kündigung" nicht unter der Maßgabe einer Frist ausgesprochen werden. Wie lange zuvor die beabsichtigte Ausübung des Ausschlussrechts angekündigt werden muss, hängt von den konkreten Umständen ab, jedoch sollte eine Frist von mindestens einem Monat eingehalten werden. Eine längere Frist als drei Monate erscheint nicht angebracht. Als Sanktion für die unterlassene Anzeige bietet sich an, die Vollziehung des Ausschlusses für den Zeitraum zu hemmen, die dem Gesellschafter zuvor hätte eingeräumt werden müssen, um sich auf die neue Situation einstellen zu können.

### *d) Zwischenergebnis*

Die Vereinbarung eines gleichen Hinauskündigungsrechts ist sittengemäß und damit wirksam. Die verfassungsgemäße Regelung des Squeeze-outs im Aktienrecht ist zwar nicht generell verallgemeinerungsfähig, da er nur einen speziellen Fall erfasst, nämlich den grundlosen Ausschluss von Minderheitsaktionären, allerdings folgt aus dem Squeeze-out, dass bei anderen Publikumsgesellschaften nur kapitalmäßig beteiligte Gesellschafter durch entsprechende vertragliche Abreden ebenfalls grundlos ausgeschlossen werden können, da eine gesetzliche Ausgestaltung

603 BGH, GRUR 1959, 384, 388; Staudinger-*Habermeier*, § 723 Rdnr. 16.
604 *Oetker*, Dauerschuldverhältnis, S. 313.
605 *Hey*, Freie Gestaltung in Gesellschaftsverträgen und ihre Schranken, S. 322; Erman-*H. P. Westermann*, § 705 Rdnr. 49.

einer Gesellschaftsform, die für diese nicht wesenstypisch ist, bei einer anderen Gesellschaftsform nicht als sittenwidrig gewertet werden kann. Da potentiell alle Gesellschafter vom gleichen Hinauskündigungsrecht betroffen werden können, zeigt dies, dass die Gesellschafter gleichberechtigt sind. Somit konnten sie in selbstbestimmter Weise von ihrer Berufsfreiheit Gebrauch machen. Auch entsteht keine Willkürherrschaft, da niemand eine stärkere Machtposition erlangt. Das Sozialstaatsprinzip bildet keine Schranke zur Freiheitsbetätigung des Einzelnen und würde auch, selbst wenn es eingreifen würde, nicht zur Sittenwidrigkeit führen, da die zu zahlende Abfindung die Wirkung des Ausschlusses abmildert. Bei Dauerschuldverhältnissen ist die grundlose ordentliche Kündigung ein allgemeines Rechtsprinzip, das, wenn es vereinbart wird, auch im Gesellschaftsrecht keine Durchbrechung erfährt, sondern Geltung beansprucht. Die Vereinbarung eines freien Ausschlussrechts hat zur Folge, dass der potentiell betroffene Gesellschafter ein Angebot auf Aufhebung der Gesellschafterstellung abgibt. Die Ausübung des Rechts stellt die Annahme dar und lässt den Aufhebungsvertrag entstehen. Eine Vertragsaufhebung kann aber nicht sittenwidrig sein.

Die Ausübung des freien Ausschlussrechts ist ebenfalls sittengemäß, da es nur die Annahme des Vertragsangebots darstellt.

Aus § 242 BGB folgt jedoch, dass dem betroffenen Gesellschafter die beabsichtigte Ausübung des Ausschlussrechts rechtzeitig anzuzeigen ist, damit er sich auf die veränderte Situation einstellen kann. Geschieht dies nicht, so wird der Ausschluss für diesen Zeitraum gehemmt.

### *5. Ungleiches Hinauskündigungsrecht*

Ein ungleiches Hinauskündigungsrecht liegt vor, wenn im Gesellschaftsvertrag geregelt ist, dass nicht jeder Gesellschafter nach freiem Ermessen ausgeschlossen werden kann, sondern sich die Klausel nur auf einen oder einzelne Gesellschafter bezieht.[606] Bei den betroffenen Gesellschaftern muss es sich nicht unbedingt um „Gesellschafter minderen Rechts“ handeln. Auch ansonsten gleichberechtigte Gesellschafter, die nur in Bezug auf die Ausschlussmöglichkeit verschieden behandelt werden, können sich auf ein ungleiches Hinauskündigungsrecht einlassen. In einem solchen Fall werden die Gesellschafter formell gesehen ungleich behandelt. Grundsätzlich gelten hier die Ausführungen zum gleichen Hinauskündigungsrecht entsprechend, sofern sich nicht etwas anderes daraus ergibt, dass eben ein ungleiches Hinauskündigungsrecht vereinbart wurde.

606 So in BGHZ 81, 263, 264; 84, 11; BGH, NJW 1985, 2421, 2422; BGHZ 105, 213, 214; 107, 351, 352; 112, 103, 104; BGH, ZIP 2004, 903, 904.

Im Folgenden muss daher nur überprüft werden, ob sich aufgrund der Ungleichheit Unterschiede ergeben, die zur Unwirksamkeit des ungleichen Hinauskündigungsrechts führen. Deshalb muss auf die Auswirkung des Sozialstaatsprinzips auf die guten Sitten, das Argument der Kernbereichsverletzung sowie der Unüberblickbarkeit der Entscheidung nicht mehr eingegangen werden.

*a) Sittenwidrigkeit der Vereinbarung?*

*aa) Einfluss der Grundrechte*

Bei der Vereinbarung eines ungleichen Hinauskündigungsrechts wird der Schutz der Mitgliedschaft beschränkt. Bei einer entsprechenden staatlichen Regelung würden mitarbeitende Gesellschafter in ihrer Berufsfreiheit[607] und nur kapitalmäßig beteiligte Gesellschafter in ihrem Eigentumsrecht[608] berührt werden.

Beim freien Ausschlussrecht resultiert die Beschränkung der Mitgliedschaft aus einer vertraglichen Übereinkunft zwischen den Parteien. Die Beschränkung der Berufsfreiheit und des Eigentumsrechts könnten damit gerade Ausdruck der Ausübung dieser Grundrechte sein. Hieran zeigt sich die Ambivalenz der Grundrechte im Privatrecht. Grundsätzlich ergibt sich im Vertragsrecht der sachgerechte Interessensausgleich aus dem übereinstimmenden Willen der Vertragsparteien. Nur, wenn eine Vertragspartei ein so starkes Übergewicht hat, dass sie die Vertragsbestimmungen faktisch einseitig bestimmen kann, liegt keine Selbst-, sondern eine Fremdbestimmung vor. Eine Korrektur ist jedoch nur bei einer strukturellen Unterlegenheit eines Vertragsteils geboten.[609]

Im Gegensatz zum gleichen Hinauskündigungsrecht belegt das Ungleiche gerade nicht aus sich heraus, dass das Kräfteverhältnis zwischen den Vertragsparteien gleich ist. Doch zeigt die Tatsache, dass die Vertragsparteien einen Gesellschaftsvertrag abgeschlossen haben, dass auch beim ungleichen Hinauskündigungsrecht keine strukturelle Unterlegenheit vorliegt, so dass keine Korrektur geboten ist, da die Vertragsbestimmung auf dem Prinzip der Selbstbestimmung beruht. Denn die sich zusammenschließenden Gesellschafter möchten gemeinsam einen Zweck erreichen, zu dem jeder verpflichtet ist, seinen vereinbarten Beitrag zu leisten (§ 705 BGB). Daher werden sich nur annähernd gleichrangige Vertragspartner[610] zusammenfinden. Schließlich finden sich die Gesellschafter zur Verwirklichung

---

607 Vgl. dazu oben B. V. 4. b) aa).

608 BVerfG, Beschl. v. 30.5.2007 – 1 BvR 390/04, Rdnr. 16 f.

609 BVerfGE 81, 242, 254 f.; 89, 214, 232.

610 Vgl. MüKo-BGB-*Ulmer*, § 705 Rdnr. 244, der die Gesellschafter als gleichrangige Partner bezeichnet; *Fischer* in: Fischer, FS für Barz, S. 37, der die Gleichrangigkeit schon durch die rechtskundigen Berater gewährleistet sieht.

eines gemeinschaftlichen Ziels zusammen, weil sie meinen, es gemeinschaftlich effektiver erreichen zu können. Sollte die Vermutung aufkommen, dass einer der Vertragspartner nicht die Befähigung mit sich bringt, am Erreichen des Ziels mitzuwirken, würde man sich einen anderen Vertragspartner suchen.

Von einem Kräftegleichgewicht gehen auch die gesetzlichen Regelungen aus. Bei der Gesellschaft bürgerlichen Rechts zum Beispiel haben nach § 706 Abs. 1 BGB die Gesellschafter in Ermangelung anderer Vereinbarungen gleiche Beiträge zu leisten und sie haben nach § 722 Abs. 1 BGB den gleichen Anteil am Gewinn und Verlust, sofern nicht etwas anderes vereinbart ist. Auch führen sie die Geschäfte der Gesellschaft gemeinschaftlich (§ 709 Abs. 1 BGB). Weiterhin zeigt sich die Vertragsparität darin, dass der Gesetzgeber das Innenverhältnis der Gesellschaften weitgehend dispositiv ausgestaltet hat. Seinen Ausdruck findet dies in der Vorschrift des § 109 HGB. Denn ein interessensgerechtes Ergebnis kann nur erwartet werden, wenn ein Verhandlungsgleichgewicht besteht.

*bb) Willkürherrschaft*

Beim ungleichen Hinauskündigungsrecht kann man das Argument der Willkürherrschaft[611] nicht von vornherein von der Hand weisen, denn schließlich erlangen einige Gesellschafter eine stärkere Stellung als andere; sie können über die weitere Mitgliedschaft der betroffenen Gesellschafter entscheiden.

Die betroffenen Gesellschafter sind durch die Klausel keinen direkten Weisungen unterworfen. Sie können von ihren Rechten und Pflichten frei und selbstbestimmt Gebrauch machen, wobei Kommanditisten ohnehin nach § 164 HGB von der Geschäftsführung ausgeschlossen sind. Die Hinauskündigungsregelung wirkt sich höchstens mittelbar auf die Entscheidungsfreiheit aus.[612] Von Führungspersonal wird jedoch erwartet, dass die Entschlussfreiheit durch die Kündigungsmöglichkeit nicht beeinträchtigt wird. Seinen unmittelbaren Ausdruck findet dies für leitende Angestellte in der Norm des § 14 Abs. 1 KSchG[613] und für GmbH-Geschäftsführer in der Vorschrift des § 38 Abs. 1 GmbHG.[614]

Zum Teil wird in der Literatur das Argument der Willkürherrschaft damit abgelehnt, dass bei den von der Rechtsprechung zu entscheidenden Fällen die Möglichkeit der Hinauskündigung nicht zur Errichtung einer Willkürherrschaft oder als Disziplinierungsmittel eingesetzt wurde, denn es wurde nicht über die Aus-

611 Vgl. oben B. V. 4. b) cc).
612 *Blanke*, Diss., Das Recht zur Ausschließung, S. 144.
613 *Koller*, DB 1984, 545, 546; *Kesselmeier*, Diss., Ausschließungs- und Nachfolgeregelung, S. 108.
614 *Drinkuth*, NJW 2006, 410, 411.

übung von Mitgliedschaftsrechten gestritten, sondern über den Vermögenswert der Beteiligung.[615]

In der Laborärzteentscheidung des BGH vom 08.03.2004 – II ZR 165/02[616] sollte ein vom ungleichen Hinauskündigungsrecht betroffener Gesellschafter einer für ihn ungünstigen Vertragsänderung zustimmen. Der betroffene Gesellschafter weigerte sich und wurde hinausgekündigt. Der BGH fühlte sich eindrucksvoll in seiner Ansicht bestätigt, dass das freie Ausschlussrecht als Disziplinierungsmittel empfunden wird und der betroffene Gesellschafter seine Mitgliedschaftsrechte nicht mehr frei ausüben kann.[617] Doch das Gegenteil ist der Fall. Hätte sich der Gesellschafter disziplinieren lassen, wäre aus der Sache kein Rechtsfall geworden, denn dann hätte der Gesellschafter, unter dem Druck der Klausel, der Vertragsänderung zugestimmt. Dies hat er aber gerade nicht getan. Dies belegt, dass ein Hinauskündigungsrecht nach freiem Ermessen nicht dazu führen muss, dass die potentiell vom freien Ausschlussrecht betroffenen Gesellschafter ihre Rechte nicht mehr ordnungsgemäß ausüben und sich den Wünschen der Berechtigten beugen. Zudem zeigt die Entscheidung noch ein zweites: die Unwirksamkeit einer Hinauskündigungsklausel beseitigt die Probleme nicht. Das Vertrauensverhältnis zwischen den Gesellschaftern ist zerstört und damit gibt es keine gemeinsame Grundlage für das Gesellschaftsverhältnis mehr. Der hinausgekündigte Gesellschafter kündigte nämlich seinerseits die Gesellschaft aus wichtigem Grund und schied damit aus.

Außerdem besteht kein Bedürfnis, seine Rechte und Pflichten nicht ordnungsgemäß und selbstbestimmt auszuüben, denn die an den Gesellschafter zu zahlende Abfindung schützt nicht nur die Existenz, sondern wirkt sich auch bestandschützend aus. Nicht ohne Grund wird im Arbeitsrecht vertreten, dass es verfassungsrechtlich unbedenklich wäre, wenn der Kündigungsschutz des Arbeitnehmers durch ein Abfindungsmodell und nicht durch ein Bestandschutzmodell gewährleistet würde.[618] Denn auch ein Abfindungsmodell wirkt sich arbeitsplatzschützend aus.[619] Es besteht daher kein Grund, sich dem Willen der berechtigten Gesellschafter zu beugen.[620] Die berechtigten Gesellschafter können zwar frei entscheiden, ob sie den betroffenen Mitgesellschafter ausschließen möchten, doch werden sie immer

615 *Grunewald*, Der Ausschluss aus Gesellschaft und Verein, S. 304; *Blanke*, Diss., Das Recht zur Ausschließung, S. 239.

616 BGH, ZIP 2004, 903 ff.

617 BGH, ZIP 2004, 903, 904.

618 Ascheid/Preis/Schmidt-*Preis*, Kündigungsrecht, Grundlagen A. Rdnr. 34.

619 So ausdrücklich BVerfGE 97, 169, 180 = NZA 1998, 470, 472.

620 **A. A.** Soergel-*Hadding/Kießling*, BGB, § 737 Rdnr. 18, sie sind der Ansicht, dass Abfindung, die dem wahren Unternehmenswert entspricht, nur einen geringen Teil des Drucks kompensiert.

berücksichtigen, dass sie ihm eine Abfindung für seinen Gesellschaftsanteil zu zahlen haben. Die zu zahlende Abfindung wird dazu führen, dass sich die Gesellschafter damit befassen, ob es wirklich angemessen ist, den Mitgesellschafter auszuschließen.

*cc) Verstoß gegen den Gleichbehandlungsgrundsatz?*

Der Grundsatz der gleichmäßigen Behandlung gehört zu den zentralen Rechtssätzen des Gesellschaftsrechts.[621] Auch wenn er keine explizite gesetzliche Grundlage gefunden hat, außer in § 53 a AktG, so kommt er doch in einer Vielzahl von dispositiven Normen zum Ausdruck (vgl. 706 Abs. 1, 709 Abs. 1 und 2, 711, 722 Abs. 1, 734, 735 BGB, 114 Abs. 1, 119 Abs. 1, 121 Abs. 3, 122, 125 Abs. 1 HGB). Die Herleitung des Grundsatzes der gleichmäßigen Behandlung ist umstritten. Für den Bereich der Gesellschaft folgt die Geltung daraus, dass sich die Gesellschafter als gleichrangige Partner zu einer Zweckgemeinschaft zusammengeschlossen haben.[622]

Der Gleichbehandlungsgrundsatz steht der ungleichen Festlegung von Mitgliedschaftsrechten und Pflichten nicht entgegen. Deswegen kann durch eine entsprechende vertragliche Vereinbarung von der gleichmäßigen Behandlung abgewichen werden,[623] soweit nicht die Schranke des § 138 BGB eingreift.[624] Wenn aber der Grundsatz der gleichmäßigen Behandlung unter der Schranke des § 138 BGB steht, dann folgt daraus, dass ein Verstoß gegen den Grundsatz der gleichmäßigen Behandlung nicht seinerseits zur Sittenwidrigkeit führen kann. Vielmehr kann nur dann ein Verstoß gegen den Grundsatz der gleichmäßigen Behandlung gegeben sein, wenn die Vereinbarung, die zur Ungleichheit führt, sittenwidrig ist. Andernfalls ergäbe sich ein Zirkelschluss.

*b) Ausübungskontrolle*

Im Rahmen der Ausübungskontrolle könnte sich einzig ein Unterschied zum gleichen Hinauskündigungsrecht daraus ergeben, dass die Beachtung des Grundsatzes

---

621 *Raiser*, ZHR 111 (1948), 75, 82; MüKo-BGB-*Ulmer*, § 705 Rdnr. 244; *Ulmer* in: Staub GK HGB, § 105 Rdnr. 252; *G. Hueck*, Grundsatz der gleichmäßigen Behandlung im Privatrecht, S. 35.

622 MüKo-BGB-*Ulmer*, § 705 Rdnr. 244; *Ulmer* in: Staub GK HGB, § 105 Rdnr. 253; Staudinger-*Habermeier*, § 705 Rdnr. 53.

623 MüKo-BGB-*Ulmer*, § 705 Rdnr. 247; MüKo-HGB-*Enzinger*, § 109 Rdnr. 20; Erman-*H. P. Westermann*, § 705 Rdnr. 40; Staudinger-*Habermeier*, § 705 Rdnr. 53; *Huber*, ZGR 1980, 177, 199; *Märtens* in: Ebenroth/Boujong/Joost/Strohn, § 109 Rdnr. 27.

624 MüKo-BGB-*Ulmer*, § 705 Rdnr. 247; *Ulmer* in: Staub GK HGB, § 105 Rdnr. 256; *Märtens* in: Ebenroth/Boujong/Joost/Strohn, § 109 Rdnr. 27.

der gleichmäßigen Behandlung zur Unwirksamkeit des Ausübungsbeschlusses führen könnte. Ansonsten gelten die Ausführungen zum gleichen Hinauskündigungsrecht entsprechend.[625]

Ein Verstoß gegen den Grundsatz der gleichmäßigen Behandlung kann nicht zur Sittenwidrigkeit der Vereinbarung der Hinauskündigungsklausel führen, da der Grundsatz bis zur Schranke des § 138 BGB dispositiv ist. Inhaltlich ist der Grundsatz nicht auf die formale Gleichstellung gerichtet, sondern es ist nur eine sachlich nicht gerechtfertigte, willkürliche Ungleichbehandlung ausgeschlossen.[626] Eine Ungleichbehandlung ist nur dann willkürlich, wenn die Ungleichbehandlung nicht vertraglich legitimiert ist oder wenn sich das Erfordernis zur Ungleichbehandlung nicht durch Auslegung aus dem Vertrag ermitteln lässt. Es entspricht der üblichen Vertragspraxis, Unterschiede zwischen den Gesellschaftern herzustellen. Zum Teil entspricht es sogar dem Gerechtigkeitsempfinden, verschiedene Gesellschafter ungleich zu behandeln.[627]

Der Grundsatz der gleichmäßigen Behandlung hat dementsprechend nur eine lückenfüllende Funktion. Sollte sich keine Regelung zu einem bestimmten Bereich im Gesellschaftsvertrag befinden und kann durch Auslegung des selbigen kein Ergebnis gefunden werden, so kann man den Grundsatz der gleichmäßigen Behandlung zur Lösung des Konflikts heranziehen.[628]

Im Urteil des BGH vom 27. September 1965 – II ZR 186/63[629] führte der 2. Senat zum Grundsatz der gleichmäßigen Behandlung folgendes aus: *„Dieser Grundsatz bedeutet nicht etwa, dass alle Gesellschafter gleiche Rechte haben müssten; Art und Umfang dieser Rechte können vielmehr, etwa nach der wirtschaftlichen Beteiligung des einzelnen Gesellschafters, nach seinen sonstigen Leistungen und nach der von ihm übernommenen Haftung, durchaus verschieden sein. Aber selbst bei gleichen Leistungen und gleichem Risiko muss ein Gesellschafter eine ungleiche Behandlung insoweit hinnehmen, als er sich im Gesellschaftsvertrag oder in sonstiger Weise mit ihr einverstanden erklärt hat.“*

Mit der Vereinbarung des ungleichen Hinauskündigungsrechts haben sich die potentiell betroffenen Gesellschafter mit der Begründung ungleichmäßiger Rechte

625 Vgl. dazu B. V. 4. c).

626 MüKo-BGB-*Ulmer*, 705 Rdnr. 245; *Ulmer* in: Staub GK HGB, § 105 Rdnr. 254; Erman-*H. P. Westermann*, § 705 Rdnr. 39; *Wiedemann*, GesR I, § 8 S. 427; *Märtens* in: Ebenroth/Boujong/Joost/Strohn, § 109 Rdnr. 27.

627 MüKo-BGB-*Ulmer*, § 705 Rdnr. 245; *Ulmer* in: Staub GK HGB, § 105 Rdnr. 254; *G. Hueck*, Grundsatz der gleichmäßigen Behandlung im Privatrecht, S. 173.

628 Vgl. *G. Hueck*, Grundsatz der gleichmäßigen Behandlung im Privatrecht, S. 35.

629 BGH, WM 1965, 1284, 1286.

einverstanden erklärt. Die Vereinbarung ist mit den guten Sitten vereinbar,[630] damit liegt kein Verstoß gegen den Gleichbehandlungsgrundsatz vor.[631]

*c) Quorum*

Unzweifelhaft können Vertragsänderungen, die in den Kernbereich der Mitgliedschaft des einzelnen Gesellschafters eingreifen, an eine Mehrheit von Gesellschaftern delegiert werden, wenn der betroffene Gesellschafter dies nachträglich oder vorab ausdrücklich und mit hinreichender Bestimmtheit gestattet hat.[632]

Fraglich ist jedoch, ob das Hinauskündigungsrecht nach freiem Ermessen auch einem einzelnen Gesellschafter oder einer Gesellschaftergruppe eingeräumt werden darf, die nicht die Mehrheit stellt. *A. Hueck* ist der Ansicht, dass der Gesellschaftsvertrag auch einzelnen Gesellschaftern das Recht zum Ausschluss anderer einräumen könne.[633] Dem ist zuzustimmen. Mit der vertraglichen Vereinbarung des freien Ausschlussrechts geben die betroffenen Gesellschafter ein Angebot zum Abschluss eines Aufhebungsvertrags ab. Sollte die Klausel einem einzelnen oder einer Gesellschaftergruppe das Recht zur Ausübung des Ausschlusses geben, räumen die nichtausübungsberechtigten Gesellschafter dem berechtigten Gesellschafter hinsichtlich dieses Rechtsgeschäfts Vertretungsmacht ein. Die Ausübung des Hinauskündigungsrechts und damit die Annahme des Angebots zur Vertragsaufhebung lässt sich damit auf alle Gesellschafter zurückführen.

*d) Zwischenergebnis*

Die Vereinbarung eines ungleichen Hinauskündigungsrechts ist ebenfalls sittengemäß und damit wirksam.

Der potentiell betroffene Gesellschafter hat in selbstbestimmter Weise von seiner Vertragsgestaltungsfreiheit Gebrauch gemacht, da die Eingehung eines Gesellschaftsverhältnisses zeigt, dass die Parteien annähernd gleichberechtigt sind und keine strukturelle Unterlegenheit zwischen den beteiligten Parteien besteht.

Auch beim ungleichen Hinauskündigungsrecht entsteht keine Willkürherrschaft, da der potentiell betroffene Gesellschafter keinen direkten Weisungen unterworfen ist. Er kann also seine Rechte frei ausüben. Von Führungspersonal wird

---

630 Vgl. dazu B. V. 4. b) sowie B. V. 5. a).

631 *Eiselt* in: Harder/Thielmann, FS v. Lübtow, S. 646, 666 sieht darin ebenfalls keinen Verstoß gegen den Gleichbehandlungsgrundsatz.

632 BGH, NJW 1985, 974; NJW 1995, 194, 195; MüKo-BGB-*Ulmer/Schäfer*, § 709 Rdnr. 91; Staudinger-*Habermeier*, § 709 Rdnr. 51; MüKo-HGB-*Enzinger*, § 119 Rdnr. 64, 66.

633 *A. Hueck*, OHG, S. 435.

erwartet, dass ihre Entschlussfreiheit von der Kündigungsmöglichkeit nicht beeinträchtigt wird, zumal die bei Ausschluss zu gewährende Abfindung zum Kündigungsschutz führt.

Auch liegt kein Verstoß gegen den Gleichbehandlungsgrundsatz vor, da dieser dispositiven Charakter hat.

Das ungleiche Hinauskündigungsrecht kann auch einem einzelnen oder einer Gruppe von Gesellschaftern eingeräumt werden, die nicht die Mehrheit der Gesellschafter darstellt, denn durch die Vereinbarung im Gesellschaftsvertrag räumen die nichtberechtigten Gesellschafter den berechtigten Gesellschaftern Vertretungsmacht ein.

# C. Auswirkung der Abfindung auf die Zulässigkeit von Hinauskündigungsklauseln

Bei der Gesellschaft bürgerlichen Rechts regeln die §§ 738-740 BGB die Folgen des Ausscheidens eines Gesellschafters. Über die §§ 105 Abs. 3, 161 Abs. 2 HGB finden diese Vorschriften auch Anwendung auf die OHG und die Kommanditgesellschaft, da das HGB keine speziellen Rechtsfolgen beinhaltet. Nach § 738 Abs. 1 S. 1 BGB wächst der Anteil des ausscheidenden Gesellschafters am Gesellschaftsvermögen automatisch den verbleibenden Gesellschaftern zu. Neben der Rückgabe von Gegenständen, die der ausgeschiedene Gesellschafter der Gesellschaft zur Benutzung überlassen hat, und der Befreiung von gemeinschaftlichen Schulden, steht ihm als Abfindung dasjenige zu, was er bei der Auseinandersetzung erhalten würde, wenn die Gesellschaft zur Zeit seines Ausscheidens aufgelöst worden wäre (§ 738 Abs. 1 S. 2 BGB). In der überwiegenden Mehrzahl der Gesellschaftsverträge finden sich jedoch Abfindungsklauseln, die die Höhe und Modalitäten der Abfindung regeln. Abfindungsklauseln beim Ausschluss eines Gesellschafters bezwecken die Erleichterung der Abfindungsberechnung sowie die Sicherung des Bestands des Unternehmens, insbesondere der Liquidität.[634]

Zunächst ist zu untersuchen, inwiefern sich die Abfindungsregelung auf den freien Ausschluss aus der Gesellschaft auswirkt. Im Anschluss daran ist die Frage zu behandeln, ob eine vertragliche Abfindungsregelung Bestand hat.

Die Rechtsprechung des BGH[635] und mit ihr ein Teil des Schrifttums[636] vertritt die Ansicht, dass die Abfindungsregelung keine Bedeutung für die Frage habe, ob der Ausschluss wirksam sei. Die Unwirksamkeit einer Abfindungsbeschränkung muss demnach notfalls in einem weiteren Rechtsstreit entschieden werden.

---

634 MüKo-HGB-*K. Schmidt*, § 131 Rdnr. 150; *C. Schäfer* in: Staub GK HGB, § 131 Rdnr. 157; *Lorz* in: Ebenroth/Boujong/Joost/Strohn, § 131 Rdnr. 115; *Eiselt* in: Harder/Thielmann, FS v. Lübtow, S. 649 ff.

635 BGH, WM 1962, 462, 463 f.; NJW 1973, 651, 652 = WM 1973, 326, 328; NJW 1973, 1606, 1607; BGHZ 105, 213, 220; 107, 351, 354; 112, 103, 111 f.; BGH, Der Konzern 2006, 189, 191.

636 *Behr*, ZGR 1990, 370, 372; *Schöne*, Diss.,Gesellschafterauschluß bei Personengesellschaften, S. 26; *Schulte*, Diss., Schrankenproblematik, S. 152; *Esch*, NJW 1979, 1390, 1393; *Koller*, DB 1984, 545, 549; *Kreutz*, ZGR 1983, 109, 121.

Demgegenüber wird vertreten, dass Ausschließungsgrund, Ausschließungsverfahren und Abfindung ein einheitliches Gebilde darstellen und nur die Gesamtschau dieser Aspekte Aufschluss über die Wirksamkeit des Gesellschafterausschlusses liefere.[637]

Zu folgen ist dem Trennungsprinzip. Es entspricht der gesetzlichen Systematik, zwischen Ausschlussvoraussetzungen und den Ausschlussfolgen zu unterscheiden.[638] Dies zeigt sowohl § 738 BGB als auch die Regelungen über den aktienrechtlichen Squeeze-out. Dort kann nach § 327 f S. 2 AktG die Anfechtungsklage nicht darauf gestützt werden, dass die Barabfindung nicht angemessen ist. Vielmehr hat in einem solchen Fall das in § 2 des Spruchverfahrensgesetzes berufene Gericht eine angemessene Barabfindung zu bestimmen (§ 327 f S. 2 AktG). Weiterhin sprechen für das Trennungsprinzip praktische Erwägungen sowie der Gedanke der Rechtssicherheit. Wären Abfindung und Ausschluss einheitlich zu betrachten, würde es unter Umständen zu einer lang dauernden Rechtsunsicherheit kommen und die Gesellschafter wären zur sofortigen Berechnung der angemessenen Abfindung gezwungen, obwohl zu diesem Zeitpunkt die Wirksamkeit der Ausschließung noch nicht feststeht.[639] Daher ist dem BGH zuzustimmen, dass gegebenenfalls ein weiterer Prozess geführt werden muss, um die Abfindungsregelung anzupassen. Die Abfindung wirkt sich somit nicht auf die Zulässigkeit des freien Ausschlusses aus.

Die gesetzlich angeordnete Bestimmung des § 738 Abs. 1 S. 2 BGB, wonach der ausscheidende Gesellschafter den tatsächlichen Wert seines Anteils als Abfindung erhält, ist nicht zwingender Natur. Die Parteien können darüber abweichende Vereinbarungen treffen.[640] Dies gilt ebenfalls im GmbH-Recht. Dort ist es wegen der Satzungsautonomie zulässig, den Abfindungsanspruch durch den Gesellschaftsvertrag zu beschränken.[641]

Abfindungsbeschränkungen sind jedoch nur dann zulässig, wenn sie noch eine angemessene Abfindung gewährleisten.[642] Wann eine Abfindung als angemessen anzusehen ist, folgt grundsätzlich daraus, ob die Abfindungsregelung im Kern der gesetzlichen Regelung entspricht und im wesentlichen zur Abgeltung des vollen

637 *Grunewald*, Der Ausschluss aus Gesellschaft und Verein, S. 12, 221; *dies.*; DStR 2004, 1750, 1751; *Drinkuth*, NJW 2006, 410, 411; *Flume*, NJW 1979, 902, 904; *Huber*, ZGR 1980, 177, 204.

638 *Schöne*, Diss., Gesellschafterauschluß bei Personengesellschaften, S. 26.

639 BGH, NJW 1973, 1606, 1607.

640 BGH, NJW 1993, 2101, 2102; passim MüKo-BGB-*Ulmer/Schäfer*, § 738 Rdnr. 22.

641 BGHZ 65, 22, 27; 116, 360, 368; *Lutter* in: Lutter/Hommelhoff, GmbHG, § 34 Rdnr. 81; Michalski-*Sosnitza*, GmbhG, § 34 Rdrn. 52.

642 RGZ 162, 388, 393; BGH, NJW 1979, 104; NJW 1985, 192.

Werts des Gesellschaftsanteils sowie nicht zu einer Bereicherung der übrigen Gesellschafter führt.[643]

Die Kontrolle von Abfindungsklauseln erfolgt in erster Linie anhand von § 138 BGB.[644] Eine Abfindungsklausel wird wegen Sittenwidrigkeit nur dann für nichtig erachtet, wenn die getroffene Vereinbarung bereits bei ihrer Entstehung grob unbillig war.[645] Neben § 138 BGB werden auch die §§ 723 Abs. 3 BGB, 133 Abs. 3 HGB herangezogen, soweit die Abfindungsklausel geeignet ist, einen Gesellschafter von der Kündigung abzuhalten.[646] Die §§ 723 Abs. 3 BGB, 133 Abs. 3 HGB sind, wie die Gläubigerbeeinträchtigung, bei einem freien Gesellschafterausschluss nicht von Interesse, da die Kündigung gerade nicht von dem ausscheidenden Gesellschafter ausgeht.

Besonders weit verbreitet sind sogenannte Buchwertklauseln. Sie sehen regelmäßig eine Abfindung auf der Basis der Kapital- und Darlehenskonten des Gesellschafters vor; sie lassen damit die stillen Reserven und den „good will" unberücksichtigt.[647]

Die Rechtsprechung[648] und die Literatur[649] halten Buchwertklauseln grundsätzlich für zulässig, es sei denn, es liegt eine erhebliche Diskrepanz zwischen dem Buchwert und dem wirklichen Wert vor. In derartigen Fällen wird aber nicht die Regelung des § 738 BGB automatisch angewendet, sondern die Abfindung ist durch eine ergänzende Vertragsauslegung anzupassen. Denn die Vertragsfreiheit erfordert, dass dem objektivierten mutmaßlichen Willen der Parteien Vorrang vor den dispositiven gesetzlichen Regelungen einzuräumen ist.[650] Hingegen wird die pauschale Beschränkung der Abfindung auf die Hälfte der Buchwerte nicht für vereinbar mit den guten Sitten im Sinne des § 138 Abs. 1 BGB angesehen.[651]

---

643 BGH, NJW 1979, 104; MüKo-HGB-*K. Schmidt*, § 131 Rdnr. 167.

644 BGHZ 116, 360, 369; Müko-HGB-*K. Schmidt*, § 131 Rdnr. 156.

645 BGHZ 116, 359, 368.

646 RGZ 162, 388, 392 f.; BGH, NJW 1954, 106.

647 *C. Schäfer* in: Staub GK HGB, § 131 Rdnr. 165; *Lorz* in: Ebenroth/Boujong/Joost/Strohn, § 131 Rdnr. 116.

648 BGH, WM 1962, 462, 463; NJW 1973, 651 f. = WM 1973, 326, 327; WM 1978, 1044, 1045; NJW 1985, 192, 193; NJW 1993, 2101, 2102.

649 *C. Schäfer* in: Staub GK HGB, § 131 Rdnr. 165; MüKo-HGB-*K. Schmidt*, § 131 Rdnr. 167; *Lorz* in: Ebenroth/Boujong/Joost/Strohn, § 131 Rdnr. 120; Palandt-*Sprau*, § 738 Rdnr. 7; Erman-*H. P. Westermann*, § 738 Rdnr. 16; MüKo-BGB-*Ulmer/Schäfer*, § 738 Rdnr. 64.

650 BGH, NJW 1985, 192, 193; NJW 1993, 2102, 2103; NJW 1994, 2536, 2537, 2539; BGHZ 116, 359, 371; 123, 281, 283 ff.; ihm folgend MüKo-BGB-*Ulmer/Schäfer*, § 738 Rdnr. 74; Staudinger-*Habermeier*, § 738 Rdnr. 35.

651 BGH, NJW 1989, 2685; 2686; *C. Schäfer* in: Staub GK HGB, § 131 Rdnr. 165; MüKo-HGB-*K. Schmidt*, § 131 Rdnr. 167.

Auch bei einer Verknüpfung von Buchwertklausel und freiem Ausschlussrecht werden von der herrschenden Meinung strengere Anforderungen gestellt. In einem solchen Fall soll ein rechtlich vertretbarer Interessensausgleich zwischen dem Ausscheidenden und den verbleibenden Gesellschaftern nur dann vorliegen, wenn der Ausscheidende eine angemessene Abfindung erhält.[652] Sofern keine besonderen Umstände vorliegen, ist eine Abfindungsklausel angemessen, wenn sie im wesentlichen den vollen Wert des Anteils ausgleicht, ansonsten ist die Abfindungsklausel nach § 138 BGB nichtig.[653] Begründet wird dies damit, dass sonst ein besonderer Anreiz geschaffen werde, von dem Ausschließungsrecht aus sachfremden Gründen oder willkürlich Gebrauch zu machen.[654]

*Esch* hingegen ist der Meinung, Buchwertklauseln seien grundsätzlich sittlich indifferente Rechtsgeschäfte, die sich im Rahmen der Vertragsfreiheit bewegen und nur ausnahmsweise nicht mit § 138 BGB vereinbar seien, nämlich dann, wenn die Buchwertabfindung nicht generell für das Ausscheiden von Gesellschaftern, sondern nur für die Ausschließungskündigung vorgesehen ist.[655] Bei solchen Konstellationen sieht auch *Esch* die Gefahr, dass sachfremde Erwägungen zum Ausschluss führen könnten.[656]

*Schulte* folgt *Eschs* Auffassung, dass es sich um ein sittengemäßes Rechtsgeschäft handelt, denn mit der Buchwertklausel erkennen die Gesellschafter den Vorrang des Bestandsschutzes des Unternehmens gegenüber dem Abfindungsinteresse an.[657] Auch nach *Bernert*[658]und *Cöster*[659] verstößt eine Buchwertklausel nicht gegen § 138 BGB, weil zum Zeitpunkt der Vereinbarung eine wirtschaftliche Abhängigkeit des Gesellschafters nicht besteht und auch nicht vorhersehbar ist.

Die Auffassung der herrschenden Meinung vermag nicht zu überzeugen. Auch bei einem freien Ausschlussrecht kann die Abfindung auf den Buchwert

---

652 BGH, WM 1978, 1044, 1045 = NJW 1979, 104; tendenziell so auch schon BGH, NJW 1973, 651 = WM 1973, 326, 327; anders noch BGH, WM 1962, 462, 463, dort folgte die Unwirksamkeit der Abfindung nur aus der erheblichen Diskrepanz zwischen Buchwert und wahrem Wert.

653 BGH, WM 1978, 1044, 1045 = NJW 1979, 104; Palandt-*Sprau*, § 738 Rdnr. 7; MüKo-BGB-*Ulmer/Schäfer*, § 738 Rdnr. 64; *Lorz* in: Ebenroth/Boujong/Joost/Strohn, § 131 Rdnr. 128; *Grunewald*, Der Ausschluss aus Gesellschaft und Verein, S. 222; *dies.*, DStR 2004, 1750, 1751; grds. unwirksam *Müller-Laube/Büsching*, JA 1989, 1, 9; *Koller*, DB 1984, 545, 549; *Schilling*, ZGR 1979, 419, 424; *Huber*, ZGR 1980, 177, 204.

654 BGH, WW 1978, 1044, 1045 = NJW 1979, 104; ihm folgend *Koller*, DB 1984, 545, 548.

655 *Esch*, NJW 1979, 1390, 1392 f.

656 *Esch*, NJW 1979, 1390, 1393.

657 *Schulte*, Diss., Schrankenproblematik, S. 149.

658 *Bernert*, Diss., Zulässigkeit von Buchwertklauseln, S. 139 ff., 144.

659 *Cöster*, Diss., Der Ausschluss lästiger Gesellschafter, S. 138.

beschränkt werden, denn auch hier erfolgt eine Anpassung der Abfindung, wenn Buchwert und wahrer Wert ungewöhnlich weit auseinander tarieren. Außerdem berücksichtigen die Rechtsprechung und die herrschende Meinung in der Literatur nicht, dass die Zahlung einer Abfindung per se zum Kündigungsschutz führt. Da nach der hier vertretenen Auffassung freie Ausschlussrechte ein allgemeines Rechtsprinzip darstellen, ist es nicht ersichtlich, weswegen bei einer Kombination mit einer Buchwertklausel diese unwirksam sein soll. Wenn Buchwertklauseln grundsätzlich wirksam sind, da sie weder gegen die guten Sitten verstoßen, noch Gläubigerrechte beeinflussen oder zu einer Kündigungserschwerung nach § 723 Abs. 3 BGB führen, dann kann man umgekehrt in einer Buchwertklausel, die mit einem freien Ausschlussrecht kombiniert wird, auch keinen Kündigungsanreiz erblicken, zumal sich der Buchwert bei den verbleibenden Gesellschaftern erst bei der Liquidation realisieren wird, die in der Regel nicht beabsichtigt ist.

Überhaupt ist es zweifelhaft, ob man bei der Beurteilung der Wirksamkeit einer Abfindungsklausel von Seiten der Ausschlussvoraussetzungen her argumentieren kann. Denkt man das Trennungsprinzip konsequent weiter, so folgt daraus, dass Ausschlussvoraussetzung und Ausschlussfolge vollständig zu trennen sind und sich nicht gegenseitig beeinflussen, sondern blind für das jeweils andere sind. Daher sind Buchwertklauseln entweder generell zulässig oder generell unzulässig, aber nicht, je nach Ausschlussvoraussetzungen, unterschiedlich zu beurteilen.

# D. Vergleichbare Gestaltungen im Venture-Kapitalbereich

Der Begriff Joint Venture wird nicht einheitlich verwendet. Zum Teil umfasst er kooperative Engagements im weitesten Sinne, andere Autoren verwenden ihn nur, wenn es durch die Kooperation zur Gründung eines neuen, rechtlich selbständigen Unternehmens kommt und die kooperierenden Parteien dem Unternehmen Kapital zuführen.[660] Meistens handelt es sich bei Joint Ventures nur um „Ehen auf Zeit".[661] Daher sollte die Beendigung der gemeinsamen Unternehmung bereits bei der Begründung mitbedacht werden.

Falls es zu einem Konflikt zwischen den Partnern kommt, der sich nicht beheben lässt, kann es wirtschaftlich effizienter sein, sich vom Joint Venture Partner zu trennen. Bei einem 50/50-Joint Venture hätte dies zur Folge, dass nun eine Partei sämtliche Gesellschaftsanteile hält. Um dies zu erreichen, eignen sich zwei Vertragsgestaltungen, die in Deutschland noch wenig praktiziert werden:[662] das Russian Roulette und der Texan Shoot Out. Bei diesen Vertragsgestaltungen werden Elemente der freiwilligen und der erzwungenen Übertragung von Gesellschaftsanteilen kombiniert.[663]

Bei Venture Kapital-Investoren basiert das Geschäftsmodell nicht auf dem Erhalt von Dividenden des Unternehmens, sondern die Investoren erhoffen sich Gewinne bei der Abgabe der Beteiligung nach einigen Jahren (beim sogenannten Exit).[664] Für sie ist das Drag-along Recht interessant.

## I. Russian Roulette

Russian Roulette Klauseln existieren in verschiedenen Formen. Grundmodell ist das sogenannte „One Way Sell Russian Roulette":[665] Gesellschafter A möchte die

660 *Probst/Rüling* in: Schaumburg, Internationale Joint Ventures, S. 5.
661 *Reinhard* in: Wachter, Handbuch des Fachanwalts für Handels- und Gesellschaftsrecht, S. 2332 Rdnr. 3.
662 So *Schulte/Sieger*, NZG 2005, 24.
663 *Schulte/Sieger*, NZG 2005, 24, 25.
664 *Martinius/Stubert*, BB 2006, 1977, 1978.
665 *Schulte/Sieger*, NZG 2005, 24, 25.

Zusammenarbeit mit Gesellschafter B beenden, daher übermittelt er an B ein Verkaufs- und Abtretungsangebot bezüglich aller seiner Anteile zu einem festgelegten Preis. Innerhalb einer vorher bestimmten Frist muss B entweder das Angebot des A annehmen und die Anteile abkaufen, oder er ist verpflichtet, seine Anteile an A zu verkaufen und zwar zu dem Preis, den A vorgegeben hat.

Beim „Offer to Sell or Buy Russian Roulette“ handelt es sich um eine Variante des „One Way Sell Russian Roulette“, bei dem die Wahlmöglichkeit des Empfängers deutlicher hervortritt. Hierbei bietet Gesellschafter A Gesellschafter B an, entweder seine Anteile (des Gesellschafters A) zu einem bestimmten Preis zu kaufen, oder sämtliche eigenen Anteile (die des Gesellschafters B) abzukaufen. Auch hier muss sich Gesellschafter B innerhalb einer zuvor bestimmten Frist entscheiden, welches Angebot er annimmt.[666]

Außerdem gibt es noch eine Spielart des Russian Roulette, die einem Bietverfahren ähnelt. Die Parteien hinterlegen ihre jeweiligen Angebote bei einem Notar. Derjenige, welcher das höhere Angebot abgegeben hat, erhält die Anteile des anderen.[667]

### II. Texan Shoot Out

Beim Texan Shoot Out übermittelt Gesellschafter A an Gesellschafter B ein Kauf- und Abtretungsangebot bezüglich aller von B gehaltenen Anteile zu einem festen Preis. Gesellschafter B muss sich innerhalb eines zuvor festgelegten Zeitraumes entscheiden, ob er das Angebot annimmt und seine Anteile veräußert, oder aber die von Gesellschafter A gehaltenen Anteile zu einem höheren Preis übernehmen möchte.[668] Möchten beide Parteien die jeweils anderen Anteile übernehmen, findet ein Bietverfahren statt. Die Partei, die den höchsten Preis bietet, kauft die Anteile der anderen Partei.[669]

### III. Drag-along-Klauseln

Drag-along-Klauseln verfolgen den Zweck, dem Investor den Verkauf seiner Anteile zu erleichtern.[670] Da der Verkauf von Anteilen häufig günstiger ist, wenn der

666 *Schulte/Sieger*, NZG 2005, 24, 25.
667 *Schulte/Sieger*, NZG 2005, 24, 25.
668 *Schulte/Sieger*, NZG 2005, 24, 25.
669 *Schulte/Sieger*, NZG 2005, 24, 25; *Ley/Schulte*, Joint-Venture-Gesellschaften, Rdnr. 791.
670 *Martinius/Stubert*, BB 2006, 1977, 1978.

Investor 100 % der Anteile anbieten kann, wird oft zwischen den Gründern der Gesellschaft und dem Investor vereinbart, dass der Investor das Recht hat, die Gründer zu zwingen, ihre Anteile ebenfalls an den vom Investor benannten Käufer zu verkaufen.[671]

## IV. Rechtliche Würdigung

### *1. Wirksamkeitsfragen*

#### *a) Russian Roulette und Texan Shoot Out*

Beim Texan Shoot Out handelt es um eine Form des Russian Roulette.[672] Schon die Namen für die Klauseln drücken aus, dass es sich um eine riskante Vertragsgestaltung handelt, bei der die Parteien „aufs Ganze gehen". Am Ende des Verfahrens wird die Joint Venture Gesellschaft einer Partei allein gehören. Für den ausscheidenden Partner kann dies jedoch bedeuten, dass er eine für ihn wichtige Marktposition verliert.[673]

Neben diesem Gefahrpotential hat eine derartige Vertragsgestaltung auch Vorteile. Wirtschaftlich uneffiziente Phasen, in denen sich die Partner über das weitere strategische Vorgehen nicht einigen können, können vermieden werden. Denn wenn die Möglichkeit zur Einleitung des Verfahrens nicht zur Disziplinierung der Vertragsparteien beitragen sollte, können sie sich wenigstens innerhalb kürzester Zeit voneinander trennen. Zudem bietet das Verfahren ein hohes Maß an Preisgerechtigkeit.[674] Da die einleitende Partei nicht weiß, ob sie ihre Anteile verkaufen oder ob sie die Anteile des Partners kaufen muss, wird sie einen fairen Kaufpreis vorgeben, schließlich möchte niemand Vermögensbestandteile unter Wert veräußern.

Soweit ersichtlich, haben deutsche Gerichte bislang keine Entscheidungen zu dem Themenkreis des Russian Roulette und der Texan Shoot Out Klauseln getroffen. Auch in der Literatur sind Stellungnahmen dazu kaum vorzufinden, wenn es sie gibt, werden derartige Klauseln mit dem deutschen Recht für vereinbar gehalten.[675]

---

671 *Martinius/Stubert*, BB 2006, 1977, 1978; *Ley/Schulte*, Joint-Venture-Gesellschaften, Rdnr. 784.
672 *Schulte/Sieger*, NZG 2005, 24, 25.
673 *Schulte/Sieger*, NZG 2005, 24, 30.
674 *Schulte/Sieger*, NZG 2005, 24, 29.
675 *Schulte/Sieger*, NZG 2005, 24, 27, 30.

*aa) Vereinbarkeit mit § 723 Abs. 3 BGB*

Nach § 723 Abs. 3 BGB ist eine Vereinbarung, durch die das Kündigungsrecht ausgeschlossen oder diesen Vorschriften zuwider beschränkt wird, nichtig. Das Verbot der Kündigungsbeschränkung bringt das allgemeine Rechtsprinzip zum Ausdruck, dass es mit der persönlichen Freiheit des Gesellschafters nicht vereinbar ist, eine Bindung ohne zeitliche Begrenzung und ohne Kündigungsmöglichkeit einzugehen.[676] Der Rechtsgedanke dieser Vorschrift gilt nicht nur für Personengesellschaften, sondern auch für die GmbH.[677]

Sofern die Russian Roulette Klausel nicht etwas Gegenteiliges anordnet, ist davon auszugehen, dass sie neben die allgemeinen Kündigungstatbeständen der jeweiligen Gesellschaftsform tritt und den Joint-Venture Partnern somit eine zusätzliche Ausstiegsmöglichkeit an die Hand gibt. In diesem Fall kann die Russian Roulette Klausel nicht gegen § 723 Abs. 3 BGB verstoßen.

Sollte sich jedoch direkt oder durch Auslegung ergeben, dass die Russian Roulette Klausel die einzige Ausstiegsmöglichkeit sein soll, also sowohl die ordentliche Kündigung als auch die Kündigung aus wichtigem Grund ausgeschlossen sein, so muss eine Differenzierung erfolgen. Die Russian Roulette Klausel hindert den Gesellschafter an der sofortigen Kündigung und führt damit zu einer Beschränkung des außerordentlichen Kündigungsrechts. Ein Ausschluss oder die Beschränkung des Kündigungsrechts aus wichtigem Grund ist nicht mit den §§ 723 Abs. 3 BGB, 133 Abs. 3 HGB vereinbar und damit nichtig.[678] Die Rechtsfolge ist, dass das Recht zur außerordentlichen Kündigung neben die Russian Roulette Klausel tritt.

Eine Russian Roulette Klausel schließt das ordentliche Kündigungsrecht der Gesellschafter nicht aus, denn schließlich haben beide Joint-Venture Parteien das Recht, das Ausstiegsverfahren einzuleiten.[679] Dennoch könnte sie zu einer Kündigungsbeschränkung führen. Schließlich weiß der initiierende Gesellschafter beim Russian Roulette nicht, ob er aus der Gesellschaft ausscheidet, oder aber ob er alleiniger Gesellschafter wird. Beim Texan Shoot Out beabsichtigt der einleitende Gesellschafter sogar die Übernahme aller Anteile. Es besteht damit die Möglichkeit, dass der einleitende Gesellschafter nicht ausscheidet, sondern Eigentümer aller Gesellschaftsanteile wird und die Gesellschaft allein fortführen muss.

Darin kann man jedoch keine Kündigungsbeschränkung im Sinne des § 723 Abs. 3 BGB erblicken, da das Gesellschaftsverhältnis zwischen den Joint Venture

676 BGHZ 50, 316, 322; 126, 226, 230 f.; Bamberger/Roth-*Timm/Schöne*, § 723 Rdbr. 31; MüKo-BGB-*Ulmer/Schäfer*, § 723 Rdnr. 61.

677 BGHZ 116, 359, 369.

678 Staudinger-*Habermeier*, § 723 Rdnr. 41 f.; MüKo-BGB-*Ulmer/Schäfer*, § 723 Rdnr. 74.

679 *Schulte/Sieger*, NZG 2005, 24, 27.

Parteien auf jeden Fall beendet wird. § 723 Abs. 3 BGB schützt nicht eine besondere Rechtsfolge der Kündigung, sondern nur, dass eine Kündigung generell zulässig sein muss. Dies lässt sich am besten anhand der Gesellschaft bürgerlichen Rechts nachweisen. Dort geht § 723 BGB davon aus, dass die Kündigung eines Gesellschafters zur Auflösung der Gesellschaft führt. Dies kann dadurch verhindert werden, dass eine Fortsetzungsklausel im Sinne des § 737 BGB vereinbart wird. Dann scheidet der kündigende Gesellschafter aus und die Verbleibenden führen die Gesellschaft fort. Dies zeigt, dass die Gesellschafter festlegen können, welche Folge die Kündigung nach sich ziehen soll. Rechtsfolge einer Kündigung kann damit nicht nur die Auflösung der Gesellschaft sowie der Austritt des kündigenden Gesellschafters sein, sondern auch die Übernahme aller Anteile durch den kündigenden Gesellschafter. Dies ist nicht unbillig. Der einleitende Gesellschafter, der eigentlich seine Anteile verkaufen möchte, durch die Wahl der Empfängerpartei aber Eigner aller Anteile wird, hat verschiedene Optionen, zu reagieren. Er kann zum einen die ganze Gesellschaft verkaufen oder zum anderen diese liquidieren.

Eine unwirksame Kündigungsbeschränkung kann sich auch aus einer wirtschaftlichen Einbuße aufgrund der Kündigung ergeben.[680] Entscheidend ist dabei, ob die Entschließungsfreiheit des Gesellschafters zum Zeitpunkt der Kündigung unvertretbar eingeengt ist.[681] Eine solche unvertretbare Einengung kann nur vorliegen, wenn die Abfindung bzw. der Kaufpreis irgendwann vor der Kündigung bzw. vor der Verfahrenseinleitung festgelegt wurde. Die vorherige Festlegung kann dazu führen, dass von einer Kündigung abgesehen wird. Beim Russian Roulette legt die initiierende Partei den Kaufpreis zu dem Zeitpunkt, in dem sie das Verfahren einleitet, fest. Eine Kündigungsbeschränkung liegt mithin auch insofern nicht vor.

#### *bb) Vereinbarkeit mit § 138 Abs. 1 BGB*

Durch die Einleitung des Russian Roulette Verfahrens werden beide Joint Venture Parteien unter Druck gesetzt. Die Angebotsempfängerpartei hat die Wahl, ob sie die Anteile des Partners übernimmt oder ihre eigenen Anteile zum selben Preis verkauft. Sie steht unter einem Entscheidungsdruck. Die einleitende Partei gelangt in eine Duldungssituation. Sie muss die Wahl der Empfängerpartei akzeptieren. Diese Situation könnte man, wie bei den Hinauskündigungsklauseln, als eine Art Willkürherrschaft bezeichnen. Nach der hier vertretenen Auffassung sind Hin-

---

680 Bamberger/Roth-*Timm/Schöne*, § 723 Rdbr. 34; MüKo-BGB-*Ulmer/Schäfer*, § 723 Rdnr. 76.

681 MüKo-BGB-*Ulmer/Schäfer*, § 738 Rdnr. 51.

auskündigungsklauseln nicht sittenwidrig. Doch auch unter Zugrundelegung der Rechtsprechung des BGH müssten Russian Roulette Klauseln wirksam sein.

Die Wahlmöglichkeit der Empfängerpartei besteht nur für eine kurze Zeit, da schon im Gesellschaftsvertrag bestimmt ist, in welcher Zeitspanne sie über das Angebot zu entscheiden hat. Außerdem wird die Art Willkürherrschaft gerade von der einleitenden Partei erzeugt. Sie kann im übrigen durch die Angebotsgestaltung maßgeblich auf die Entscheidung der Empfängerpartei einwirken. Möchte die einleitende Partei die Anteile des Partners übernehmen, sollte sie einen hohen Kaufpreis anbieten. Dies gilt umso mehr, wenn die Empfängerpartei nicht genügend liquide Mittel hat, denn diese müsste, wenn sie nicht verkaufen möchte, die Anteile der einleitenden Partei zum selben Preis erwerben.

### *b) Drag-along-Klauseln*

Fraglich ist, ob Drag-along-Klauseln mit dem deutschen Recht, insbesondere mit den guten Sitten gemäß § 138 BGB, vereinbar sind. Problematisch ist dies im Hinblick auf die Rechtsprechung des BGH zum freien Ausschlussrecht. Durch das Drag-along Recht hat der Investor die Möglichkeit, den Gründer aus der Gesellschaft hinauszudrängen, indem er die gesamte Gesellschaft verkauft. Letztendlich kommt dies, in den Folgen, einem Hinauskündigungsrecht nach freiem Ermessen recht nahe, da der Gründer nicht einwilligen muss. Doch es gibt auch grundlegende Unterschiede. Beim freien Ausschlussrecht verbleiben die Berechtigten in der Gesellschaft und führen diese ohne den Hinausgekündigten fort. Hingegen wird nach der Ausübung des Drag-along Rechts die Gesellschaft von dem Käufer weitergeführt. Alle vorherigen Gesellschafter sind ausgeschieden.

*Martinius/Stubert* sind der Auffassung, dass diese formalen Unterschiede nicht daran hindern würden, das Drag-along Recht an den zum Hinauskündigungsrecht entwickelten Grundsätzen zu messen, da die Rechtskontrolle von Hinauskündigungsklauseln dem Schutz des ausscheidenden Gesellschafters diene und er über sein Ausscheiden autonom entscheiden solle. Diese Interessen bestünden unabhängig davon, ob die Gesellschaft von den kündigenden Gesellschaftern oder von Dritten weitergeführt würde.[682]

Dem muss folgendes entgegnet werden: der Fortbestand einer Gesellschaft ist nicht geschützt und die Auflösung kann von einem Gesellschafter ohne Einwilligung der Übrigen herbeigeführt werden. Eine auf unbestimmte Zeit eingegangene Gesellschaft bürgerlichen Rechts kann nach § 723 Abs. 1 jederzeit gekündigt werden, was dazu führt, dass sie aufgelöst wird. Bei Personenhandelsgesellschaften kann die Kündigung eines Gesellschafters mit einer Frist von sechs Monaten zum

---

682 *Martinius/Stubert*, BB 2006, 1977, 1981.

Schluss eines Geschäftsjahres erfolgen (§ 132 HGB) und führt nach § 131 Abs. 3 S. 1 Nr. 3 HGB, mangels abweichender vertraglicher Bestimmung, zum Ausscheiden des Gesellschafters. Schon der Wortlaut des § 131 Abs. 3 S. 1 HGB zeigt eindeutig, dass auch bei Personenhandelsgesellschaften die Kündigung eines Gesellschafters zur Auflösung der Gesellschaft führen kann. Auch im GmbH-Recht kann nach § 60 Abs. 2 GmbHG einem einzelnen Gesellschafter das Recht zur Kündigung eingeräumt werden, was die Auflösung der Gesellschaft nach sich zieht.[683]

Zu keinem wesentlich anderen Ergebnis führt das Drag-along Recht des Investors. Investor und Gründer scheiden beide aus der Gesellschaft aus und die Gesellschaft bekommt einen neuen Eigner. Die Rechtsfolgen des Drag-along Rechts stellen sich, im Verhältnis zwischen Gründer und Investor, wie die Auflösung und Liquidation der Gesellschaft dar. Schon aus diesem Grund muss das Drag-along Recht mit dem deutschen Recht vereinbar sein.

Des weiteren kann der Investor das Drag-along Recht nicht nach freiem Ermessen ausüben. In der Entscheidung vom 19. September 1988 – II ZR 329/87[684] grenzte der BGH ein Hinauskündigungsrecht nach freiem Ermessen von einem Ausschlussrecht ab, welches an ein festes Tatbestandsmerkmal geknüpft war. Entscheidend soll daher sein, ob der Ausschluss jederzeit erfolgen kann, denn nur dann kann es zu einer willkürlichen und missbräuchlichen Handhabung des Kündigungsrechts und damit zu einer nicht hinnehmbaren Gefährdung der für ein gedeihliches Zusammenwirken erforderlichen freien Willensbildung aller Gesellschafter kommen.[685] Der Investor muss, bevor die Drag-along Klausel angewendet werden kann, zunächst einmal einen Käufer finden, der sämtliche Anteile und nicht nur die des Investors erwerben möchte. Zudem müssen sich Investor und Käufer über die Bedingungen einig werden. Daher liegt der Ausschluss nicht im freien Ermessen des Investors.[686]

Hinzu kommt, dass auch nicht die Gefahren bestehen, die der BGH beim freien Ausschlussrecht sieht. Das eigentlich Anstößige eines Kündigungsrechts nach freiem Ermessen besteht nach der Ansicht des BGH darin, dass es von dem oder den berechtigten Gesellschaftern willkürlich ausgeübt und als Machtinstrument eingesetzt werden kann.[687] Doch das Drag-along Recht dient nicht als Machtmittel. Es dient vielmehr dazu, die durch die getätigte Investition erwirtschafteten Gewinne abzuschöpfen.[688]

---

683 *Kleindiek* in: Lutter/Hommelhoff, GmbHG § 60 Rdnr. 27; *Schulze-Ostloh/Fastrich* in: Baumbach/Hueck, GmbHG, § 60 Rdnr. 51.
684 BGHZ 105, 213 ff.
685 BGHZ 105, 213, 218.
686 So auch *Martinius/Stubert*, BB 2006, 1977, 1982.
687 BGHZ 105, 213, 219.
688 Ähnlich *Martinius/Stubert*, BB 2006, 1977, 1982.

### 2. *Dogmatische Fragen*

#### *a) Russian Roulette und Texan Shoot Out*

*Schulte/Sieger* sind der Ansicht, dass beim Offer to Sell or Buy Russian Roulette zwei Angebote abgegeben werden. Ein Angebot zielt auf den Kauf der Anteile des Partners ab, das andere auf den Verkauf der eigenen Anteile. Angenommen wird jedoch nur ein Angebot; darin liegt zugleich die Ablehnung des anderen Angebots.[689]

So rechtsdogmatisch simpel, wie die Vertragsklausel auf den ersten Blick erscheint, ist sie jedoch nicht. Vielmehr ist sie höchst brisant. Denn was passiert, wenn der Angebotsempfänger seine Wahlmöglichkeit nicht ausübt und keines der beiden Angebote annimmt? Sollte die Ausstiegsklausel dadurch wirkungslos werden können? Dies kann jedenfalls nicht die Lösung sein.

Sofern der Angebotsempfänger beim Russian Roulette seine Wahl trifft und beim Texan Shoot Out das Kaufangebot hinsichtlich seiner Anteile annimmt, kann *Schulte/Sieger* jedenfalls gefolgt werden. Entscheidet sich der Angebotsempfänger nicht, hilft diese dogmatische Konstruktion nicht weiter, da das Verfahren zum Erliegen kommt, weil keine übereinstimmenden Willenserklärungen vorliegen. Dies ist mit dem Sinn und Zweck der Klausel nicht vereinbar. Deswegen muss nach § 242 BGB oder nach § 264 Abs. 2 BGB analog das Wahlrecht auf die einleitende Partei übergehen. Dies aber setzt voraus, dass bereits im Gesellschaftsvertrag, der die Russian Roulette Klausel beinhaltet, gegenseitige Angebote und Annahmen enthalten sind, die unter der Bedingung stehen, dass die Angebotsempfängerpartei das Wahlrecht nicht innerhalb der vereinbarten Frist ausgeübt hat.

Gleiches gilt für das Texan Shoot Out, nur dass dort die Vertragsparteien jeweils ein Kaufangebot abgegeben haben, welches ebenfalls unter der Bedingung steht, dass der Angebotsempfänger keine Entscheidung innerhalb der vereinbarten Frist getroffen hat.

Dies stützt die oben vertretene These, dass das vertraglich vereinbarte freie Ausschlussrecht nicht zur Begründung eines Gestaltungsrechts im engeren Sinne führt, sondern dass mit der Ausübung ein Aufhebungsvertrag zustande kommt.

#### *b) Drag-along-Klauseln*

Für die Drag-along Klausel bieten sich zwei Gestaltungsmöglichkeiten an: zum einen kann sich der Gründer verpflichten, seine Anteile zu verkaufen, wenn der Investor einen Käufer für sämtliche Gesellschaftsanteile findet; zum anderen könnte

---

689 *Schulte/Sieger*, NZG 2005, 24, 27.

er dem Investor auch bereits Vertretungsmacht für den Abschluss eines Kaufvertrags über seine Anteile einräumen. Von der zweiten Gestaltungsmöglichkeit sollte jedoch wegen der weitreichenden Folgen abgesehen werden.

Für den Gründer-Gesellschafter ist es sinnvoll, eine Andienungspflicht des ausscheidungswilligen Partners zu vereinbaren und sich ein Vorkaufsrecht im Bezug auf die Anteile des Investors geben zu lassen. Auf diese Weise kann er sein Ausscheiden aus der Gesellschaft verhindern.

## V. Zusammenfassung

Russian Roulette, Texan Shoot Out und Drag-along Klauseln sind mit dem deutschen Recht vereinbar.

# E. Formulierungsvorschläge

## I. Freies Hinauskündigungsrecht

*Knöchlein* empfiehlt das Aufstellen einer Präambel unmittelbar vor der Ausschlussklausel, in der betont wird, dass das freie Ausschlussrecht in Kenntnis der Rechtsprechung gebilligt wird.[690] Sollte die Rechtsprechung weiterhin von der Sittenwidrigkeit des freien Ausschlussrechts ausgehen, hilft eine solche Präambel nicht weiter, denn sittenwidrige Rechtsgeschäfte stehen nicht zur Disposition der Parteien.

### 1. Gleiches Hinauskündigungsrecht

Die übrigen Gesellschafter sind berechtigt, einen Mitgesellschafter nach freiem Ermessen, also ohne dass wichtige oder sachliche Gründe vorliegen müssten, aus der Gesellschaft auszuschließen.[691] Der dem entsprechende Beschluss der übrigen Gesellschafter muss einstimmig (mit einfacher Mehrheit oder Dreiviertel-Mehrheit) erfolgen, wobei der betroffene Mitgesellschafter nicht stimmberechtigt ist.

Der Ausschluss des Gesellschafters wird drei Monate nach Beschlussfassung wirksam.

### 2. Ungleiches Hinauskündigungsrecht

Dem Gesellschafter X / den Gesellschaftern X, Y steht das Recht zu, die übrigen Gesellschafter (den Gesellschafter Z), nach freiem Ermessen, also ohne dass wichtige oder sachliche Gründe vorliegen müssten, aus der Gesellschaft auszuschließen.

Der Ausschluss des Gesellschafters wird drei Monate nach Beschlussfassung wirksam.

---

690 *Knöchlein*, Der Ausschluss des unverträglichen Mitgesellschafters, S. 43, 65.

691 Nach BGHZ 68, 212, 213 muss sich das Recht zum freien Ausschluss unzweideutig aus dem Gesellschaftsvertrag ergeben.

## II. Russian Roulette

1. Um die gemeinsame Unternehmung zu beenden, hat jeder Gesellschafter das Recht, dem jeweils anderen Gesellschafter ein Angebot zukommen zu lassen, in dem er dem Empfänger offeriert, entweder die eigenen Gesellschaftsanteile am Unternehmen zu verkaufen oder aber die Anteile der einleitenden Partei zu kaufen.
2. Damit ein wirksames Angebot vorliegt, hat die einleitende Partei
   – ein notariell beurkundetes Angebot vorzulegen,[692] in dem der Kaufpreis festgelegt ist;
   – das Angebot schriftlich dem anderen Gesellschafter per Einschreiben zuzustellen.
3. Sollten beide Gesellschafter das Ausstiegsverfahren parallel betreiben, entscheidet der frühere Zugang des Angebots darüber, welche Rolle (einleitende Partei/Empfängerpartei) der jeweilige Gesellschafter einnimmt. Wenn das frühere Angebot wirksam ist, gilt das spätere als nicht erfolgt.
4. Die Empfängerpartei ist verpflichtet, innerhalb von 30 Tagen vom Zugang des Angebots an ihre Wahlpflicht in notariell beurkundeter Form auszuüben und der einleitenden Partei schriftlich bekannt zu geben.
5. Sollte die Empfängerpartei ihrer Wahlpflicht nicht rechtzeitig, nicht formgerecht oder gar nicht nachgekommen sein, geht das Wahlrecht auf die einleitende Partei über. In diesem Fall sind sich die vertragsschließenden Parteien darüber einig, dass der Kaufvertrag durch die Ausübung des Wahlrechts der einleitenden Partei zustande kommt.

## III. Texan Shoot Out

Die gemeinsame Unternehmung kann durch folgendes Verfahren beendet werden:

1. Jeder Gesellschafter ist berechtigt, dem jeweils anderen Gesellschafter ein Angebot zukommen zu lassen, in dem er anbietet, sämtliche Geschäftsanteile dem jeweils anderen abzukaufen.

---

692 Nach § 15 Abs. 4 GmbHG bedarf es der notariellen Form für eine Vereinbarung, durch die die Verpflichtung eines Gesellschafters zur Abtretung eines Geschäftsanteils begründet wird. Bedarf es keiner Form, muss Angebot und Annahme auch nicht zwingend notariell beurkundet werden.

2. Damit ein wirksames Angebot vorliegt, hat die einleitende Partei
   – ein notariell beurkundetes Angebot vorzulegen, in dem der Kaufpreis festgelegt ist;
   – das Angebot schriftlich dem anderen Gesellschaft per Einschreiben zuzustellen.
3. Sollten beide Gesellschafter das Ausstiegsverfahren parallel betreiben, entscheidet der frühere Zugang des Angebots darüber, welche Rolle (einleitende Partei/Empfängerpartei) der jeweilige Gesellschafter einnimmt. Wenn das frühere Angebot wirksam ist, gilt das spätere als nicht erfolgt.
4. Die Empfängerpartei ist verpflichtet, innerhalb von 30 Tagen vom Zugang des Angebots an, ihre Entscheidung in notariell beurkundeter Form der einleitenden Partei schriftlich bekannt zu geben.
5. Sollte die Empfängerpartei keine rechtzeitige, keine formgerechte oder gar keine Entscheidung getroffen haben, so sind sich die vertragsschließenden Parteien darüber einig, dass das Angebot der einleitenden Partei als angenommen anzusehen ist.

## IV. Drag-along Recht

1. Der Gründer-Gesellschafter verpflichtet sich für den Fall, dass der Investor einen Käufer für sämtliche Gesellschaftsanteile gefunden hat, seine Anteile ebenfalls an diesen Käufer zu verkaufen. Diese Verpflichtung besteht nur, wenn der Kaufinteressent ein außenstehender Dritter ist, also in keinem Rechtsverhältnis zum Investor steht.
2. Der Gründer-Gesellschafter muss seine Anteile zu den gleichen Konditionen verkaufen wie der Investor.
3. Der Investor verpflichtet sich, den Gründer-Gesellschafter rechtzeitig über seine Verkaufsabsicht zu unterrichten und auf Verlangen des Gründer-Gesellschafters mit ihm in Verhandlungen über den Kauf seiner Anteile einzutreten, bevor er mit Dritten Verhandlungen führt. Die Pflicht zur Verhandlungsaufnahme besteht nur innerhalb eines Zeitraums von zwei Wochen beginnend mit dem Zeitpunkt der Unterrichtung und erlischt, wenn nicht innerhalb von vier Wochen ab der Verhandlungsaufnahme eine Einigung erzielt wurde.
4. Sollte der Investor der Pflicht aus Ziffer 3. nicht nachkommen, steht dem Gründer-Gesellschafter ein Vorkaufsrecht bezüglich sämtlicher Anteile des Investors zu.
5. In diesem Fall verpflichtet sich der Investor, jeden Kaufinteressenten von dem Bestehen des Vorkaufsrechts zu unterrichten und dem Vorkaufsberechtigten

unverzüglich nach Abschluss eines Verkaufs vom Inhalt des Vertrags schriftlich Mitteilung zu machen.

6. Das Vorkaufsrecht kann nur bis zum Ablauf von einem Monat beginnend mit dem Zeitpunkt des Empfangs dieser Mitteilung und nur durch schriftliche Erklärung gegenüber dem Verkäufer ausgeübt werden.
7. Der Vorkaufsberechtigte kann sein Vorkaufsrecht nur hinsichtlich aller vom Verkäufer gehaltenen Anteile ausüben.

# F. Zusammenfassung der Ergebnisse

1. Ein Hinauskündigungsrecht nach freiem Ermessen liegt dann vor, wenn der Ausschluss keine weiteren Gründe oder Ereignisse voraussetzt, als dass die Berechtigten das im Gesellschaftsvertrag eingeräumte Recht ausüben müssen und die Gesellschaft durch den Ausschluss nicht aufgelöst bzw. der Geschäftsbetrieb nicht beendet wird, sondern mit den übriggebliebenen Gesellschaftern weiter fortgesetzt wird.
2. Die Rechtsprechung des BGH, dass Hinauskündigungsklauseln nach freiem Ermessen wegen eines Verstoßes gegen die guten Sitten nichtig sind, es sei denn, dass sachlich gerechtfertigte Gründe für die Klausel vorliegen, ist dogmatisch nicht zu begründen. Die Anordnung der Sittenwidrigkeit bezieht sich auf die Vereinbarung der Klausel. Damit wurde eine abstrakte Wirksamkeitskontrolle durchgeführt. Die Möglichkeit der sachlichen Rechtfertigung bezieht sich hingegen auf den Einzelfall. Es wird eine abstrakte Wirksamkeitskontrolle mit einer konkreten, am Einzelfall orientierten Gegenkontrolle vermengt.
3. Gesellschaftsverträge unterliegen nicht der Inhaltskontrolle am Maßstab des § 242 BGB, sondern nur der Wirksamkeitskontrolle: es wird also überprüft, ob die einzelnen Klauseln mit den guten Sitten vereinbar sind und ob sie nicht gegen gesetzliche Verbote oder positives Recht verstoßen. Eine Inhaltskontrolle sollte auch bei Publikumsgesellschaften nicht durchgeführt werden.
4. Aus der Regelung des Squeeze-out Verfahrens im Aktienrecht lässt sich kein allgemeines Rechtsprinzip herleiten, dass ein freies Ausschlussrecht im gesamten Gesellschaftsrecht zulässig ist. Dafür ist die Regelung zu speziell. Jedoch folgt aus dem Erst-Recht-Schluss, dass in einer GmbH oder Publikumsgesellschaft Minderheitsgesellschafter aufgrund einer entsprechenden vertraglichen Vereinbarung frei ausgeschlossen werden können. Dabei muss sich nicht an die Schwellenwerte des Aktienrechts gehalten werden, da es nur auf die gesetzliche Grundwertung ankommt, dass kapitalmäßig beteiligte Minderheitsgesellschafter nicht schutzbedürftig sind.
5. Freie Hinauskündigungsrechte, sowohl gleiche als auch ungleiche, sind sittengemäß und damit wirksam. Sie verstoßen nicht gegen zwingendes Gesetzesrecht. Der Einfluss der Grundrechte führt nicht zur Sittenwidrigkeit der Klausel. Der durch den Vertragsschluss zum Ausdruck gebrachte Wille lässt

auf einen sachgerechten Interessensausgleich schließen. Etwas anderes gilt nur dann nicht, wenn eine Vertragspartei strukturell unterlegen war. Beim gleichen Hinauskündigungsrecht zeigt sich die Gleichrangigkeit daran, dass die Klausel für alle Gesellschafter Gültigkeit hat. Beim ungleichen Hinauskündigungsrecht gilt die Klausel zwar nicht für alle, doch zeigt die Eingehung eines Gesellschaftsverhältnisses, dass die Parteien sich als grundsätzlich gleichrangig betrachten.

Das Sozialstaatsprinzip kann ein Freiheitsrecht nicht ohne nähere Konkretisierung einschränken. Außerdem schützt die beim Ausschluss zu zahlende Abfindung den Gesellschafter vor sozialen Notlagen.

Beim gleichen Hinauskündigungsrecht liegt keine Willkürherrschaft vor, denn niemand erlangt eine stärkere Machtposition. Beim ungleichen Hinauskündigungsrecht ist der Gesellschafter keinen direkten Weisungen unterworfen. Er kann also frei von seinen Rechten Verwendung machen. Von Führungspersonal wird erwartet, dass sie ihre Entscheidungsfreiheit auch ausüben, wenn eine Kündigungsmöglichkeit besteht, zumal die Abfindung zum Kündigungsschutz führt.

Eine Kernbereichsverletzung liegt auch nicht vor, da das grundlose Kündigungsrecht ein allgemeines Rechtsprinzip darstellt, welches auch im Gesellschaftsrecht Wirkung beansprucht. Nur im Arbeitsrecht und Mietrecht über Wohnraum bedarf es für die Kündigung von Arbeitgeberseite bzw. Vermieterseite besonderer sachlicher Rechtfertigungsgründe. Dies hängt mit der sozialen Schutzbedürftigkeit der anderen Seite zusammen. Doch selbst dort gibt es Rückausnahmen, wenn ein besonderes Treue- bzw. Näheverhältnis zwischen den Parteien besteht (§ 14 Abs. 2 S. 2, § 23 Abs. 1 S. 2 KSchG, § 573 a Abs. 1 BGB). Im Gesellschaftsrecht besteht aufgrund des gemeinsamen Zwecks ein besonderes Treueverhältnis zwischen den Gesellschaftern. Demnach muss im Gesellschaftsrecht ein grundloses Kündigungsrecht erst recht zulässig sein.

Beim gleichen Hinauskündigungsrecht liegt kein Verstoß gegen den Gleichbehandlungsgrundsatz vor. Dieser ist dispositiver Natur, daher besteht auch kein Verstoß beim ungleichen Hinauskündigungsrecht.

Das Argument, dass bei einem freien Ausschlussrecht die Tragweite der Entscheidung nicht zu überblicken sei, ist absurd. Die dogmatische Grundlage der Unwirksamkeit wird nicht mitgeteilt. Zudem müsste ansonsten eine Vielzahl von Vertragstypen generell unzulässig sein, die wesentlich komplizierter sind.

Die Vereinbarung eines freien Ausschlussrechts hat zur Folge, dass der potentiell betroffene Gesellschafter ein Angebot auf Aufhebung seiner Gesellschafterstellung abgibt. Die Ausübung des Rechts stellt die Annahme dar und lässt einen Aufhebungsvertrag entstehen. Ein Aufhebungsvertrag kann aber grundsätzlich nicht sittenwidrig sein.

Die Ausübung des freien Ausschlussrechts ist ebenfalls sittengemäß, da es nur die Annahme des Vertragsangebots ist.

Aus § 242 BGB folgt jedoch, dass dem betroffenen Gesellschafter die beabsichtigte Ausübung des Ausschlussrechts rechtzeitig anzuzeigen ist, so dass er sich auf die veränderte Situation einstellen kann. Geschieht dies nicht, so wird der Ausschluss für diesen Zeitraum gehemmt.

Die Ausübung des Ausschlussrechts kann auch einem einzelnen Gesellschafter oder einer Gruppe von Gesellschaftern übertragen werden, die nicht die Mehrheit darstellt, da die nichtberechtigten Gesellschafter den berechtigten Gesellschaftern durch den Vertragsschluss Vertretungsmacht hinsichtlich dieses Rechtsgeschäfts eingeräumt haben.

6. Die Abfindung wirkt sich auf die Wirksamkeit eines freien Ausschlussrechts nicht aus. Dies folgt aus der Trennung zwischen Ausschlussvoraussetzungen und Ausschlussfolgen sowie dem Gedanken der Rechtssicherheit. Daher muss notfalls ein weiterer Prozess über die Wirksamkeit der Abfindungsregelung geführt werden.
7. Das freie Ausschlussrecht kann mit einer Buchwertklausel verknüpft werden. Da das freie Ausschlussrecht ein allgemeines Rechtsprinzip darstellt, kann keine andere Wertung erfolgen als bei anderen Ausschlussmöglichkeiten. Vielmehr folgt aus dem Trennungsprinzip, dass die Ausschlussvoraussetzungen und die Ausschlussfolgen völlig zu trennen sind und sich gegenseitig nicht beeinflussen können.
8. Russian Roulette und Texan Shoot Out Klauseln sind mit dem deutschen Recht vereinbar. Eine Kündigungsbeschränkung i.S.d. § 723 Abs. 3 BGB liegt nur vor, wenn durch die Klausel auch das außerordentliche Kündigungsrecht ausgeschlossen sein soll. Ein Ausschluss oder eine Beschränkung des Kündigungsrechts aus wichtigem Grund ist nicht zulässig. Rechtsfolge ist, dass dieses Recht neben die Klausel tritt. Die Klausel beschränkt nicht das ordentliche Kündigungsrecht, denn das Joint Venture Verhältnis wird durch das Verfahren beendet. § 723 Abs. 3 BGB schützt aber nicht etwa eine bestimmte Rechtsfolge der Kündigung, sondern nur die generelle Kündigungsmöglichkeit. Rechtsfolge einer Kündigung kann die Auflösung der Gesellschaft, der Austritt aus der Gesellschaft oder die Übernahme aller Gesellschaftsanteile sein.

Die Klausel verstößt auch nicht gegen die guten Sitten, denn die initiierende Partei erzeugt ihre Abhängigkeit von der Entscheidung der Empfängerpartei und damit ihre Duldungssituation selbst. Außerdem besteht diese nur für einen sehr kurzen Zeitraum und zusätzlich kann die initiierende Partei auf die

Entscheidung der Empfängerpartei maßgeblich durch die Angebotsgestaltung einwirken.

9. Drag-along-Klauseln sind ebenfalls mit dem deutschen Recht vereinbar. In der Rechtsfolge kommt das Drag-along Recht einem freien Ausschlussrecht nahe, doch bestehen nicht die selben Gefahren. Ein Drag-along Recht dient nicht als Machtmittel, sondern es dient der Abschöpfung von Gewinnen. Es kann auch nicht nach freiem Ermessen ausgeübt werden, da zunächst ein Käufer gefunden werden muss. Außerdem ist der Fortbestand einer Gesellschaft nicht geschützt. Einzelnen Gesellschaftern kann das Recht eingeräumt werden, die Gesellschaft zu kündigen, mit der Folge, dass die Gesellschaft aufgelöst wird (vgl. §§ 723 Abs. 1 BGB, 131 Abs. 3 S. 1 Nr. 3 HGB, 60 Abs. 2 GmbHG). Zwischen dem Investor und dem Gründer-Gesellschafter hat das Drag-along Recht die Wirkung einer Gesellschaftsauflösung, da beide aus der Gesellschaft ausscheiden und ein Dritter diese übernimmt.

# Abkürzungsverzeichnis

a. A. .................. andere Ansicht
a. F. .................... alte Fassung
Abs. .................. Absatz
AcP .................... Archiv für die civilistische Praxis
AG ..................... Die Aktiengesellschaft oder Aktiengesellschaft
AGB ................. Allgemeine Geschäftsbedingungen
AGBG .............. Gesetz zur Regelung des Rechts der
Allgemeinen Geschäftsbedingungen
AHGB .............. Allgemeines Deutsches Handelsgesetzbuch
AktG ................. Aktiengesetz
Anh. .................. Anhang
Art. .................... Artikel
AT ...................... Allgemeiner Teil
Aufl. ................. Auflage
AuR .................. Arbeit und Recht, Zeitschrift für Arbeitsrechtspraxis
Ausn. ................ Ausnahme
BAG ................. Bundesarbeitsgericht
BB ..................... Betriebs-Berater, Zeitschrift für Recht und Wirtschaft
Bd. ..................... Band
Begr. ................. Begründung
Beschl. .............. Beschluss
BGB ................. Bürgerliches Gesetzbuch
BGBl. ............... Bundesgesetzblatt
BGH ................. Bundesgerichtshof
BGHZ ............... Entscheidungen des Bundesgerichtshofs in Zivilsachen
BT-Drucks. ........ Bundestagsdrucksache
BVerfG ............. Bundesverfassungsgericht
bzw. .................. beziehungsweise
DB ..................... Der Betrieb, Wochenschrift für Betriebswirtschaft,
Steuerrecht, Wirtschaftsrecht und Arbeitsrecht
ders. .................. derselbe
dies. .................. dieselbe

Diss. ................. Dissertation
DM ................... Deutsche Mark
DStR ................. Deutsches Steuerrecht
DZWIR ............ Deutsche Zeitschrift für Wirtschafts- und Insolvenzrecht
E ....................... Entscheidung oder Entwurf
Einf. .................. Einführung
f. ........................ folgende (Seite oder Randnummer)
ff. ...................... folgende (Seiten oder Randnummern)
Fn. .................... Fußnote
FS ...................... Festschrift
gem. ................. gemäß
Ges. .................. Gesellschaft
GesR ................. Gesellschaftsrecht
GG ..................... Grundgesetz für die Bundesrepublik Deutschland
GK .................... Großkommentar
GmbH ............... Gesellschaft mit beschränkter Haftung
GmbHG ............ Gesetz betreffend die Gesellschaften mit beschränkter Haftung
GmbHR ............ GmbH-Rundschau
grds. ................. grundsätzlich
GRUR .............. Gewerblicher Rechtsschutz und Urheberrecht
h. M. ................. herrschende Meinung
Hdb. .................. Handbuch
HGB ................. Handelsgesetzbuch
Hrsg. ................. Herausgeber
i. E. ................... im Ergebnis
i. S. d. .............. im Sinne des
JA ..................... Juristische Arbeitsblätter für Ausbildung und Examen
JherJb. .............. Jherings Jahrbücher für die Dogmatik des bürgerlichen Rechts
JZ ...................... Juristenzeitung
KG .................... Kommanditgesellschaft
Kl. ..................... Kläger
KSchG .............. Kündigungsschutzgesetz
LAG ................. Landesarbeitsgericht
m. w. N. ............ mit weiteren Nachweisen
Mat. .................. Materialien
MDR ................ Monatsschrift für Deutsches Recht
NJW ................. Neue Juristische Wochenschrift
NJW-RR ........... Neue Juristische Wochenschrift
Rechtsprechungs-Report Zivilrecht
Nr. ..................... Nummer

NZA .................. Neue Zeitschrift für Arbeitsrecht
NZG ................. Neue Zeitschrift für Gesellschaftsrecht
OHG ................. offene Handelsgesellschaft
OLG ................. Oberlandesgericht
RdA .................. Recht der Arbeit
Rdnr. ................. Randnummer
RegE ................. Regierungsentwurf
RG .................... Reichsgericht
RGBl. ............... Reichsgesetzblatt
RGZ .................. Entscheidungen des Rechtsgerichts in Zivilsachen
RM ................... Reichsmark
RNotZ ............. Rheinische Notar-Zeitschrift
Rspr. ................. Rechtsprechung
S. ...................... Satz oder Seite
Urt. .................. Urteil
v. ....................... von
vgl. .................. vergleiche
WM ................. Wertpapier-Mitteilungen
ZAkDR ............. Zeitschrift der Akademie für Deutsches Recht
ZEV ................. Zeitschrift für Erbrecht und Vermögensnachfolge
ZGR ................. Zeitschrift für Unternehmens- und Gesellschaftsrecht
ZHR ................. Zeitschrift für das gesamte Handelsrecht und Wirtschaftsrecht
Ziff. ................. Ziffer
ZIP .................... Zeitschrift für Wirtschaftsrecht und Insolvenzpraxis
zit. ..................... zitiert
ZR .................... Zivilrecht

# Literaturverzeichnis

*Altmeppen, Holger*: Schutz vor „europäischen“ Kapitalgesellschaften, in: NJW 2004, 97-104.

*Ascheid, Reiner / Preis, Ulrich / Schmidt, Ingrid*: Kündigungsrecht, Großkommentar zum gesamten Recht der Beendigung von Arbeitverhältnissen, 3. Aufl., München, 2007, zit.: Ascheid/Preis/Schmidt-*Bearbeiter*, Kündigungsrecht, § und Rdnr.

*Bamberger, Heinz Georg / Roth, Herbert*: Kommentar zum Bürgerlichen Gesetzbuch, Band 2, §§ 611-1296, AGG, ErbbauVO, WEG, 2. Aufl., München, 2008, zit.: Bamberger/Roth-*Bearbeiter*, § und Rdnr.

*Battke, Jörg-Dieter / Grünberg, Dirk*: Zulässigkeit von Hinauskündigungsklauseln bei Mitarbeiter- und Managermodellen, in: GmbHR 2006, 225-230.

*Baumann, Wolfgang*: Die Einmann-Personengesellschaft, in: BB 1998, 225-232.

*Baumbach, Adolf / Hopt, Klaus J.*: Handelsgesetzbuch mit GmbH & Co., Handelsklauseln, Bank- und Börsenrecht, Transportrecht (ohne Seerecht), 33. Aufl., München, 2008, zit.: *Baumbach/Hopt*, HGB, § und Rdnr.

*Baumbach, Adolf / Hueck, Alfred*: GmbH-Gesetz, Gesetz betreffend die Gesellschaften mit beschränkter Haftung, 18. Aufl., München, 2006, zit.: *Bearbeiter* in: Baumbach/Hueck, GmbHG, § und Rdnr.

*Behr, Volker*: Der Ausschluß aus der Personengesellschaft im Spannungsfeld zwischen Vertrag und Status, in: ZGR 1985, 475-505.

*Behr, Volker*: Neue Tendenzen im Recht der Ausschließung aus der Personengesellschaft – Besprechung der Entscheidung BGHZ 105, 213 ff –, in: ZGR 1990, 370-390.

*Benecke, Martina*: Inhaltskontrolle im Gesellschaftsrecht oder: „Hinauskündigung“ und das Anstandsgefühl aller billig und gerecht Denkenden, in: ZIP 2005, 1437-1442.

*Bernert, Dieter*: Die Abfindung des kündigenden oder ausgeschlossenen Gesellschafters einer Personenhandelsgesellschaft, Zur Zulässigkeit von Buchwertklauseln in den Verträgen der OHG und KG, Diss., Augsburg, 1988, zit.: *Bernert*, Diss., Zulässigkeit von Bucherwertklauseln, S.

*Binz, Mark K. / Sorg, Martin H.*: Manager-Beteiligung auf Zeit – ein unzulässiger Etikettenschwindel?, in: GmbHR 2005, 983-900.

*Blanke, Christoph*: Das Recht zur Ausschließung aus der Personengesellschaft ohne Angabe von Gründen, Diss., München, 1994, zit.: *Blanke*, Diss., Das Recht zur Ausschließung, S.

*Blaurock, Uwe*: Handbuch der Stillen Gesellschaft, 6. Aufl., Köln, 2003, zit.: *Blaurock*, Hdb. stille Ges., Rdnr.

*Böttcher, Lars*: Managementbeteiligungen im Spiegel der aktuellen BGH-Rechtsprechung, in: NZG 2005, 992- 995.

*Bötticher, Eduard*: Gestaltungsrecht und Unterwerfung im Privatrecht, Berlin, 1964, zit.: *Bötticher*, Gestaltungsrecht und Unterwerfung, S.

*Bruchhausen, Karl / Hefermehl, Wolfgang / Hommelhoff, Peter / Messer, Herbert* (Hrsg.): Festschrift für Rudolf Nirk zum 70. Geburtstag am 11. Oktober 1992, München, 1992, zit.: *Bearbeiter* in: Bruchhausen, FS Nirk, S.

*Bunte, Hermann-Josef*: Richterliche Inhaltskontrolle von Verbandsnormen – Besprechung der Entscheidung BGH ZIP 1989, 14 –, in: ZGR 1991, 316-326.

*Bunte, Hermann-Josef*: Wirksamkeitskontrolle gesellschaftsvertraglicher Hinauskündigungsklauseln, Anmerkung zum Urteil des BGH vom 25.3.1985 – II ZR 240/84, ZIP 1985, 737, in: ZIP 1985, 915-918.

*Bunte, Hermann-Josef*: Ausschließung und Abfindung von Gesellschaftern einer Personengesellschaft, in: ZIP 1983, 8-17.

*Busche, Jan*: Privatautonomie und Kontrahierungszwang, Tübingen, 1999, zit.: *Busche*, Privatautonomie und Kontrahierungszwang, S.

*Bütter, Michael / Tonner, Martin*: Wirksamkeit von Rückkaufrechten und auflösende Bedingung in Schenkungsverträgen über Gesellschaftsanteile, in: NZG 2003, 193-199.

*Bütter, Michael / Tonner, Martin*: Hinauskündigungsverbot bei zeitlicher Beschränkung der Gesellschafterstellung von Managern und Mitarbeitern, in: MDR 2006, 61-64.

*Bütter, Michael / Tonner, Martin*: Wirksamkeit der auflösend bedingten Übertragung von Kommanditbeteiligungen auf leitende Angestellte?, in: BB 2003, 2417-2423.

*Bütter, Michael / Tonner*: Martin Sittenwidrigkeit der Übertragung und bedingten Rückübertragung eines Gesellschaftsanteils, in: BB 2005, 283-286.

*Coester, Michael / Martiny, Dieter / Gessaphe Karl*: August Prinz von Sachsen (Hrsg.) Privatrecht in Europa; Vielfalt, Kollision, Kooperation, Festschrift für Hans Jürgen Sonnenberger zum 70. Geburtstag, München, 2004, zit.: *Bearbeiter* in: Coester, FS Sonnenberger, S.

*Coester-Waltjen*: Dagmar Die Inhaltskontrolle von Verträgen außerhalb des AGBG, in: AcP 190 (1990), 1-33.

*Cöster, Thilo*: Der Ausschluß lästiger Gesellschafter, Diss., Göttingen, 1994, zit.: *Cöster*, Diss., Der Ausschluß lästiger Gesellschafter, S.

*Dreier, Horst*: Grundgesetz Kommentar, Band I, Präambel, Artikel 1-19, 2. Aufl., Tübingen, 2004; Band II, Artikel 20-82, 2. Aufl., Tübingen, 2006, zit.: Dreier-*Bearbeiter*, GG, Art. und Rdnr.

*Drinkuth, Henrik*: Hinauskündigungsregeln unter dem Damoklesschwert der Rechtsprechung, in: NJW 2006, 410-413.

*Ebenroth, Carsten Thomas / Boujong, Karlheinz / Joost, Detlev / Strohn, Lutz*: Handelsgesetzbuch, Band 1, §§ 1-342 e, 2. Aufl., München, 2008, zit.: *Bearbeiter* in: Ebenroth/Boujong/Joost/Strohn, § und Rdnr.

*Erman*: Bürgerliches Gesetzbuch, Handkommentar mit AGG, EGBGB (Auszug), ErbbauRG, HausratsVO, LPartG, ProdHaftG, UKlaG, VAHRG und WEG, Band I, 12. Aufl., Köln, 2008, zit.: Erman-*Bearbeiter*, § und Rdnr.

*Esch, Günter*: Gesellschaftsvertragliche Buchwertabfindung im Falle der Ausschließungskündigung, in: NJW 1979, 1390-1395.

*Fastrich, Lorenz*: Unwirksame Hinauskündigungsklausel und geltungserhaltende Reduktion – Besprechung der Entscheidung BGHZ 107, 351 –, in: ZGR 1991, 306-315.

*Fiebig, Stefan / Gallner, Inken / Nägele, Stefan* (Hrsg.): Kündigungsschutzrecht, Handkommentar, 3. Aufl., Baden-Baden, 2007, zit.: *Bearbeiter* in: Fiebig/Gallner/Nägele, Kündigungsschutzrecht, § und Rdnr.

*Fischer, Robert*: Neue Wege im Recht der Personengesellschaften? Eine Besprechung des Buches „Die Personengesellschaft“ von Werner Flume, in: ZGR 1979, 251-272.

*Fischer, Robert / Möhring, Philipp / Westermann, Harry* (Hrsg.): Wirtschaftsfragen der Gegenwart, Festschrift für Carl Hans Barz zum 65. Geburtstag am 6. Dezember 1974, Berlin; New York, 1974, zit.: *Bearbeiter* in: Fischer, FS Barz, S.

*Fleischer, Holger*: Das neue Recht des Squeeze out, in: ZGR 2002, 757-789.

*Flume, Werner*: Die Abfindung nach der Buchwertklausel für den Gesellschafter minderen Rechts einer Personengesellschaft, in: NJW 1979, 902-905.

*Flume, Werner*: „Hinauskündigung“ aus der Personengesellschaft und Abfindung – Zur Rechtsprechung des Zweiten Zivilsenats des BGH –, in: DB 1986, 629-636.

*Flume, Werner*: Allgemeiner Teil des Bürgerlichen Rechts, Zweiter Band, Das Rechtsgeschäft, 4. Aufl., Berlin; Heidelberg; New York, 1992, zit.: *Flume*, BGB AT Bd. II, § und S.

*Gauch, Peter*: System der Beendigung von Dauerverträgen, Diss., Freiburg (Schweiz), 1968, zit.: *Gauch*, Diss., System der Beendigung von Dauerverträgen, S.

*Gehrlein, Markus*: Ausschluß und Abfindung von GmbH-Gesellschaftern, Köln, 1997, zit.: *Gehrlein*, Ausschluß und Abfindung, Rdnr.

*Gehrlein, Markus*: Neue Tendenzen zum Verbot der freien Hinauskündigung eines Gesellschafters, in: NJW 2005, 1969-1973.

*Gierke, Otto von*: Dauernde Schuldverhältnisse, in: Jherings Jahrbücher für die Dogmatik des bürgerlichen Rechts, Bd. 64, 355-411.

*Goette, Wulf*: Zur jüngeren Rechtsprechung des II. Zivilsenats zum Gesellschaftsrecht, in: DStR 2006, 139-146.

*Großkommentar zum Aktiengesetz*, 27. Lieferung: §§ 327 a-328; 396-398, zit.: *Bearbeiter* in: GK AktG, § und Rdnr.

*Grundlagen des Vertrags- und Schuldrechts*, München, 1974, zit.: *Bearbeiter* in: Grundlagen des Vertrags- und Schuldrechts, S.

*Grunewald, Barbara*: Der Ausschluss aus Gesellschaft und Verein, Köln; Berlin; Bonn; München, 1987, zit.: *Grunewald*, Der Ausschluss aus Gesellschaft und Verein, S.

*Grunewald, Barbara*: Ausschluss aus Freiberuflersozietäten und Mitunternehmergesellschaften ohne besonderen Anlass, in: DStR 2004, 1750-1752.

*Grunewald, Barbara*: Gesellschaftsrecht, 7. Aufl., Tübingen, 2008, zit.: *Grunewald*, GesR, S. und Rdnr.

*Hachenburg, Max*: Gesetz betreffend die Gesellschaften mit beschränkter Haftung (GmbHG), Großkommentar, Erster Band, Allgemeine Einleitung; §§ 1-34, 8. Aufl., Berlin; New York, 1992, zit.: Hachenburg-*Bearbeiter*, GmbHG, § und Rdnr.

*Harder, Manfred / Thielmann, Georg* (Hrsg.): De iustitia et iure, Festgabe für Ulrich von Lübtow zum 80. Geburtstag, Berlin, 1980, zit.: *Bearbeiter* in: Harder/ Thielmann, FS v. Lübtow, S.

*Heinemann, Klaus*: Gesellschafter am seidenen Faden? Zur freien Widerruflichkeit von Schenkungsverträgen über Gesellschafterbeteiligungen, in: ZHR 155 (1991), 447-470.

*Hennerkes, Brun-H. / Binz, Mark K.*: Zur Ausschließbarkeit von Gesellschaftern einer Personengesellschaft nach freiem Ermessen, in: NJW 1983, 73-80.

*Henssler, Martin / Kilian, Matthias*: Zulässigkeit und Grenzen einer gemeinschaftlichen Kündigung der Mitgliedschaft in der Mitunternehmer-Personengesellschaft, in: ZIP 2005, 2229-2239.

*Herberger, Maximilian / Martinek, Michael / Rüßmann, Helmut / Weth, Stephan* (Hrsg.): juris Praxiskommentar, BGB, Band 2.3, Schuldrecht (Teil 3: §§ 631 bis 853), 4. Aufl., Saarbrücken, 2008, zit.: jurisPK-BGB-*Bearbeiter*, § und Rdnr.

*Hey, Felix*: Freie Gestaltung in Gesellschaftsverträgen und ihre Schranken, München, 2004, zit.: *Hey*, Freie Gestaltung in Gesellschaftsverträgen und ihre Schranken, S.

*Hirtz, Bernd*: Die Abfindung des Gesellschafters einer Personengesellschaft nach der Ausschließung ohne wichtigen Grund, in: BB 1981, 761-765.

*Hohaus, Benedikt / Weber, Christoph*: Aktuelle Rechtsprechung zum Gesellschafterausschluss und die Bedeutung für Managementbeteiligungen, in: NZG 2005, 961-963.

*Hohner, Georg*: Zur Konkretisierung des Einziehungsgrunds in der Satzung der GmbH, in: GmbHR 1978, 241 f.

*Hommelhoff, Peter / Schmidt-Diemitz, Rolf / Sigle, Axel* (Hrsg.): Familiengesellschaften, Festschrift für Walter Sigle zum 70. Geburtstag, Köln, 2000, zit.: *Bearbeiter* in: Hommelhoff, FS für Sigle, S.

*Hönn, Günther*: Inhaltskontrolle von Gesellschaftsverträgen, in: JA 1987, 337-344.

*Honsell, Heinrich*: Privatautonomie und Wohnungsmiete, in: AcP 186 (1986), 115-186.

*Huber, Ulrich*: Der Ausschluß des Personengesellschafters ohne wichtigen Grund, in: ZGR 1980, 177-213.

*Hueck, Alfred*: Das Recht der offenen Handelsgesellschaft, 4. Aufl., Berlin; New York, 1971, zit.: *A. Hueck*, OHG, S.

*Hueck, Götz*: Der Grundsatz der gleichmäßigen Behandlung im Privatrecht, München; Berlin, 1958, zit.: *G. Hueck*, Grundsatz der gleichmäßigen Behandlung im Privatrecht, S.

*Hueck, Götz / Windbichler, Christine*: Gesellschaftsrecht, Ein Studienbuch, 21. Aufl., München, 2008, zit.: *Hueck/Windbichler*, GesR, § und Rdnr.

*Hüffer, Uwe*: 100 Bände BGHZ: Personengesellschaftsrecht, in: ZHR 151 (1987), 396-421.

*Jülicher, Marc*: Der freie Widerrufsvorbehalt bei der Schenkung einer Kommanditbeteiligung – Kollision von Schenkungs- und Gesellschaftsrecht?, in: ZGR 1996, 82-102.

*Kästle, Florian / Heuterkes, Katja*: Leaver-Klauseln in Verträgen über Management-Beteiligungen im Lichte der neuesten OLG-Rechtsprechung, in: NZG 2005, 289-294.

*Kesselmeier, Barbara*: Ausschließungs- und Nachfolgeregelung in der GmbH-Satzung, Diss., Marburg, Köln; Berlin; Bonn; München, 1989, zit.: *Kesselmeier*, Diss., Ausschließungs- und Nachfolgeregelung, S.

*Kilian, Matthias*: Die Trennung vom „missliebigen“ Personengesellschafter – Neue Ansätze in Sachen Ausschluss, Hinauskündigung und Kollektivaustritt? –, in: WM 2006, 1567-1576.

*Kittner, Michael / Däubler, Wolfgang / Zwanziger, Bertram*: Kündigungsschutzrecht, Kündigungen und andere Formen der Beendigung des Arbeitsverhältnisses, 7. Aufl., Frankfurt a.M., 2008, zit.: Kittner/Däubler/Zwanziger-*Bearbeiter*, § und Rdnr.

*Kleinert, Jens / Schwarz, Nikolai*: Anmerkung zum Urteil des BGH vom 19.3.2007 – II ZR 300/05, in: GmbHR 2007, 646 f.

*Klumpp, Hans-Hermann*: Die Schenkung von Gesellschaftsanteilen und deren Widerruf, in: ZEV 1995, 385-391.

*Knöchlein, Gerhard*: Der Ausschluss des unverträglichen Mitgesellschafters, Eine rechtspolitische Forderung auf Stabilität im Gesellschaftsrecht, zugleich ein Plädoyer für die Zulässigkeit von „Hinauskündigungsklauseln" nach freiem Ermessen, 1996, Graz, zit.: *Knöchlein*, Der Ausschluss des unverträglichen Mitgesellschafters, S.

*Koller, Ingo*: Der Ausschluß ohne wichtigen Grund zum Buchwert bei Familiengesellschaften, in: DB 1984, 545-549.

*Koller, Ingo / Roth, Wulf-Henning / Morck, Winfried*: Handelsgesetzbuch, Kommentar, 6. Aufl., München, 2007, zit.: *Bearbeiter* in: Koller/Roth/Morck, § und Rdnr.

*Kollhosser, Helmut*: Aktuelle Fragen der vorweggenommenen Erbfolge, in: AcP 194 (1994), 231-264.

*Kowalski, André / Bormann, Michael*: (Manager-)Beteiligung auf Zeit – ein Fall der Sittenwidrigkeit?, Zugleich Besprechung der Urt. des OLG Frankfurt a.M. v. 23.6.2004 – 13 U 89/03 und des OLG Düsseldorf v. 16.1.2004 – I 17 U 50/03, in: GmbHR 2004, 1438-1443.

*Krämer, Achim*: Die gesellschaftsvertragliche „Ausschließung" aus der Personengesellschaft, in: NJW 1981, 2553-2556.

*Krause, Rüdiger*: Arbeitsrecht, 2. Aufl., Baden-Baden, 2009, zit.: *Krause*, Arbeitsrecht, § und Rdnr.

*Kreutz, Peter*: Hinauskündigungsklauseln im Recht der Personenhandelsgesellschaften – Besprechung der Entscheidung BGHZ 81, 263 –, in: ZGR 1983, 109-122.

*Kübler, Friedrich / Assmann, Heinz-Dieter*: Gesellschaftsrecht, Die privatrechtlichen Ordnungsstrukturen und Regelungsprobleme von Verbänden und Unternehmen, 6. Aufl., Heidelberg, München; Landsberg; Berlin, 2006, zit.: *Kübler/Assmann*, GesR, S.

*Langenfeld, Gerrit*: Anmerkung zum Urteil des BGH vom 19.3.2007 – II ZR 300/05, in: ZEV 2007, 342 f.

*Larenz, Karl / Wolf, Manfred*: Allgemeiner Teil des Bürgerlichen Rechts, 9. Aufl., München, 2004, zit.: *Larenz/Wolf*, BGB AT, § und Rdnr.

*Ley, Ursula / Schulte, Norbert*: Joint-Venture-Gesellschaften, Köln, 2003, zit.: *Ley/ Schulte*, Joint-Venture-Gesellschaften, S.

*Lieb, Manfred*: Sonderprivatrecht für die Ungleichgewichtslagen? Überlegungen zum Anwendungsbereich der sogenannten Inhaltskontrolle privatrechtlicher Verträge, in: AcP 178 (1978), 196-226.

*Lieder, Jan*: Die „Hinauskündigung" von Manager- und Mitarbeitergesellschaftern, Zugleich Besprechung der BGH-Urteile vom 19.9.2005 – II ZR 173/04 (Managermodell) und II ZR 342/03 (Mitarbeitermodell), in: DZWIR 2006, 63-67.

*Loritz, Karl-Georg*: Vertragsfreiheit und Individualschutz im Gesellschaftsrecht – Dargestellt am Beispiel der Gesellschafterausschlußklauseln –, in: JZ 1986, 1073-1082.

*Lutter, Marcus / Hommelhoff, Peter*: GmbH-Gesetz: Kommentar, 17. Aufl., Köln, 2009, zit.: *Bearbeiter* in: Lutter/Hommelhoff, GmbHG, § und Rdnr.

*Lutter, Marcus / Ulmer, Peter / Zöllner, Wolfgang* (Hsrg.): Festschrift 100 Jahre GmbH-Gesetz, Köln, 1992, zit.: *Bearbeiter* in: *Lutter*, FS 100 Jahre GmbHG, S.

*Mangoldt, Hermann von / Klein, Friedrich/ Starck, Christian*: Kommentar zum Grundgesetz, Band 2: Artikel 20 bis 82 5. Aufl., München, 2005, zit.: *Bearbeiter* in: v. Mangoldt/ Klein/Starck, GG, Art. und Rdnr.

*Manke, Michael*: Das Recht zur Ausschliessung aus der Personengesellschaft kraft Vertrages, Diss., Köln, 1978, zit.: *Manke*, Diss., Das Recht zur Ausschliessung, S.

*Martens, Klaus-Peter*: Allgemeine Gesellschaftsvertragsbedingungen auf dem Prüfstand der Privatautonomie, in: JZ 1976, 511-515.

*Maunz, Theodor / Dürig, Günter Maunz-Dürig*: Grundgesetz, Kommentar, Band I, Art. 1-5 Stand: Lieferungen 1 bis 54 (Jan. 2009), München; Band II, Art. 6-16a, Stand: Lieferungen 1 bis 54 (Jan. 2009), München; Band III, Art. 17-27, Stand: Lieferungen 1 bis 54 (Nov. 2009), München, zit.: *Bearbeiter* in: Maunz-Dürig, GG, Art. und Rdnr.

*Mayer, Dieter*: Schenkungswiderruf bei Gesellschaftsanteilen im Spannungsfeld zwischen Gesellschafts- und Schenkungsrecht, in: ZGR 1995, 93-110.

*Medicus, Dieter*: Allgemeiner Teil des BGB, 9. Aufl., Heidelberg; München, 2006, zit.: *Medicus*, BGB AT, Rdnr.

*Medicus, Dieter*: Schuldrecht II, Besonderer Teil, Ein Studienbuch, 12. Aufl., München, 2004, zit.: *Medicus*, SR II, Rdnr.

*Menke, Thomas*: Managementbeteiligungsmodelle auf dem Prüfstand, in: M&A Review 2005, 2-5.

*Michalski, Lutz*: Kommentar zum Gesetz betreffend die Gesellschaften mit beschränkter Haftung (GmbH-Gesetz), Band I, Systematische Darstellung 1-7, §§ 1-34 GmbHG, München, 2002, zit.: Michalski-*Bearbeiter*, GmbHG, § und Rdnr.

*Miesen, Sebastian*: Gesellschaftliche Hinauskündigungsklauseln in der Rechtsprechung des Bundesgerichtshofs, in: RNotZ 2006, 522-538.

*von Morgen, Carl-Christian*: Das Squeeze-Out und seine Folgen für AG und GmbH, in: WM 2003, 1553-1560.

*Müller-Laube, Hans-Martin / Büsching, Heino*: Der grundlose Ausschluß eines Gesellschafters und die Abfindungsbeschränkung, in: JA 1989, 1-10.

*Mülsch, Hanns-William / Penzel, Cornelia*: Optionen auf Beteiligungen an Personenhandelsgesellschaften und GmbH, in: ZIP 2004, 1987-1996.

*Münchener Handbuch des Gesellschaftsrechts*, Band 1, BGB-Gesellschaft, Offene Handelsgesellschaft, Partnerschaftsgesellschaft, Parteienreederei, EWIV, 2. Aufl., München, 2004, zit.: MünchHdb. GesR I-*Bearbeiter*, § und Rdnr. ; Band 2, Kommanditgesellschaft, GmbH & Co. KG, Publikums-KG, Stille Gesellschaft, 2. Aufl., München, 2004, zit.: MünchHdb. GesR II-*Bearbeiter*, § und Rdnr. ; Band 3, Gesellschaft mit beschränkter Haftung, 3. Aufl., München, 2009, zit.: MünchHdb. GesR III-*Bearbeiter*, § und Rdnr.

*Münchener Kommentar zum Aktiengesetz*, Band 9/1, § 327 a-327 f AktG, WpÜG, SpruchG, 2. Aufl., München, 2004, zit.: MüKo-AktG-*Bearbeiter*, § und Rdnr.

*Münchener Kommentar zum Bürgerlichen Gesetzbuch*, Band 1, Allgemeiner Teil, 1. Halbband: §§ 1-240, ProstG, 5. Aufl., München, 2006; Band 2, Schuldrecht Allgemeiner Teil, §§ 241-432, 5. Aufl., München, 2007; Band 3, Schuldrecht, Besonderer Teil, §§ 433-610, Finanzierungsleasing, HeizkostenV, BetriebskostenV, CISG, 5. Aufl., München, 2008; Band 5, Schuldrecht, Besonderer Teil III, §§ 705-853, Partnerschaftsgesellschaftsgesetz, Produkthaftungsgesetz, 5. Aufl., München, 2009, zit.: MüKo-BGB-*Bearbeiter*, § und Rdnr.

*Münchener Kommentar zum Handelsgesetzbuch*, Band 2, Zweites Buch. Handelsgesellschaften und stille Gesellschaft, Erster Abschnitt. Offene Handelsgesellschaft §§ 105-160, 2. Aufl., München, 2006; Band 3, Zweites Buch. Handelsgesellschaften und stille Gesellschaft, Zweiter Abschnitt. Kommanditgesellschaft, Dritter Abschnitt. Stille Gesellschaft §§ 161-237, 2. Aufl., München, 2007, zit.: MüKo-HGB-*Bearbeiter*, § und Rdnr.

*Nassall, Wendt*: Fort und Hinaus, Zur Zulässigkeit von Hinauskündigungsklauseln in Gesellschaftsverträgen von Personengesellschaften und Satzungen von GmbH, in: NZG 2008, 851-855.

*Oetker, Hartmut*: Das Dauerschuldverhältnis und seine Beendigung: Bestandsaufnahme und kritische Würdigung einer tradierten Figur der Schuldrechtsdogmatik, Tübingen, 1994, zit.: *Oetker*, Dauerschuldverhältnis, S.

*Oetker, Hartmut / Maultzsch, Felix*: Vertragliche Schuldverhältnisse, 3. Aufl., Berlin; Heidelberg; New York, 2007, zit.: *Oetker/Maultzsch*, Vertragliche Schuldverhältnisse, S. und Rdnr.

*Palandt, Otto*: Bürgerliches Gesetzbuch, 68. Aufl., München, 2009, zit.: Palandt-*Bearbeiter*, § und Rdnr.

*Partikel, Andrea M.*: Gesellschafter minderen Rechts im Rechts der Personenhandelsgesellschaften, Diss., Hamburg, 1992, zit.: *Partikel*, Diss., Gesellschafter minderen Rechts, S.

*Raiser, Ludwig*: Der Gleichheitsgrundsatz im Privatrecht, in: ZHR 111 (1948), 75-101.

*Reuter, Dieter*: Richterliche Kontrolle der Satzung von Publiums-Personengesellschaften?, in: AG 1979, 321-330.

*Reuter, Dieter*: Neuere Rechtsprechung zum Personengesellschaftsrecht – Teil 1, in: JZ 1986, 16-23.

*Roth, Günter H. / Altmeppen, Holger*: Gesetz betreffend die Gesellschaften mit beschränkter Haftung (GmbHG), Kommentar, 6. Aufl., München, 2009, zit.: Roth/Altmeppen-*Bearbeiter*, GmbHG, § und Rdnr.

*Rowedder, Heinz / Schmidt-Leithoff, Christian*: Gesetz betreffend die Gesellschaften mit beschränkter Haftung (GmbHG), Kommentar, 4. Aufl., München, 2002, zit.: *Bearbeiter* in: Rowedder/Schmidt-Leithoff, GmbHG, § und Rdnr.

*Sachs, Michael*: Grundgesetz, Kommentar, 5. Aufl., München, 2009, zit.: Sachs-*Bearbeiter*, GG, Art. und Rdnr.

*Schäfer, Horst / Hillesheim, Christiane*: Die Gesellschafterstellung auf Zeit im Rahmen eines Geschäftsführerbeteiligungsmodells (Managermodells), in: DStR 2003, 2122-2124.

*Schaumburg, Harald* (Hrsg.): Internationale Joint Ventures, Management – Besteuerung – Vertragsgestaltung, Stuttgart, 1999, zit.: *Bearbeiter* in: Schaumburg, Internationale Joint Ventures, S.

*Schick, Rainer*: Das Mehrheitserfordernis bei Ausschluss eines Minderheitsgesellschafters einer GmbH und Stimmrechtsverbote im Gesellschafterkonsortium, in: DB 2000, 2105 f.

*Schilling, Wolfgang*: Zur Abfindung bei der Ausschließung ohne wichtigen Grund aus einer Personengesellschaft – Besprechung der Entscheidung des BGH vom 29.05.1978 –, in: ZGR 1979, 419-429.

*Schlitt, Michael*: Die Auswirkungen des Handelsrechtsreformgesetzes auf die Gestaltung von GmbH & Co. KG-Verträgen, in: NZG, 1998, 580-586.

*Schmidt, Karsten*: Die Schenkung von Personengesellschaftsanteilen durch Einbuchung – Das Urteil des Bundesgerichtshofs vom 2.7.1990 als Prüfstein der Zivilrechtsdogmatik und als Grundlage der Gestaltungspraxis, in: BB 1990, 1992-1997.

*Schmidt, Karsten*: Gesellschaftsrecht, 4. Aufl., Köln; Berlin; Bonn; München, 2002, zit.: *K. Schmidt*, GesR, § und S.

*Schmidt-Rimpler, Walter*: Grundfragen einer Erneuerung des Vertragsrechts, in: AcP 147 (1941), 130-197.

*Schneider, Uwe H.*: Die Inhaltskontrolle von Gesellschaftsverträgen, in: ZGR 1978, 1-35.

*Schockenhoff, Martin*: Die befristete Unternehmensbeteiligung des GmbH-Geschäftsführers, Zugleich Besprechung OLG Frankfurt/M., Urt. v. 23.6.2004, ZIP 2004, 1801, in: ZIP 2005, 1009-1017.

*Scholz, Franz*: Kommentar zum GmbH-Gesetz: mit Anhang Konzernrecht, I. Band: §§ 1-34, Anh. § 13 Konzernrecht, Anh. § 34 Austritt und Ausschließung eines Gesellschafters, 10. Aufl., Köln, 2006, zit.: Scholz-*Bearbeiter*, GmbHG, § und Rdnr.

*Schöne, Torsten*: Gesellschafterausschluß bei Personengesellschaften, Hinauskündigung, Ausschluß aus absoluten und sachlichen Gründen, Diss., Münster, 1992, zit.: *Schöne*, Diss., Gesellschafterausschluß bei Personengesellschaften, S.

*Schulte, Hans*: Besprechung der Entscheidung BGHZ 64, 238, in: ZGR 1976, 97-104.

*Schulte, Norbert / Sieger, Jürgen J.*: „Russian Roulette" und „Texan Shoot Out", in: NZG 2005, 24-31.

*Schulte, Theodor*: Die Schrankenproblematik der Mehrheitsbeschlüsse bei der „normalen" Personengesellschaft, Diss., Münster, 1982, zit.: *Schulte*, Diss., Schrankenproblematik, S.

*Soergel, Theodor*: Bürgerliches Gesetzbuch mit Einführungsgesetz und Nebengesetzen, Band 4/1, Schuldrecht III/1 (§§ 516-651), Gesetz zur Regelung der Miethöhe, Verbraucherkreditgesetz, 12. Aufl., Stuttgart; Berlin; Köln, 1997; Band 5/1, Schuldrecht IV/1 (§§ 705-822), 12. Aufl., Suttgart; Berlin; Köln, 2007, zit.: Soergel-*Bearbeiter*, BGB, § und Rdnr.

*Sosnitza, Olaf*: Manager- und Mitarbeitermodelle im Recht der GmbH Zur aktuellen Rechtsprechung im Zusammenhang mit Hinauskündigungsklauseln, in: DStR 2006, 99-103.

*Sosnitza, Olaf*: Rückerwerb der Geschäftsanteile von Gesellschafter-Geschäftsführern, in: DStR 2005, 72-75.

*Stahlhacke, Eugen / Preis, Ulrich / Vossen, Reinhard*: Kündigung und Kündigungsschutz im Arbeitsverhältnis, 9. Aufl., München, 2005, zit.: Stahlhacke-*Bearbeiter*, Kündigungsschutz, Rdnr.

*Staub, Hermann*: Handelsgesetzbuch, Großkommentar, Zweiter Band §§ 105-237, 4. Aufl., Stand: 24. Lieferung Dezember 2004, Berlin, zit.: *Bearbeiter* in: Staub GK HGB, § und Rdnr.

*Stauder, Bernd / Comes, Heinrich*: Rückstufung eines geschäftsführenden Gesellschafters zum Kommanditisten und gesellschaftsvertragliche Abfindungsregelung – Überlegungen zum BGH-Urt. v. 23.10.1972 – II ZR 31/70 –, in: DB 1973, 2433 f.

*von Staudinger, Julius*: Kommentar zum Bürgerlichen Gesetzbuch mit Einführung und Nebengesetzen, Buch 1, Allgemeiner Teil, §§ 134-163 (Allgemeiner Teil 4),14. Aufl., Berlin, 2003; Buch 2, Recht der Schuldverhältnisse, §§ 305-310; UKlaG (Recht der Allgemeinen Geschäftsbedingungen), 14. Aufl., Berlin, 2006; Buch 2, Recht der Schuldverhältnisse, §§ 516-534 (Schenkungsrecht), 14. Aufl., Berlin, 2005; Buch 2, Recht der Schuldverhältnisse, §§ 563-580a (Mietrecht 2), 15. Aufl., Berlin, 2006; Buch 2, Recht der Schuldverhältnisse, §§ 705-740 (Gesellschaftsrecht), 13. Aufl., Berlin, 2003, zit.: Staudinger-*Bearbeiter*, § und Rdnr.

*von Stetten, Wolfgang Freiherr*: Die Ausschließung von Mehrheitsgesellschaftern durch Minderheitsgesellschafter, in: GmbHR 1982, 105-108.

Ulmer, Peter: Die Haftungsverfassung der BGB-Gesellschaft, in: ZIP 2003, 1113-1122.

*Ulmer, Peter / Brandner, Hans Erich / Hensen, Horst-Diether*: AGB-Recht, Kommentar zu den §§ 305 –310 BGB und zum Unterlassungsklagengesetz, 10. Aufl., Köln, 2006, zit.: *Bearbeiter* in: Ulmer/Brandner/Hensen, AGB -Recht, § und Rdnr.

*Ulmer, Peter / Habersack, Mathias / Winter, Martin*: Gesetz betreffend die Gesellschaften mit beschränkter Haftung (GmbHG), Großkommentar, Band I, Einleitung; §§ 1 bis 28, Tübingen, 2005; Band II, §§ 29 bis 52, Tübingen, 2006, zit.: Ulmer-*Bearbeiter*, GmbHG, § und Rdnr.

*Verse, Dirk A.*: Inhaltskontrolle von „Hinauskündigungsklauseln“ – eine korrekturbedürftige Rechtsprechung – Zugleich Besprechung von BGH v. 19.3.2007, II ZR 300/05, DStR 2007, 914 und v. 7.5.2007, II ZR 281/05, DStR 2007, 1216, in: DStR 2007, 1822-1829.

*Vetter, Eberhard*: Squeeze-out in Deutschland, in: ZIP 2000, 1817-1824.

*Wachter, Thomas* (Hrsg.): Handbuch des Fachanwalts für Handels- und Gesellschaftsrecht, Münster, 2007, zit.: *Bearbeiter* in: Wachter, Handbuch des Fachanwalts für Handels- und Gesellschaftsrecht, S. und Rdnr.

*Weber, Dolf / Hikel, Dieter*: Die Wirksamkeit von „Hinauskündigungsklauseln“ im Recht der Personenhandelsgesellschaften, in: NJW 1986, 2752-2754.

*Westermann, Harm Peter*: Vertragsfreiheit und Typengesetzlichkeit im Recht der Personengesellschaften, Berlin; Heidelberg; New York, 1970, zit.: *H. P. Westermann*, Typengesetzlichkeit, S.

*Wiedemann, Herbert*: Gesellschaftsrecht, Ein Lehrbuch des Unternehmens- und Verbandsrechts, Band I, Grundlagen, München, 1980, zit.: *Wiedemann*, GesR I, § und S. ; Band II, Recht der Personengesellschaften, München, 2004, zit.: *Wiedemann*, GesR II, § und S.

*Wiedemann, Herbert*: Rechtsethische Maßstäbe im Unternehmens- und Gesellschaftsrecht, in: ZGR 1980, 147-176.

*Wolf, Josef E.*: Die Hinauskündigung eines Gesellschafters aus einer handelsrechtlichen Personengesellschaft und der GmbH, Diss., Mainz, 1994, zit.: *Wolf*, Diss., Hinauskündigung eines Gesellschafters, S.
*Wolff, Lutz-Christian*: Das Schicksal eingezogener GmbH-Geschäftsanteile und alternative Satzungsregelungen, in: GmbHR 1999, 958-963.

Printed by
CPI books GmbH, Leck

Kolibri 360 GmbH
Ferdinand-Jühlke-Straße 7
99095 Erfurt, Deutschland
produktsicherheit@kolibri360.de